物业设备设施管理与维护

主 编 刘 林

副主编 方 维 龙正哲 曹 浪

主 审 李秀丽

北京理工大学出版社
BEIJING INSTITUTE OF TECHNOLOGY PRESS

内 容 提 要

本书结合企业人才需求分析及要求，以物业管理工作过程为主线进行编写。全书共三个项目，七个模块，二十个任务，主要内容包括：物业设备设施构成，物业设备设施管理与维护的内容，物业设备设施管理的组织设计，物业设备设施管理与维护制度，建筑给水、排水设备设施的管理与维护，供暖系统的管理与维护，室内燃气供应系统的管理与维护，建筑消防系统的管理与维护，建筑通风与空调系统的管理与维护，建筑供配电系统的管理与维护，电气照明系统的管理与维护，电梯的管理与维护，建筑防雷及安全用电的管理与维护，建筑弱电系统的管理与维护，物业设备设施风险管理，物业设备设施突发事件处理，物业服务与物业客户服务概述，提高物业管理服务质量，物业投诉处理，物业管理纠纷的处理等。书中各任务后均配有任务小结、实践与训练、思考与讨论，具有较强的实用性。

本书可作为高等院校房地产与物业类相关专业的教材，也可供物业服务企业人员参考使用。

版权专有　侵权必究

图书在版编目（CIP）数据

物业设备设施管理与维护 / 刘林主编. —北京：北京理工大学出版社，2020.6
ISBN 978-7-5682-8488-2

Ⅰ.①物… Ⅱ.①刘… Ⅲ.①物业管理—设备管理 Ⅳ.①F293.347

中国版本图书馆CIP数据核字（2020）第089970号

出版发行 / 北京理工大学出版社有限责任公司
社　　址 / 北京市海淀区中关村南大街5号
邮　　编 / 100081
电　　话 /（010）68914775（总编室）
　　　　　（010）82562903（教材售后服务热线）
　　　　　（010）68948351（其他图书服务热线）
网　　址 / http://www.bitpress.com.cn
经　　销 / 全国各地新华书店
印　　刷 / 北京紫瑞利印刷有限公司
开　　本 / 787毫米 × 960毫米　1/16
印　　张 / 17.5　　　　　　　　　　　　　　　责任编辑 / 钟　博
字　　数 / 391千字　　　　　　　　　　　　　　文案编辑 / 钟　博
版　　次 / 2020年6月第1版　2020年6月第1次印刷　责任校对 / 周瑞红
定　　价 / 68.00元　　　　　　　　　　　　　　责任印制 / 边心超

图书出现印装质量问题，请拨售后服务热线，本社负责调换

前　言

物业设备设施管理与维护是以物业设备设施管理与经营为研究对象的一门新兴学科。随着人们生活水平的提高和房屋产权的多元化，人们对生活居住环境、物业管理与服务、物业升值与保值都提出了更高的要求。这种要求要由专业的物业服务公司来满足。物业设备设施管理是物业经营管理的工作内容之一，其目的是满足业主和物业使用人的需要，通过管理手段提高物业设备设施的运行工作效率，通过空间管理提高物业空间使用效率，通过建筑物管理使物业保值、增值。

"物业设备设施管理与维护"课程是物业管理专业的专业核心课程。本书根据企业人才需求分析及要求，以物业管理工作过程为主线，将课程结构重新设计为"工作过程项目模块化"，同时融入职业素质的培养，强化教学、学习、实训相融合；在教学内容上涵盖了物业管理各个阶段不同业务项目、业务环节应具备的基本知识和操作技能，更侧重于对业务处理程序和现实工作问题处理能力的培养。

本书的教学目的是让学生对物业设备设施管理与维护有基本的认知，了解物业设备设施使用、维护、保养的基本要求，掌握物业客户服务和投诉、纠纷的处理，使学生具有综合运用所学知识解决实际问题的能力，为以后的职业发展奠定基础。

当前就业岗位能力需要常和我们的实际教学内容脱节，部分教材主要内容偏重于工程设备的内容，对物业设备设施的管理与维护，物业客户服务和投诉、纠纷处理的内容涉及较少，不能完全满足教学的需要。为此本书重新序化、重构，加入物业客户服务和投诉、纠纷处理内容。本书在进行内容梳理后按照项目进行整理，对每个项目进行模块化处理，各模块中均给学生设定相应的任务，按照项目模块式结构编写，分任务完成知识点的讲解，并在参阅大量同类书籍、吸取同类教材优点的基础上完成编写。

本书由刘林担任主编，由方维、龙正哲、曹浪担任副主编。具体分工如下：龙正哲编写项目一，刘林编写项目二，方维、曹浪编写项目三。全书由李秀丽主审。在编写过程中，编者参考了大量的著作及资料，在此向原作者表示最诚挚的谢意。同时本书的出版得到北京理工大学出版社各位编辑的大力支持，在此一并表示感谢！

由于编写时间仓促，加之编者水平有限，书中难免有疏漏或不妥之处，恳请广大读者批评指正。

编　者

目 录

项目一 物业设备设施管理与维护认知

模块一 物业设备设施管理与维护基础……1
任务一 物业设备设施的构成……1
一、物业的含义……2
二、物业设备设施的含义……3
三、物业管理的含义……3
四、物业设备设施的构成……4
任务小结……5
实践与训练……5
思考与讨论……6
任务二 物业设备设施管理与维护的内容……6
一、物业设备设施管理的概念……7
二、物业设备设施管理与维护的内容……7
三、物业设备设施管理的意义……17
四、物业设备设施管理的目标与核心……18
五、物业设备设施管理与维护的特点……20
六、物业设备设施管理与维护的要求……21
任务小结……23
实践与训练……24
思考与讨论……24

模块二 物业设备设施管理的组织与制度……25
任务一 物业设备设施管理的组织设计……25
一、物业设备设施管理组织机构设置……26
二、物业设备设施管理人员的岗位职责……28
任务小结……30
实践与训练……31
思考与讨论……31
任务二 物业设备设施管理与维护制度……31
一、物业设备设施的管理制度……32
二、培养高素质的管理团队……34
任务小结……35
实践与训练……35
思考与讨论……35

项目二 物业设备设施管理与维护

模块三 建筑卫生设备设施管理与维护……36

任务一 建筑给水、排水设备设施的管理与维护……36
- 一、建筑给水系统的分类……37
- 二、建筑给水系统的组成……38
- 三、建筑给水系统的给水方式……39
- 四、建筑给水系统给水方式的选择……43
- 五、给水系统常用设备……43
- 六、建筑给水设备设施管理与维护……50
- 七、建筑排水系统的分类……59
- 八、建筑排水系统的组成……59
- 九、建筑排水系统常用设备……60
- 十、建筑排水系统管理与维护……64

任务小结……69
实践与训练……69
思考与讨论……69

任务二 供暖系统的管理与维护……70
- 一、供暖系统概述……70
- 二、供暖系统的主要形式……73
- 三、供暖系统常用设备……76
- 四、供暖系统的管理与维护……84

任务小结……89
实践与训练……89
思考与讨论……89

任务三 室内燃气供应系统的管理与维护……90
- 一、燃气供应概述……91
- 二、室内燃气供应系统的管理与维护……94
- 三、常见故障及处理……96

任务小结……97
实践与训练……98
思考与讨论……98

任务四 建筑消防系统的管理与维护……98
- 一、建筑消防系统概述……99
- 二、消防给水系统……102
- 三、其他常用灭火装置……109
- 四、建筑火灾的防、排烟系统……110
- 五、建筑消防系统管理与维护……114

任务小结……118
实践与训练……118
思考与讨论……119

任务五 建筑通风与空调系统的管理与维护……119
- 一、建筑通风的基本知识……120
- 二、通风管道及设备……123
- 三、空调系统概述……127
- 四、常用空调设备……131
- 五、建筑通风系统管理与维护……140
- 六、建筑空调系统管理与维护……143

任务小结……145

实践与训练……………………… 146
思考与讨论……………………… 146

模块四　建筑电气设备设施管理与维护…147
任务一　建筑供配电系统的管理与维护…147
一、建筑供配电系统概述………………148
二、建筑供配电系统……………………150
三、建筑供配电系统管理与维护………155
任务小结……………………………………159
实践与训练…………………………………159
思考与讨论…………………………………160

任务二　电气照明系统的管理与维护…160
一、照明基础知识………………………161
二、常用的电光源与灯具………………163
三、照明配电系统………………………167
四、电气照明的常见故障与维护………168
任务小结……………………………………171
实践与训练…………………………………172
思考与讨论…………………………………172

任务三　电梯的管理与维护……………172
一、电梯的基本知识……………………173
二、自动扶梯的基本知识………………180
三、电梯管理……………………………184
四、电梯常见故障和维修………………189
五、自动扶梯管理与维护………………192
任务小结……………………………………193

实践与训练…………………………………193
思考与讨论…………………………………193

任务四　建筑防雷及安全用电的管理与维护……………………………………194
一、建筑防雷管理………………………195
二、电气设备保护措施…………………200
三、安全用电管理………………………201
四、电气危害与触电急救………………203
任务小结……………………………………208
实践与训练…………………………………209
思考与讨论…………………………………209

任务五　建筑弱电系统的管理与维护…209
一、广播音响系统………………………210
二、有线电视系统………………………212
三、电话通信系统………………………214
四、计算机网络系统……………………215
五、安保系统……………………………217
六、建筑弱电系统管理与维护…………220
任务小结……………………………………224
实践与训练…………………………………224
思考与讨论…………………………………224

模块五　物业设备设施风险和突发事件管理……………………………………226
任务一　物业设备设施风险管理………226
一、物业设备设施风险管理的基本概念…227

二、物业设备设施风险管理的实施…………227
　任务小结……………………………………230
　实践与训练…………………………………230
　思考与讨论…………………………………230
　任务二　物业设备设施突发事件处理………230
　　一、物业设备设施突发事件处理基本知识…231
　　二、电梯突发事件的应急处理………………232
　　三、火灾的应急处理…………………………235
　　四、水浸的应急处理…………………………239
　　五、停电和电力故障的应急处理……………239
　　六、煤气、燃气泄漏事故的应急处理………241
　任务小结……………………………………242
　实践与训练…………………………………242
　思考与讨论…………………………………242

项目三　物业客户服务和投诉、纠纷处理

模块六　物业服务与物业客户服务…………243
　任务一　物业服务与物业客户服务概述……243
　　一、物业服务…………………………………244
　　二、客户服务…………………………………247
　　三、物业客户服务……………………………248
　任务小结……………………………………249
　实践与训练…………………………………249

　思考与讨论…………………………………249
　任务二　提高物业管理服务质量……………250
　　一、物业管理服务发展现状…………………251
　　二、提高物业管理服务质量的相关措施……251
　任务小结……………………………………254
　实践与训练…………………………………254
　思考与讨论…………………………………254

模块七　物业投诉和纠纷处理…………………255
　任务一　物业投诉处理………………………255
　　一、物业投诉概述……………………………256
　　二、物业投诉分类……………………………257
　　三、物业投诉处理……………………………259
　任务小结……………………………………263
　实践与训练…………………………………263
　思考与讨论…………………………………264
　任务二　物业纠纷的处理……………………264
　　一、物业纠纷概述……………………………265
　　二、物业纠纷处理……………………………266
　任务小结……………………………………270
　实践与训练…………………………………270
　思考与讨论…………………………………271

参考文献……………………………………272

项目一 物业设备设施管理与维护认知

本项目重点介绍物业设备设施的构成、物业设备设施管理的内容、物业设备设施的运行管理、物业设备设施组织设计原则、物业设备设施的维护管理。

模块一 物业设备设施管理与维护基础

学习要求

1. 掌握物业设备设施的构成,了解物业、物业管理、物业设备设施的含义。
2. 掌握物业设备设施管理的内容,熟悉物业设备设施管理的概念、物业设备设施管理的目标与核心、物业设备设施管理的要求,了解物业设备设施管理的意义。
3. 具有分析和界定物业设备设施的能力。
4. 具有评定物业设备设施是否完好的能力。

任务一 物业设备设施的构成

知识目标

1. 熟悉物业设备设施的分类和组成。
2. 了解物业、物业管理、物业设备设施的含义。

能力目标

1. 具有分析和界定物业设备设施的能力。
2. 掌握物业设备设施的构成。

📋 案例引导

物业服务企业与业主的维修责任的划分

2017年10月,市民姚女士满心欢喜地购买新房,入住不久发现小区存在不少问题:小区路灯等公共设施受损得不到及时维修;小区水管多次破裂,频繁停水;小区多次发生入户盗窃案件,安防监控系统形同虚设;不少垃圾桶开裂;地下车库产权不明晰等。对此开发商与物业服务企业相互推诿。那么如果您遇到类似的问题该怎么办呢?

【案例分析】 根据《物业管理条例》及相关规定,物业服务企业与业主的维修责任的划分如下:业主作为物业的所有权人,应对其所有的物业承担维修养护责任。因此,房屋的室内部分,即户门以内的部分和设备,包括水、电、气户表以内的管线和自用阳台,由业主负责维修。房屋的公共部门和共用设施设备,包括房屋的外墙面、楼梯间、通道、屋面、上下水管道、公用水箱、加压水泵、电梯、消防设施等房屋主体公用设施,由物业服务企业组织定期养护和维修。根据《物业管理条例》第三十五条的规定,物业服务企业应当按照物业服务合同的约定,提供相应的服务。物业服务企业未能履行物业服务合同的约定,导致业主人身、财产安全受到损害的,应当依法承担相应的法律责任。

📖 知识准备

物业设备设施是房屋建筑的有机组成部分。随着我国物业管理市场化、专业化进程的推进,越来越多的物业服务企业认识到物业设备设施管理的重要性,也因它直接影响房屋的住用水平,所以越来越多的物业所有人及使用人认识到物业资产的保值、增值和优秀服务品质的获得离不开物业设备设施的支撑,离不开专业化的物业设备设施的管理。要做好物业设备设施的管理工作,物业管理人员必须了解物业设备设施的基础知识。

一、物业的含义

物业是指已建成的、具有特定使用功能并投入使用的各类房屋、建筑物以及与之配套的设备设施和附属场地等。在我国,物业特别指进入消费领域的房地产。

在我国,一个完整的物业至少应包括以下几部分:

(1)房屋建筑:包括居住、商业、工业等各种用途的房屋建筑。

(2)配套设备:指房屋建筑中配套的专用机械、电器等设备,如电梯、空调、备用电源等。

(3)配套设施:指与房屋建筑配套的共用管线和公建设施,如上下水管、消火栓、强电(供变电)线路、弱电(通信等)线路、路灯,以及室外公建设施(如幼儿园等)。

(4)相关场地:指开发待建或露天堆放货物的地方,包括建筑地块、庭院、停车场等。

由上述物业的含义可以看出,单体的建筑物,即一座孤零零的不具备任何设备设施的楼宇,不能称为完整意义上的物业,物业中的设备设施是物业的重要有机组成部分。

二、物业设备设施的含义

设备具有两层含义：一是指设置以备应用；二是指进行某项工作或满足某种需要的成套建筑或器物，如厂房设备、机器设备、自来水设备、机电设备、通信设备、运输设备、建筑设备等。

设施是指进行某项工作或满足需要而建立起来的机构、系统、组织、建筑等，如生活设施、物流设施、服务设施等。

物业设备设施是建筑物附属设备设施的简称，包括室内设备与物业管辖范围内的室外设备与设施系统，是构成物业实体的重要组成部分。

三、物业管理的含义

《物业管理条例》第二条规定："本条例所称物业管理，是指业主通过选聘物业服务企业，由业主和物业服务企业按照物业服务合同约定，对房屋及配套的设备设施和相关场地进行维修、养护、管理，维护物业管理区域内的环境卫生和相关秩序的活动。"

物业管理的内容可分为以下四部分。

1. 房屋的维修养护

房屋的维修养护指对楼盖、屋顶、梁、柱、内外墙体和基础设施等承重结构部位和外墙面、楼梯间、走廊通道、门厅、电梯厅、楼内车库等共用部位的维修、养护和管理工作。

2. 房屋配套设备设施的维修养护

房屋配套设备设施的维修养护是指对共用的上下水管道、落水管、垃圾箱、烟囱、供电干线、共用照明、天线、中央空调、暖气干线、供暖锅炉房、高压水泵房、楼内消防设备设施、电梯等公共配套设备设施的维修与养护工作。

3. 区域内环境卫生的维护

区域内环境卫生的维护是指对公共走廊、大厅、庭院等公共区域和相关场地的清洁、绿化工作。

4. 区域内公共秩序的维护

区域内公共秩序的维护是指对所辖区域内人员和车辆的管理工作。

物业管理的本质实际上是在物业寿命周期内，为保障物业的价值而对物业实施的管理和维护活动。由物业管理的概念可以看出，房屋设备设施管理是物业管理的四大任务之一，而且随着城市现代化程度的提高，人们对房屋设备设施功能的要求越来越高，物业设备设施管理已成为物业管理的重中之重，只有保证房屋配套设备设施的正常运行，才能不断提高人们生产、生活的质量。根据《中华人民共和国物权法》的描述，物业管理实际上是业主对建筑物内的专有部分以外的共有部分实施共同管理的行为。人们往往更关注维护公共秩序等综合性管理，而物业管理真正的内容往往被很多人忽略，那就是对物业设备设施的养护与维修，因为只有保证物业设备设施良好的养护与维修，才能有效地保证和延长物业的使用价值。

四、物业设备设施的构成

物业设备设施是根据用户要求和不同的物业用途而设置的,不同用途的房屋有不同的设备设施。一般住宅中有给水排水、供配电、照明、燃气供应、供暖、通风等设备设施,现代化的综合写字楼、商厦等还要有中央空调、电梯、消防、安防、办公自动化、通信网络和各种电子信息设备设施等。通常来说,我国城市建筑的常用物业设备设施主要由建筑卫生设备设施、建筑电气设备设施和智能化技术设备系统组成。

(一)建筑卫生设备设施

(1)建筑给水设备设施。建筑给水设备设施通常分为生活给水设备、生产给水设备和消防给水设备3类。

(2)建筑排水设备设施。建筑排水设备设施是指用来排除生活污水和屋面雨、雪水的设备。通常,建筑排水管道分为生活排水系统、生产排水系统、雨水排水系统3类。建筑排水设备设施主要有水泵、水箱水池、阀门和管网、沉沙井和化粪池等。

(3)热水供应设备设施。热水供应设备设施是指房屋设备设施中的热水供应部分。热水供应部分一般由加热设备、储存设备(主要指热水箱)和管道部分(热媒循环管道、配水循环管道、给水循环管道)组成。

(4)消防设备设施。消防设备设施是指房屋设备设施中的消防装置部分,如消火栓系统,喷淋系统,以及其他配套消防设备,如烟感器、温感器、消防报警系统、防火卷帘、防火门、防火阀、消防电梯、消防走道及应急照明设备等。

(5)通风设备设施。通风设备设施通常指房屋内部的通风设备,包括通风机、排气口及一些净化除尘设备设施等。

(6)空调设备设施。空调工程是采用技术手段把某种特定空间内部的空气环境控制在一定状态下,使其满足人体舒适或生产工艺的要求,通常包括制冷机、空调机、冷却塔、循环泵等设备设施。

(7)卫生器具设备设施。卫生器具设备设施用来满足日常生活中洗涤等卫生要求以及收集、排除生活、生产所产生污水,主要包括浴缸、水盆、面盆、灶台、小便池、抽水马桶、冲洗盆等。

(8)供热设备设施。供热工程是以热水或蒸汽作为热媒或用热系统(如供暖、通风、空调等)提供热能的供热系统。集中供热系统主要由热源、热网、热用户3部分组成。

(9)燃气设备设施。燃气设备设施供应城市居民生活、公共建筑和工业生产使用的燃气。燃气由城市的输配管网输送到用户室内的燃气管道,再通过室内的燃气管道与燃气用具相连提供给用户使用。燃气设备设施包括煤气灶、煤气管、煤气表、供气管网等。

(二)建筑电气设备设施

(1)供电设备。供电设备是指给房屋提供电源及照明的各种装置。供电设备主要是指变压器房内的设备和配电房内的设备。变压器房内一般有高压开关、变压器以及各种温控仪表和计量仪表等。配电房内的设备主要有低压配电柜、空气开关、计量指导仪表、保护装置、电力电容器、接触器等。此外,供电设备还包括配电干线、楼层配电箱、照明设备(包括开关、插座和各种照明灯具)。

(2)弱电设备。弱电设备是指给房屋提供某种特定弱电功能的设备,主要有通信设备、广播设备、共用天线设备及闭路电视系统、网络设备等。随着现代化建筑水平的提高,房屋的弱电设备越来越多。

(3)运输设备。目前,建筑中主要的运输设备为电梯,电梯按用途可分为客梯、货梯、客货梯、消防梯及各种专用电梯。其组成部分主要有传动设备、升降设备、安全设备、控制设备。

(4)防雷装置。为了防止雷电对建筑物和建筑物内电气设备的破坏,必须对容易受到雷电袭击的建筑物提供防雷保护。防雷装置由接闪器、引下线和接地装置3部分组成。

(三)智能化技术设备系统

智能建筑以建筑物为平台,兼备信息设施系统、信息化应用系统、建筑设备管理系统、公共安全系统等,集结构、系统、服务、管理及其优化组合为一体,向人们提供安全高效、便捷、节能、环保、健康的建筑环境。智能化集成系统是将不同功能的建筑智能化系统,通过统一的信息平台实现集成,以形成具有信息汇集、资源共享及优化管理等综合功能的系统。智能化技术设备系统主要由楼宇自动化控制系统(BAS)、通信自动化系统(CAS)和办公自动化系统(OAS)三大系统集成。上述三大系统既各成一套独立的完善系统,又具备一定的开放性,便于实现数据的共享,相互间经授权可进行分功能的监视和控制。其中,楼宇自动化控制系统又分为基本楼宇自动化控制系统(BAS)、保安报警系统(SAS)和消防报警系统(FAS)3个部分。

任务小结

本任务主要介绍了物业、物业管理、物业设备设施等相关知识,以及物业设备设施的构成等相关内容。

实践与训练

一、实训内容
1. 了解物业、物业管理、物业设备设施的含义。
2. 掌握物业设备设施的构成。

二、实训步骤
1. 学生分组,结合居住小区或学校实际建筑,实地查找物业管理范畴的物业设备设施。
2. 对实物拍照后列表记录。
3. 每组将调查结果做成PPT演示讲解,教师点评。

思考与讨论

1. 简述物业的含义。
2. 简述物业设备设施的含义。
3. 简述物业管理的含义。
4. 简述物业设备设施的构成。
5. 简述建筑卫生设备设施的构成。
6. 简述建筑电气设备设施的构成。
7. 简述智能化技术设备系统的构成。

任务二 物业设备设施管理与维护的内容

知识目标

1. 了解物业设备设施管理的概念。
2. 掌握物业设备设施管理的内容、目标与核心。
3. 掌握物业设备设施管理与维护的特点。
4. 了解物业设备设施管理的要求和意义。

能力目标

1. 能够把握物业设备设施管理的发展趋势。
2. 能够制定物业设备设施管理的重点。
3. 能够独立进行物业设备设施基础资料的管理、配备件的管理和固定资产的管理。

案例引导

物业服务公司维修不及时所造成的损害应由物业服务公司承担责任

某住宅小区第25栋楼的公用水箱出现渗漏现象,该栋楼的业主们向物业服务公司反映了情况,要求其及时予以修缮,但物业服务公司一直未采取措施。有一天,住在该栋楼的业主王某回家经过楼前通道时,因地面积水滑溜而摔倒,导致右腿骨折,被送往医院治疗。王某要求物业服务公司赔偿其医药费、服务营养费及误工补贴等相关费用未果把物业服务公司告上法院。

法院判决:物业服务公司应当承担责任。

【案例分析】根据《物业管理条例》及相关规定，物业服务企业与业主的维修责任划分如下：业主作为物业的所有权人，应对其所有的物业承担维修养护责任。因此，房屋的室内部分，即户门以内的部分和设备，包括水、电、气户表以内的管线和自用阳台，由业主负责维修。房屋的共用部分和共用设备设施，包括房屋的外墙面、楼梯间、通道、屋面、上下水管道、公用水箱、加压水系、电梯、消防设施等房屋主体公用设施，由物业服务公司组织定期养护和维修。根据《物业服务条例》第三十五条的规定："物业服务企业应当按照物业服务合同的约定，提供相应的服务。物业服务企业未能履行物业服务合同的约定，导致业主人身、财产安全受到损害的，应当依法承担相应的法律责任。"本案例中，小区物业服务公司对公用水箱的渗漏应及时予以维修，而未维修致使王某因地面积水滑溜而摔倒住院，应由物业服务公司对王某的损失给予赔偿。物业服务公司要避免维修不及时导致的赔偿责任，就必须对职责范围内应维修的设备设施及时进行维修，并建立维修责任人制度，对没有尽到职责的相关责任人予以处罚。

知识准备

一、物业设备设施管理的概念

物业设备设施管理是物业服务企业根据物业管理总体目标，通过保养、维修等手段，保障物业设备设施可靠、安全、经济地运行，延长物业设备设施的使用寿命以保持创造最大的经济效益、社会效益和环境效益的技术管理和经济管理活动。

二、物业设备设施管理与维护的内容

物业设备设施管理与维护工作一般由物业服务企业工程设备部门主管负责。

物业设备设施管理的内容可以按时间顺序划分为两个阶段的工作：第一阶段是从规划选购到投产安装的前期管理工作；第二阶段是从物业设备设施运行到报废这一阶段的全部工作，这一阶段是物业服务企业管理工作的重点。

可以在物业设备设施整个寿命周期中从技术、经济、管理等方面对其进行综合研究和管理。

(1)技术层面，对物业设备设施硬件进行技术处理，是从物的角度进行的管理控制活动。其主要组成因素有物业设备设施诊断技术和状态监测维修，物业设备设施保养、大修、改造技术。

(2)经济层面，对物业设备设施运行的经济价值进行考虑，是从费用的角度进行的管理控制活动。其主要组成因素有物业设备设施规划、投资和购置分析，物业设备设施能源成本分析，物业设备设施大修、改造、更新的经济分析，物业设备设施折旧。其要点是物业设备设施寿命周期经济费用的评价。

(3)管理经营层面，从管理软件的措施方面进行控制，是从人的角度进行的管理控制活动。其主要组成因素有物业设备设施规划购置管理系统、物业设备设施使用维修系统、物业设备设

施信息管理系统。其要点是建立物业设备设施寿命周期的信息管理系统。

物业设备设施管理与维护的具体内容如下。

(一)物业设备设施基础资料管理

物业设备设施基础资料管理能为物业设备设施管理提供可靠的条件和保证。对物业设备设施进行管理,需要物业设备及设备系统具有齐全、详细、准确的技术档案,主要包括设备原始档案,设备技术资料以及政府职能部门颁发的有关政策、法规、条例、规程、技术标准等强制性文件。

1. 设备原始档案和设备技术资料

设备技术档案必须齐全、详细、准确,主要包括设备原始档案和设备技术资料两类。

(1)设备原始档案。

1)设备清单或装箱单。

2)设备发票。

3)产品质量合格证、进口设备的商品检验合格证。

4)开箱验收报告。报告内容主要包括设备的名称、型号、规格、数量、外观质量、附带资料、验收人员、验收日期等。开箱验收应有购买使用单位、设计单位、负责安装设备的公司、监理公司和生产厂商等代表参加。

5)产品技术资料。产品技术资料主要包括设备图纸、使用说明书、安装说明书等。

6)安装施工、水压试验、调试、验收报告。设备安装工程可进行分阶段验收,每阶段验收要做详细的记录,记录上有验收工程名称、位置、验收日期、验收人员等。水压试验要记录试验的压力、持续时间及在场的工作人员。调试工作有单机调试及系统调试两种。调试时,用户(业主)、设计院、安装公司和监理公司等单位必须有相关人员参加,设备生产厂商应参加单机调试工作。

(2)设备技术资料。

1)设备卡片:每一台设备都必须建立设备卡片,一般可按设备的系统类型、使用部门或使用场所对设备进行编号,在设备卡片上按编号登记设备的档案资料,见表1-1。

表1-1 设备卡片

编号:　　　　　　　　　　　　　　　　　　　记录日期　年　月　日

设备名称		主要负责人	
主要功能		供货单位(厂家)	
额定电压		出厂日期	年　月　日
额定流量		使用时间	年　月　日
主要附属设备			
名称	规格型号	数量	备注

2)设备台账：将设备卡片按编号顺序统一汇总登记，就形成了设备台账，见表 1-2。在设备台账中主要登记设备的大概情况，如设备的编号、名称、型号、规格、生产厂家、出厂日期、价格、安装使用日期等。所有设备的概况在设备台账中要一清二楚，为管好、用好设备提供保证和便利。

表 1-2 设备台账

序号		1	2	3
设备编号				
设备名称				
设备型号				
设备规格				
制造国别				
制造厂名				
配套电动机	台数			
	总容量			
出厂编号				
出厂日期				
进场日期				
安装日期				
使用日期				
安装地点				
设备原值/元				
年折旧率				
总质量/kg				
随机附件数				
备注				

3)设备技术登记簿。每一台主要设备都应设立一本技术登记簿（设备的档案簿），对设备在使用期间进行登录和记载。其内容一般包括设备概况，设计参数，技术特性，结构简图，备品配件，设备运行及维修记录，设备大、中修记录，设备事故记录，更新改造及移动改装记录和报废记录等。

4)竣工图。施工结束、验收合格后，设计单位、监理单位和施工单位对已经修改完善的全部图纸进行整理后将其交给用户，这些图纸就是竣工图。竣工图是记载工程建筑、结构以及工艺管线、设备、电气、仪表、给水排水、暖通、环保设施等建筑安装工程实际情况的技术文件，是竣工验收及今后进行管理、维修、改扩建等的重要依据，要妥善加以保管。

5)系统资料。按系统或场所把各系统分成若干子系统,对每个子系统,一般采用示意图、文字和符号来说明,其表达方式要直观、灵活、简明,以便于查阅。

2. 政府职能部门颁发的有关政策、法规、条例、规程、技术标准等强制性文件

(1)政策、法规、条例及规程。

1)环保方面:《中华人民共和国水污染防治法》《中华人民共和国大气污染防治法》《中华人民共和国固体废物污染环境防治法》《中华人民共和国环境噪声污染防治法》《中华人民共和国放射性污染防治法》和《中华人民共和国水法》等。

2)消防方面:《中华人民共和国消防法》、《建筑设计防火规范(2018年版)》(GB 50016—2014)、《人民防空工程设计防火规范》(GB 50098—2009)等。

3)节能方面:《中华人民共和国节约能源法》等。

4)建筑方面:《中华人民共和国建筑法》、《住宅装修工程电气及智能化系统设计、施工与验收规范》(CT/CAS 212—2013)、《民用建筑工程室内环境污染控制规范(2013年版)》(GB 50325—2010)等。

5)电梯、变配电、燃气和给水排水设备等都有政府部门的法规及条例进行监督和约束。

(2)技术标准。技术标准有《生活饮用水卫生标准》(GB 5749—2006)、《室内空气质量标准》(GB/T 18883—2002)、《污水综合排放标准》(GB 8978—1996)、《工业锅炉水质》(GB/T 1576—2018)、《锅炉大气污染物排放标准》(GB 13271—2014)、《声环境质量标准》(GB 3096—2008)等。

国家相关部门颁发的政策、法规、条例、规范和各种技术标准是设备管理中的法律文件,指导和约束着物业设备设施管理工作,必须分类存档,妥善保管。

(二)物业设备设施运行管理

在物业设备设施运行管理中,必须取得两方面成果:一方面是设备设施的运行在技术性能上始终处于最佳状态;另一方面是从设备设施的购置到运行、维修与更新改造中,寻求以最少的投入得到最大的经济效益,即设备设施的全过程管理的各项费用最经济。因此,物业设备设施运行管理包括物业设备设施技术运行管理和物业设备设施经济运行管理两部分内容。

1. 物业设备设施技术运行管理

物业设备设施技术运行管理主要就是要建立合理的、切合实际的运行制度、运行操作规定和安全操作规程等运行要求或标准,建立定期检查运行情况和规范服务的制度,保证物业设备设施安全、正常运行。对物业设备设施技术运行管理,应落实以下几个方面的工作:

(1)在物业设备设施管理工作中应根据物业设备设施的特点制定切实可行的操作规程,例如对供配电系统的管理要制定送电、断电和安全用电的操作规程等,并定期对操作人员进行考核、评定。

(2)国家规定需持证上岗的工种必须持证上岗。对特殊工种操作人员进行专业的培训教育是物业设备设施管理的一项重要工作,操作人员应积极参加政府职能部门举办的培训班,掌握专业知识和操作技能,并通过理论及实际操作考试取得相应的资格证书,如锅炉操作证、高低压电工操作证、电梯运行操作证等。

（3）设备操作人员在使用和操作设备的同时，要认真做好维护保养工作，做到"正确使用，精心维护"，维护保养工作主要是加强日常及定期的清洁、清扫和润滑等，确保设备始终保持良好状态。

（4）定期检验设备中的仪表和安全附件，确保其灵敏度。压力表上应有红线范围，设备运行时绝对不能超越红线，安全阀前面严禁装设阀门，为了防止安全阀芯、弹簧等锈蚀而影响其灵敏度，要定期人为开启。压力表、安全阀的定期校验工作应由相关部门负责，报告应妥善保管。

（5）科学监测、诊断故障，确保物业设备设施安全运行，对运行中的物业设备设施不能只凭经验判断其运行状况和故障，而应在对故障进行技术诊断的基础上，作深入、透彻、准确的分析，从而及时、准确地发现故障的潜在因素，采取有效措施防止故障的发生，确保物业设备设施能够安全运行。

（6）如果因设备故障发生事故，对事故的处理要严格执行"四不放过"原则，即事故原因不查清楚不放过、事故责任人及其相关部门未受到教育不放过、事故后没有采取改善措施不放过、没有紧急事件的预防方案和弥补救护措施不放过。事故发生后应该对事故原因及故障规律进行分析，并制订有效的改善措施，确保类似事故不发生。

2. 物业设备设施经济运行管理

物业设备设施经济运行管理的主要任务是在设备安全、正常运行的前提下，节约能耗费用、操作费用、维护保养费用以及检查修理等费用。其内容包括采用切实有效的节能技术措施和加强设备能耗的管理工作。

现代设备管理与传统设备管理的不同之处，在于不仅注重设备的技术性能管理，而且注重设备使用的经济性管理。其主要内容包括初期投资费用、运行费用、能源费用及劳动力费用、维修费用和更新改造费用等支出计划的管理。物业设备设施经济运行管理的目的是从设备经济价值的变化过程中，力求以最少的投资得到最大的经济效益。

物业设备设施经济运行管理可从以下几个方面进行：

（1）初期投资费用管理。在购置设备时，应结合实际情况综合考虑以下因素：设备的技术性能参数（必须满足使用要求及其发展的需要）；设备的安全可靠程度、操作难易程度以及对工作环境的要求；设备的价格及运行时能源的消耗情况；设备的寿命，即设备从开始使用到因技术落后或经济上不合算而被淘汰所经过的时间。（其中，经济上不合算是指设备继续使用所需的维修费用高于该设备继续使用所能产生的效益）；设备的外形尺寸、质量、连接和安装方式、噪声和振动等，是否采用新技术、新工艺、新材料和新型设备等。

（2）运行成本管理。运行成本管理主要包括能源消耗的经济核算、操作人员配置和维修费用管理等方面。

1）能源消耗的经济核算。设备在运行过程中，需要消耗水、电、蒸汽、压缩空气、煤气、燃料油等各类能源。我国目前还处于经济发展阶段，各类能源的供应还存在一定缺口，因此仍在实行计划控制，超出计划控制的能源消耗实行高价收费，同时能源的价格也在不断调整，所以节约能源不仅节约能耗费用，还具有一定的经济意义和社会意义。能源消耗的经济核算工作有以下几个方面：

①制定能源耗用量计划和做好计量工作。设备在运行过程中，需要消耗水、电、蒸汽、压缩空气、煤气、燃料油等各类能源。设备管理部门每年要求预先按月编制各类能源的消耗量及能源费用的计划，做出1-12月每个月的各类能源的耗用计划及能源费用的支出计划。各类能源的使用要有正确可靠的计量仪表。在实际使用中，应坚持每天定时抄表记录并计算出日耗量，每旬检查统计一次实际耗用量，每月统计一次实际耗用量及能源费用，并将每月的实际耗用量及能源费用同年度计划进行比较。如能源耗用量出现异常情况，应立即查清原因并报告负责人。

②采取切实有效的节能技术措施。在选用设备时，注意设备的技术参数要同工艺要求匹配，优先采用先进的电子控制技术，实施自动调节，使设备在运行过程中一直处于最佳运行状况和最佳运行负荷之中。在节约用水方面，要做到清浊分流、一水多用、废水利用，设备冷却水应采用冷却塔循环利用。在节约用电方面，优先选用节能型电动机，在供配电设施上应有提高功率因素的措施。在照明用电方面，尽量多利用自然采光，应选择合理的照明系统和照明灯具。照明灯具的开关控制应采用时间控制、日光控制或红外音频控制等节能控制方式；同时，防止管道、阀门及管道附件泄漏和损坏，若发现问题应及时修理和调换。对使用热源和冷源的管道和设备应加强保温绝热工作，以减少散热损失。

③加强节能管理工作。节能工作已开展多年，节能技术及节能措施也逐步完善，并已取得明显效果，但还有些管理部门或管理人员没有真正重视节能管理。因此，应继续加强节能管理工作，做好能源耗用量的计划及计量工作，采取切实有效的节能技术措施，加强节能管理工作等。

2)操作人员配置。应积极采取合理的人力资源组织形式来安排操作人员，定岗定员，提倡一专多能的复合型人才，但必须持证上岗。

3)维修费用管理。一般可由专人负责，做到计划使用和限额使用相结合。对维修费用的核算，要有故障修理记录作为维修费用开支的依据，同时可以为今后的维修管理提供参考。

(三)物业设备设施维护管理

物业设备设施维护管理主要包括维护保养和计划检修。

设备维护保养的目的，是及时地处理设备在运行过程中技术状态的发展变化所引起的大量常见的问题，随时改善设备的使用状况，保证设备正常运行，延长其使用寿命。设备计划检修的目的是及时修复正常或不正常的原因所引起的设备损坏。

1. 物业设备设施的维护保养

设备在使用过程中一般都会发生污染、松动、泄漏、堵塞、磨损、振动、发热、压力异常等故障，影响设备的正常使用，严重时还会酿成设备事故。因此，应经常对使用的设备加以检查、保养和调整，使设备时刻处于最佳的技术状态。

(1)维护保养的方式。维护保养的方式主要有清洁、紧固、润滑、调整、防腐、防冻及外观表面检查。对长时期运行的设备要巡视检查，定期切换，轮流使用，进行强制保养。

1)紧固。设备长期使用时振动等因素会导致螺母脱落、连接尺寸错位、设备位移以及密封面接触不严，造成泄漏等故障，所以，必须经常检查设备的紧固程度。

2)润滑。润滑是正确使用和维护设备的重要环节。对润滑油的型号、品种、质量、润滑方法、油压、油温及加油量等都要有严格的规定。润滑管理要求做到"五定"(定人、定质、定时、定点、定量)，并制定相应的润滑管理制度。

3)调整。因为设备的振动、松动等因素，零部件之间的相对尺寸会发生变化，容易产生不正常的错位和碰撞，造成设备的磨损、发热、噪声、振动，甚至损坏，因此，必须对有关的位置、间隙尺寸作定量的管理，定期测量、调整，并在调整后再加以紧固。

4)外观表面检查。主要检查设备的外表面有无损伤裂痕；振动和噪声是否异常；设备密封面是否有泄漏现象；设备外表面是否锈蚀以及设备的防腐保温层是否损坏；磨损是否在正常范围内；防护罩等安全装置是否齐全；温度、压力运行参数是否正常；电动机是否超载和过热；传动皮带是否断裂或脱落等。

(2)维护保养工作的具体实施。维护保养工作主要包括日常维护保养工作和定期维护保养工作。

1)日常维护保养工作是设备维护管理的基础，应该长期坚持，并且要做到制度化，特别是周末或节假日前更应注意。日常维护保养工作要求设备操作人员在班前对设备外观认真进行检查，在班中严格按操作规程操作设备，定时巡视记录各设备的运行参数，随时注意设备运行中有无振动、异声、异味、超载等现象，在班后对设备做好全面的清洁工作。

2)定期维护保养工作是指有计划地将设备停止运行，进行维护保养。根据设备的用途、结构复杂程度、维护工作量及维护人员的技术水平等，决定维护的间隔周期和维护停机的时间。定期维护保养需要对设备进行部分解体，为此，应做好以下工作：对设备进行内、外清扫和擦洗；检查运动部件转动是否灵活、磨损情况是否严重，并调整其配合间隙；检查安全装置；检查润滑系统油路和过滤器有无堵塞；检查油位指示器，清洗油箱，换油；检查电气线路和自动控制元器件的动作是否正常等。

做好设备的定期维护保养工作能够消除事故隐患，减少磨损，延长设备使用寿命。

(3)设备的点检。点检是指对设备有目的、有针对性地检查。一些大型的、重要的设备在出厂时生产厂商会提供该设备的点检卡或点检规程，其中包括检查内容和方法、检查周期以及检查标准等。

设备点检时可按生产厂商指定的点检内容和点检方式进行，也可以根据经验补充一些点检点，可以停机检查，也可以随机检查。检查时可以通过摸、听、看、嗅等方式进行粗略诊断，也可利用仪器、仪表进行精确诊断。通过设备点检，可以掌握设备的性能、精度、磨损等情况，并可及时消除隐患，防止突发事故，既可以保证设备正常运行，又可以为计划检修提供可靠的依据。

设备点检的方法有日常点检和计划点检两种。

1）日常点检由操作人员随机检查，其内容主要包括设备运行状况及参数，安全保护装置，易磨损的零部件，易污染堵塞、需经常清洗更换的部件，运行中经常要求调整的部位和经常出现不正常现象的部位等。

2）计划点检以专业维修人员为主，操作人员协助进行。点检时可使用先进的仪器设备和手段，点检内容主要有设备的磨损情况及其他异常情况，确定修理的部位、部件及修理时间，更换零部件，安排检修计划等。

2. 物业设备设施的计划检修

计划检修是对正在使用的设备，根据其运行规律及点检的结果确定检修周期，以检修周期为基础，编制检修计划，对设备进行积极的、预防性的修理。

根据设备检修的部位、修理工作量大小及修理费用的高低，计划检修工作一般分为小修、中修、大修和系统大修4种。

（1）小修：主要是清洗、更换和修复少量易损件，并作适当的调整、紧固和润滑工作，一般由维修人员负责，操作人员协助。

（2）中修：在小修的基础上，对设备的主要零部件进行局部修复和更换。中修应由专业技术人员负责。

（3）大修：对设备进行局部或全部的解体，修复或更换磨损或腐蚀的零部件，尽量使设备恢复到原来的技术标准，同时可对设备进行技术改造。大修主要由专业检修人员负责，操作人员协助工作。

（4）系统大修：对一个或几个系统甚至整个物业设备设施系统进行停机大检修，通常将所有设备和相应的管道、阀门、电气系统及控制系统都安排在中修、系统大修中进行检修。在系统大修过程中，所有的相关专业检修人员及操作人员、技术管理人员都应参加。

（四）物业设备设施更新改造管理

物业设备中的任何设备使用到一定的年限以后，其效率会变低，能耗将加大，每年的维护费用也相应增加，并有可能发生问题严重的事故。为了使物业设备性能在使用运行中得到有效的改善和提高，降低年度维护成本，需对有关设备进行更新改造。

1. 设备更新

设备更新是以新型的设备代替原有的老设备。任何设备都有使用期限，如果设备达到它的技术寿命或经济寿命，则必须进行更新。

2. 设备改造

设备改造是指应用现代科学的先进技术对原有的设备进行技术改进，以提高设备的技术性能及经济特性。

（1）设备改造的主要方法。

1）对设备的结构作局部改进。

2)增加新的零部件和各种装置。
3)对设备的参数、容量、功率、转速、形状和外形尺寸作调整。
设备改造费用一般比设备更新费用少得多,因此,通过技术改造能达到技术要求的,尽可能对原设备进行技术改造。

(2)设备改造方案。对设备进行技术改造,首先要对原设备进行分析论证,编制设备改造方案,具体内容包括:
1)原设备在技术、经济、管理上存在的主要问题,设备发生故障的情况及其原因。
2)需要改造的部位和改造内容。
3)在改造中应用的新技术的合理性和可行性。
4)改造后能达到的技术性能、安全性能、效果预测。
5)预计改造后的经济效益。
6)改造的费用预算以及资金来源计划。
7)改造的时间及设备停用带来的影响。
8)改造后的竣工验收和投入使用的组织工作等。

(五)备品配件管理

备品配件管理就是在检修之前将新的零部件准备好的工作。设备在运行过程中,零部件往往会磨损、老化,从而降低了设备的技术性能。要恢复设备的技术性能,必须用新的零部件更换已磨损、老化的零部件。为了缩短维修时间,提高工作效率,应在检修之前准备好新的零部件。管理实践应做到计划管理、合理储备、节约开支、管理规范。

(1)计划管理。严格按物业设备设施技术文件的要求进行维修,使用前应列出使用计划,经批准后进行采购和领用。

(2)合理储备。物业服务企业应按设备设施维修计划及技术上要求的各类设备设施数量对备品配件、材料进行合理的储备,在确保设备设施正常维修的前提下,尽量减少对企业流动资金的占用,以提高企业的经济效益。

(3)节约开支。对能修复利用的备品配件、材料,应尽量实施修复后再利用,实践中应选择合格的材料供应商及品牌,减少产品质量问题造成的浪费。

(4)管理规范。物业服务企业应设立备品配件、材料管理库,建立备品配件、材料使用的审批、采购、入库验收、领用、更换及按月核查制度。管理中要做到账、卡、物三相符。合格成品和收回的废品以及可以修复但未经修复品应分别存放。有特殊管理要求的备品配件、材料应进行特殊管理,如防霉、防潮、防锈、防撞击等。

(六)固定资产管理

固定资产是指使用时间较长(年限在一年以上)、单位价值在规定标准以上,并在使用过程中保持原有物质形态的资产,包括房屋及建筑物、机器设备、运输设备、工具等。固定资产必须同时具备下列两个条件:一是使用年限在一年以上;二是单位价值在规定的限额以上(1 000元、1 500元、2 000元)。没有同时具备这两个条件的设备列为低值易耗品,按流动资产管理，但是，不属于生产经营主要设备的物品、单位价值在2 000元以上并且使用期限超过两年的，应作为固定资产管理。固定资产管理的基本要求如下：

(1)保证固定资产完整无缺。
(2)提高固定资产的完好程度和利用率。
(3)正确核定固定资产需用量。
(4)正确计算固定资产折旧额。
(5)进行固定资产投资的预测。

(七)工程资料管理

在管理过程中，必须使具有保存价值的工程资料得到有效的管理，以方便查找和使用，并使其内容具有可追溯性，能及时、有效地对工作起到指导作用。

1. 物业工程资料的分类

物业工程资料的分类见表1-3。

表1-3 物业工程资料的分类

分类	内容
竣工验收资料	1. 建设工程规划验收合格证。 2. 建筑工程竣工验收书。 3. 单位工程竣工验收书。 4. 消防工程竣工验收书。 5. 消防工程竣工验收移交登记目录。 6. 电梯准用证。 7. 电梯运行许可证。 8. 房地产开发经营项目交付使用证
设备管理资料	1. 土木建筑类：包括建筑平面图和建筑结构图。 2. 暖通方面：包括暖通工程竣工图、暖通设备产品说明书和使用指导书、暖通设备操作规程、暖通设备维保规程。 3. 给水排水方面：包括给水排水工程竣工图、给水排水设备产品说明书和使用指导书、给水排水设备操作规程、给水排水设备维保规程。 4. 强电方面：包括强电工程竣工图、强电设备产品说明书和使用指导书、强电设备操作规程、强电设备维保规程。 5. 弱电方面：包括弱电工程竣工图、弱电设备产品说明书和使用指导书、弱电设备操作规程、弱电设备维保规程。 6. 机电方面(电梯、擦窗机)：包括机电工程竣工图、机电设备产品说明书和作业指导书、机电设备操作规程、机电设备维保规程
二次装修设备改造变更资料	1. 改造设备平面布置图。 2. 改造设备系统图

2. 工程资料管理的方法

工程资料管理的方法分文件档案管理和计算机管理两大类。

工程资料管理的基本要求：所有文件、资料均需按分类目录建档存放，同时在计算机或光盘上备份存储，以便调阅。

3. 工程资料管理的要求

(1)工程资料的归档。

1)归档基本要求。字迹工整，纸张及文件、格式符合国家要求，禁止使用圆珠笔、铅笔、纯蓝墨水笔等书写材料。归档文件必须使用原件，特殊情况下可使用复印件，但须附上说明。

归档时必须认真进行验收，并办理交接登记手续，同时必须确保文件资料的完整性、系统性、准确性、真实性。基建工程、改造工程的竣工验收及外购设备开箱验收等必须有档案部门参加，凡文件资料(含有关图纸等)不完整、不准确、不系统的不能进行验收。

归档文件要科学分类、立卷和编号，档案目录应编制总目录、案卷目录、卷内目录。

2)归档时间。基建项目、改造工程资料在竣工后一个月内归档。新购设备(包括引进设备或技术)在开箱时必须会同档案管理员进行技术资料核对登记，于竣工后连同调试记录等文件材料一起整理立卷、归档。

工程、设备的运行、保养、维护资料必须按月或按季度整理，并在次年第一季度前将上年全年资料归档。

(2)工程资料的保管。

1)存放档案必须使用专用柜架，档案室应严格做到"七防"(防火、防盗、防高温、防潮、防虫、防尘、防有害气体)，要重视消防，严禁吸烟和使用明火。

2)每年年底对库存档案进行一次特别清理、核对和保管质量检查工作，做到账物相符，对破损或变质档案要及时进行修补和复制。

三、物业设备设施管理的意义

随着城市现代化程度的提高，人们逐步要求在房屋建筑内部装设日臻完善的物业设备设施。物业设备设施管理水平直接影响房屋的居住水平，影响人们的生产和生活质量，所以做好这项工作具有以下重要意义。

(一)保障日常生产、生活秩序

日常生产、生活要顺利进行，必须有上水、下水、供热、供气、供电等物业设备设施管理作保障。其中任何一项出现问题，人们的基本生活都无法得到很好的保证，更谈不上达到舒适的程度。从某种意义上说，舒适的日常生产、生活环境，源于物业服务企业对物业设备设施良好的维护和管理。没有良好的运行和维护管理，物业设备设施就不可能给人们创造安全、舒适、可靠的生活环境，更谈不上安居乐业。

(二)促进物业的保值增值

物业设备设施的日常维护及维修，能够使房屋减少功能上的折旧，使房屋能抵御通货膨胀的影响而保值。同时，物业设备设施性能的提高加上小区环境、公共秩序的维护及周边环境的良性发展，还能使物业增值，相反，小区物业设备设施管理滞后，出现上水水质差并且不及时、下水不畅、电梯老化、暖气不热，甚至出现溢水、电梯下坠等现象，都会破坏物业的社会形象，影响人们的正常生产、生活，使物业迅速贬值。

（三）提高居民的生活质量

现代科技应用于建筑领域，使人们的生活有了很大的改观，人们已不再满足于基本的生理要求，而向更高层次的安全需求、精神需求发展，房地产开发企业以满足消费者更高、更深层次的需求为目标不断探索，这既改善了人们的生活状况，又提高了人们的生活质量。维持这种高水平的生活质量，必须依靠物业设备设施管理，因此物业设备设施不仅是人们生产、生活、学习正常进行所必需的物质基础，也是影响工商业发展和人们生活水平提高的重要因素。

（四）节约物业服务企业的经营费用

在经济效益方面，良好的物业设备设施管理，可以节约运行费用；计划性、预防性的日常保养与维修，可使物业设备设施一直处于最佳运行状况之中，从而延长物业设备设施的寿命，提高使用效率。另外，在物业设备设施使用过程中，注意节约运行中的能耗费用、操作费用、维护保养费用以及检查修理费用，能直接降低成本，提高整体管理效益。

（五）强化物业服务企业的基础建设

因为物业设备设施管理是一种开放型的管理，直接面向广大业主，所以它的好坏直接显示出物业管理的好坏、管理服务质量的优劣以及技术水平的高低，同时反映出物业服务企业的形象，因此，搞好物业设备设施的管理，可以促使物业服务企业及时发现工作中的问题，不断提高服务质量和技术水平，从而强化物业管理行业的基础建设，促使物业管理向良性方向发展。

（六）延长物业设备设施的使用寿命

良好的管理，可以保证物业设备设施在运行中的安全和技术性能的正常发挥，并延长其使用寿命。物业设备设施会因长期使用、自然作用和使用不当等原因而发生磨损，但加强物业设备设施的日常运行管理，可以避免设备使用不当所引起的损坏，并保证其安全运行；加强物业设备设施的维护管理可以维持物业设备设施的性能，排除运行故障，避免事故的发生从而延长物业设备设施的使用寿命，提高物业设备设施的使用效率。

（七）推动城市文明的建设和发展

现代化的城市要求物业达到经济、适用、卫生的要求，要避免环境污染，达到人与环境、生态的协调发展，而这一切都离不开物业设备设施管理，不同种类、不同功能的物业设备设施只有经过科学的运行管理，才能降低能耗，减少对环境的破坏，提高人们的生活质量，体现城市经济、文化和科学技术的发展水平和城市的文明程度。

四、物业设备设施管理的目标与核心

物业设备设施管理的总体目标是与物业服务企业的发展战略目标一致的，即营造安居乐业的环境、促使物业保值增值。它具体包括：确立"以人为本"的指导思想；建立先进的物业设备设施管理体制；提高物业设备设施的完好率、利用率；做好信息管理，提高物业设备设施运营的经济合理性；提升物业环境品质。

(一)确立"以人为本"的指导思想

物业设备设施管理应坚持"以人为本"的指导思想，保证物业设备设施的安全、经济运行，也就是想业主之所想、急业主之所急，为业主提供方便、快捷的生产和生活服务，使业主的资产保值增值。

物业管理是一种以提供服务为主的业务，其宗旨是在适当的成本以内，尽可能获取用户和业主最大程度的满意。现代先进的楼宇设备设施，已经为业主提供一流服务奠定了物质基础。物业设备设施管理部门应具有服务意识，通过物业设备设施为用户服务，提供空调、照明、冷热水、通信、卫星电视接收和消防设施等"服务产品"。物业设备设施管理的好坏直接影响物业服务企业的服务形象及整体的服务质量。

(二)建立先进的物业设备设施管理体制

物业设备设施管理体制是由物业服务企业在对物业设备设施进行管理的过程中形成的相互作用、相互影响的各种关系的总称。只有形成一个逐渐完善的物业设备设施管理体制，才能保障物业设备设施的正常运行。

要建立先进的物业设备设施管理体制，首先必须明确物业管理目标并进行目标分解，同时利用系统工程的理论观点和方法，纵观总体和全局，实现物业服务企业、业主总体利益最大化；其次，要围绕目标建立管理机构，力求理顺关系、分工协作，提高工作效率；再次，要根据岗位订立职责；最后，要搞好物业设备设施运行的控制和信息反馈，及时发现问题、找出偏差，并通过对比、纠偏等活动，最终实现预定目标。总之，在物业设备设施管理的过程中，应不断地总结经验和教训，将好的经验形成制度传递下去，将存在的问题作为新的管理起点进行研究并最终加以解决，这样才能真正提高物业设备设施的管理水平。

(三)提高物业设备设施的完好率、利用率

物业设备设施管理的根本目标就是用好、管好、维护好、检修好、改造好现有物业设备设施，提高物业设备设施的利用率与完好率。日常维护和定期检修是物业设备设施管理的核心，能够使物业设备设施的使用功能正常发挥、物业设备设施寿命长久。物业设备设施技术性能的发挥、物业设备设施使用寿命的长短，在很大程度上取决于物业设备设施管理的质量。物业设备设施管理的质量一般用物业设备设施的有效利用率和完好率来表示。

良好的物业设备设施管理可以提高物业设备设施的有效利用率，但物业设备设施管理部门在追求较高的物业设备设施有效利用率的同时，不能任意削减必要的维护保养时间，也不能使物业设备设施长时间超负荷运行。

物业设备设施的完好与否是通过检查来评定的。一般地，其完好标准如下：

(1)零部件完整齐全，符合质量要求及安全要求。

(2)物业设备设施运转正常,性能良好,功能达到规定要求。
(3)物业设备设施整洁,无跑、冒、滴、漏现象。
(4)物业设备设施技术资料及运转记录齐全。
(5)防冻、保温、防腐等措施完整有效。

对于评定为不完好的物业设备设施,应针对问题进行整改,通过维护、修理等手段消除不完好因素,使其升级为完好设备。如果经过维修仍无法达到完好设备的要求,应该加以改造或者进行报废处理,不能任其长期处于不完好状态。

(四)做好信息管理,提高物业设备设施运营的经济合理性

由于计算机与网络的迅速发展,物业设备设施信息化、智能化发展迅猛,对信息的收集、存储、加工、整理、分析已成为物业设备设施管理的日常业务。因此,应做好物业设备设施的信息管理工作,及时了解掌握物业设备设施的运行和故障维修等状况。

物业设备设施的采购、安装、调试、使用是一个系统工程,应在保证安全、合理运行的前提下,降低系统运行成本,及时安排维护、预检修、定期强制维修等计划,使成本达到最低,这是物业设备设施管理应达到的目标之一。

(五)提升物业环境品质

各种物业设备设施运行的结果决定了物业环境品质,目前所谈到的物业环境品质管理主要是指空气品质管理,包括对房间空气的温度、湿度和流速,空间空气受烟、灰尘和化学物质污染程度的管理。对它们进行管理的最终目的是使业主得到满意的物业环境品质。物业设备设施管理应该充分促进空气流通,消除和控制室内污染源,强调对室内相对湿度的控制,防止尘埃和湿气的积累等。但是目前只有少数物业服务企业将物业环境品质列为管理目标。

五、物业设备设施管理与维护的特点

(一)与业主或非业主使用人关系紧密

要保证维修工作的顺利进行,除与外部有关单位和内部工种协调外,还须与业主或非业主使用人保持密切的联系。有时需停水、停电维修,有时需进入业主或非业主使用人的房间内进行维修,给业主及非业主使用人带来不便,这就要求每一位管理者与维修人员处处体现服务精神,进行文明维修,不断提高服务质量。

(二)维修费用高

相对于房屋建筑本身而言,房屋设备使用年限较短,随着使用年限的增加,必然要发生有形损耗,需要进行维修,此外,新技术、新设备的出现使房屋设备设施的无形损耗增加。这种无形的和有形的损耗都会引起房屋设备维修更新间隔期的缩短,从而使维修更新成本增加。另外,新型的、使用效能更高、更舒适方便、更能节能的设备一次性投资较大,维修更新这种设备的成本就更高。

(三)维修技术要求高

物业设备设施包含上水、下水、电气、运输设备、燃气、通信、供热、通风、计算机等多项内部功能,其对灵敏程度和精确程度的要求都较高。在物业管理范畴中,物业设备设施管理是管理难度较高、技术较为复杂的一项工作,它牵涉十几个技术工种,其中工种与工种之间、班组与班组之间分工与合作、交叉与配合,构成一个复杂的系统。若组织不当,往往会出现各种问题,因此,管理这支队伍要付出比其他部门更大的努力。而不同的物业设备设施管理,必须配备各自的专业技术人员,这也是物业设备设施管理技术含金量高的主要原因。

(四)突发性与计划性相结合

物业设备设施故障的发生往往具有很强的突发性,这就使物业设备设施的维修具有很强的随机性,很难事先确定故障究竟何时以何种方式发生。同时物业设备设施都有一定的使用寿命和大修更新周期,因此,物业设备设施的维修又具有很强的计划性,可以制定物业设备设施维修更新计划,有计划地制定维修保养次序、期限和日期。此外,建筑设备日常的维护保养、零星维修和突发性抢修是分散进行的,而大修更新往往是集中地按计划进行的,因此,物业设备设施的维修又具有集中维修与分散维修相结合的特点。

六、物业设备设施管理与维护的要求

物业设备设施管理与维护的基本要求主要包括良好的服务质量、经济的管理费用、及时的维护,以确保物业设备设施的完好率和使用安全。

(一)建立专业的管理与维修队伍

1. 配备物业设备设施管理部门及人员

要想实现物业设备设施管理的目标,首先应成立物业设备设施管理部门(如工程部),然后根据不同的物业设备设施,分别配备各工种管理人员和技术人员,如供配电人员、给水排水人员等,其基本要求如下:

(1)物业设备设施管理部门应及时制定维修计划、系统运行方案、抢修计划等,使各项工作有专人负责并保持相对稳定;对于不同工种的技术人员,应分别建立岗位职责制度。

(2)物业设备设施管理部门负责人应有物业设备设施管理实践经验,熟悉物业设备设施基本状况,并能及时了解最新物业设备设施科技动态,具有中级以上的技术、经济职称,有一定的业务水平和组织管理、决策能力,有岗位培训合格证书。

(3)物业设备设施管理部门的人员应精通本专业知识,以适应物业设备设施管理与维修工作的需要。

2. 明确分工与合作

物业设备设施管理部门与其他相关的部门应有明确的分工与合作。虽然物业设备设施管理部门相对比较重要,但与其他部门的合作也是必不可少的,一方面,各种设备的运行不仅为用户服务的,同时也为其他部门服务;另一方面,有些部门,特别是销售、服务等"一线"部门,它们直接面向用户，用户的要求、意见常常通过它们传达到管理部门。因此，物业设备设施管理部门应处理好与其他部门的关系，通过建立各级设备管理网络来开展各项工作。

3. 有稳定可靠的对外协作渠道

应建立物业设备设施维修机构，并有稳定可靠的对外协作渠道，如与水厂、污水处理厂、热力电厂、市政、环卫、消防、公安机关等相关部门的联系与协作渠道。

(二)制定管理与维护的岗位职责

根据物业设备设施管理的目标来设置任务，为完成各项物业设备设施管理与维护任务而设置岗位，有了岗位就要授权，明确职责。

(1)明确在整个物业设备设施管理与维护组织机构中的各个岗位及其工作目标。

(2)明确岗位的基本任务，如管理与维护计划的制定、计划的实施监督、实施中的纠偏、问题的处理等。

(3)明确岗位的考核、奖励与惩罚等。

(三)建立各项规章制度

物业服务企业规章制度要全面，并且能够贯彻实施。其总体分为责任制度、运行管理制度、维修制度、其他制度等。

具体规章制度包括以下几个方面：

(1)物业设备设施承接查验制度。

(2)物业设备设施运行管理制度。

(3)物业设备设施操作管理规程。

(4)物业设备设施维修与保养制度。

(5)物业设备设施检修制度。

(6)物业设备设施故障及事故管理制度。

(7)物业设备设施更新改造制度。

(8)物业设备设施经济管理制度。

(9)特种设备管理制度。

(10)物业设备设施考核制度等。

(四)明确设备技术管理的要求

(1)主要设备技术档案齐全、完整。

(2)技术资料的保管符合有关技术档案的管理要求。

(3)加强各类设备在操作使用、维护保养、检查修理和更新改造中的安全技术管理，保证各类设备的有效利用率和完好率达到规定的要求。

(五)明确设备使用与维护管理的要求

(1)设备操作人员须经培训考核合格并领取操作资格证书后，才能凭证上岗操作，且应严格遵守设备安全操作规程。

(2)对于多班制连续运行的设备,操作人员要严格执行交接班手续。

(3)操作人员负责日常的维护保养工作,维护保养工作应达到清洁、整齐、润滑、安全的标准。

(4)设备润滑要做到"五定"(定人、定点、定时间、定任务、定质量),润滑记录及油库的收发记录应齐全、正确。

(六)明确设备检修管理的要求

(1)保持设备的完好状态,对不完好的设备有分析、有对策、有处理结果。

(2)检修人员应定期巡检保养。计划检修和计划外修理(故障修理)的记录要准确齐全。

(3)合理编制设备大修计划。大修计划应包括停机安排、技术准备、备件准备、材料费用及检修工时的预计等。

(4)大修工作由设备部门负责安排实施、按期完成,完成后按有关标准进行验收,并履行验收交接手续。

(七)明确各种技术经济指标

各种技术经济指标应达到行业或上级主管部门规定的要求,这些指标包括以下几个方面:

(1)主要设备完好率。

(2)主要设备利用率。

(3)主要设备故障停机率。

(4)大修计划完成率。

(5)设备重大事故率。

(6)设备闲置率。

(八)明确设备经济管理的要求

(1)设备管理全过程中应重视经济效益。

(2)按规定定额提取折旧费用,折旧费用应用于设备的更新改造。

(3)规定编制设备大修费用预算计划。

(4)设备部门应会同财务部门对维修费用进行考核、统计管理,并进行维修成本分析。

(5)做好能源核算工作,降低能源耗用量。

任务小结

本任务主要介绍物业设备设施管理的概念、物业设备设施管理的内容和意义、物业设备设施管理的目标和核心以及物业设备设施管理的特点和要求。通过学习,学生应能够独立进行物业设备设施基础资料的管理、备品配件的管理和固定资产的管理。

实践与训练

一、实训内容

1. 了解物业设备设施管理的概念。
2. 掌握物业设备设施管理的内容。
3. 了解物业设备设施管理的目标和核心、特点和要求。

二、实训步骤

1. 学生分组，查阅网上相关资料，走访物业服务企业。
2. 讨论：物业设备设施管理与维护现阶段存在的主要问题以及解决这些问题的对策有哪些？
3. 每组将调查结果做成PPT演示讲解，教师点评。

思考与讨论

1. 简述物业设备设施管理的内容和意义。
2. 物业设备设施管理的基本要求有哪些？
3. 物业设备设施管理的目标是什么？
4. 设备改造的方法有哪些？
5. 什么是备品配件管理？管理实践应做到哪些内容？
6. 固定资产管理的基本要求有哪些？
7. 物业设备设施运行管理包括哪些内容？
8. 物业设备设施维护管理包括哪些内容？

模块二 物业设备设施管理的组织与制度

学习要求

1. 掌握物业设备设施管理组织的设计原则,熟悉物业设备设施管理的组织机构,了解物业设备设施管理岗位职责。
2. 熟悉物业设备设施管理制度。

任务一 物业设备设施管理的组织设计

知识目标

1. 掌握物业设备设施组织的设计。
2. 了解物业设备设施管理岗位职责。

能力目标

1. 能够独立制定物业设备设施管理的组织机构,并能够进行评价。
2. 具备独立制定物业设备设施管理职责的能力。

案例引导

某物业服务公司设备管理员岗位职责

1. 对本公司管辖管理区域内的电气、电梯、空调、消防、水泵等设备进行规范化管理的具体实施工作。
2. 负责建立和完善设备档案资料,负责设备管理的日常事务。
3. 达到国内外设备管理的先进水平,完善设备运行、维护、维修的先进管理模式和制度,实现管好、用好、养好设备的目的。
4. 对提高设备利用率、降低设备能耗负有统筹、监控和提出改进方案的责任。
5. 负责对新购或更新设备的先进性、合理性提出核定意见。
6. 负责对新建楼宇中主要设备的会审、质量监督、接管的技术工作。

7. 协助相关专业主管对重要设备进行安装、改造、更新、维护,制定维修计划并组织实施。
8. 负责检验、测量和试验设备的管理工作。
9. 对设备的正常、安全使用负有督导责任,对各设备班组的现场工作进行检查和指导。
10. 负责计划用电、节约用电、安全用电以及节约用水的日常事务。
11. 完成经理交办的其他任务。

问题:该物业服务公司设备管理员的岗位职责是否全面合理?你有什么好的建议?

知识准备

要做好物业设备设施管理与维护工作,实现预期目标,首先必须要有一个组织保障。物业设备设施管理组织是根据物业服务企业的任务和目标,设定管理层次和管理跨度,确定它们之间的分工协作关系,明确各岗位职责和权限,并规定它们之间以及与企业其他部门之间的信息沟通方式,以最高的管理效率来实现物业设备设施管理目标。

一、物业设备设施管理组织机构设置

物业服务企业应根据具体情况建立自己的工程设备管理体系。一般来说,总工程师(或工程部经理)是物业设备设施管理的总负责人,在其领导下,要建立一个结构合理的管理机构,组织一支精干高效的工程管理队伍,才能较好地完成物业设备设施管理工作。

(一)组织机构设置应考虑的主要因素

(1)物业规模的特点。
(2)物业的客户组成。
(3)物业所有者的组织形式。
(4)物业的用途和经营方式(住宅、宾馆、办公楼、商厦等)。
(5)物业安装的设备数量、形式、复杂程度及分布状况。
(6)物业管理的风格和目标。
(7)物业所在地与工程设备管理有关的社会化配套服务发展水平等。

(二)机构设置方案

物业服务企业一般是在总工程师的领导下设置工程部,工程部经理负责本部门职责范围内相关设备的运行、保养、维护等管理工作。几种典型的设置方案如下。

1. 按专业分工的组织构架

按专业分工的组织构架如图2-1所示。其特点:各设备主管处主任负责本处工作,配备人员能够完成全部运行、保养和小型维修工作,分工较细,各单位职责明确,业务职能基本上能够独立完成,但配备人员较多,适用于规模较大、专业技术人员充足、技术力量较强的物业服务企业。

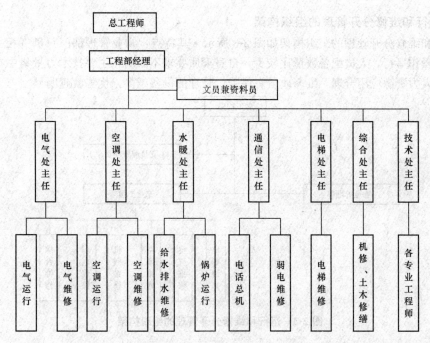

图 2-1 按专业分工的组织构架

2. 主管工程师负责的组织构架

主管工程师负责的组织构架如图 2-2 所示。其特点：各主管工程师负责本专业相关班组的工作，既分工又合作，消除了中间环节，人员配备少，管理费用低，技术指导直接可靠，维修质量较高，便于协调指挥，但是必须有一支技术熟练、业务能力较强的工程技术队伍。

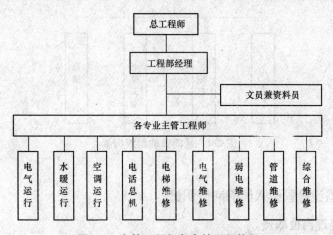

图 2-2 主管工程师负责的组织构架

3. 运行和维修分开管理的组织构架

运行和维修分开管理的组织构架如图2-3所示。其特点：物业管理部门只负责相关物业设备设施的操作运行，人员配备数量比较少，自身素质要求不太高，主要技术力量集中在各工程维修部，人力资源应用合理，维修质量有保障，管理的设备越多，优势就越明显。

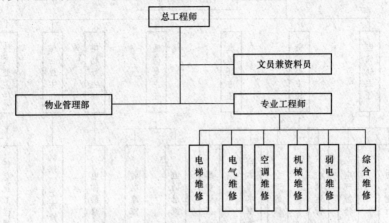

图2-3 运行和维修分开管理的组织构架

4. 最简单的组织构架

最简单的组织构架如图2-4所示。其特点：适用于建筑规模小、设备配置少、技术和管理要求不高的物业服务企业。工程部仅负责日常运行和一般故障处理，人员配备少，管理比较简单。重大设备的维护、保养和维修由专业的维修公司承包，设备维修保养费用高。

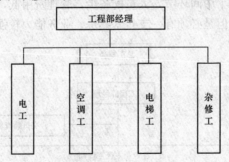

图2-4 最简单的组织构架

二、物业设备设施管理人员的岗位职责

(一)工程部经理岗位职责

工程部是为满足客人的舒适、安全和方便提供服务，是直接给客人留下企业服务形象的部

门。工程部本身的工作及工程部与物业部、销售部、保安部等的横向联系与配合，对提高物业的整体服务质量至关重要。工程部经理是进行管理、操作、保养、维修，保证物业设备设施正常运行的总负责人。其主要职责包括以下几个方面：

(1)直接对企业总经理负责，贯彻执行有关设备和能源管理方面的工作方针、政策规章和制度，制定物业设备设施管理工作的具体目标和政策。

(2)定期编写月、周报告，运行报表等，收集有关资料和数据，为管理决策提供数据依据。

(3)负责物业设备设施从规划和实施、运行和使用、维护和修理、改造和更新直到报废全过程的技术和经济管理。

(4)加强完善设备项目验收、运行、维修的原始记录资料；编制物业设备设施的保养、大修计划，预防性试验计划(月计划、年计划)并负责有组织、有计划地完成各项工作；控制费用，提高修理的经济效果。

(5)在安全、可靠、经济、合理的前提下，及时供给各物业设备设施所需的能源(水、电、油、气等)，做好能源节约工作，降低各方面物资消耗。

(6)制定物业设备实施管理维修的各项规章制度的技术规程和技术标准，实行定额管理和经济核算，完成总经理下达的各项技术、经济指标。

(7)组织人力、物力，及时完成住(用)户提出的请修要求，处理问题和投诉，及时纠正不合格现象，控制日常工作质量。

(8)经常总结和推广物业设备实施管理的经验做法以及维修新技术应用，提高维修技术水平；负责组织设备管理和技术人员的培训学习，通过技术讲座、知识问答等各种形式，积极开展营业部门人员的设备管理基础知识培训，不断提高全员的设备管理意识和水平。

(9)负责设备安全管理，组织物业设备实施的事故分析和处理；制定安全防火、事故防范措施并督促落实执行。

(10)完成上级交办的其他工作。

(二)各专业技术负责人岗位职责

空调、给水排水、强电、弱电等各专业技术负责人在部门经理的领导下，各司其职，完成上级安排的工作。

(1)负责编制所管物业设备设施的年、季、月检修计划及相应的材料、工具准备计划，经工程部经理审批后负责组织计划的实施，并检查计划的完成情况。

(2)督导下属员工严格遵守岗位责任，严格执行操作规程，检查下属岗位职责以及操作规程、设备维修保养制度的执行情况，发现问题时及时提出改进措施，并督促改进工作。

(3)熟悉所管系统物业设备设施的性能、运行状况、控制状态，制定合理运行方案，研究改进措施，减低能耗。

(4)组织调查、分析设备事故，提出处理意见及措施，并组织实施，以防止事故的再次发生。

(5)及时掌握本专业科技发展新动态，及时提出推广新技术、新工艺、新材料的建议，上级审批后组织贯彻实施。

(6)完成上级交办的其他工作,及时、保质保量地完成工作任务。

(三)领班岗位职责

(1)负责本班所管辖设备的运作和维护养护工作,严格做到设备、机房、工作场所干净,并且不漏电、不漏水、不漏油、不漏气,使用性能良好、润滑良好、密封良好、坚固良好、调整良好。

(2)带领并督促全班员工遵守岗位责任制、操作规程和公司制定的各项规章制度,及时完成上级下达的各项任务。

(3)负责本班的业务学习,不断提高自身素质,负责本班的日常工作安排。

(4)负责制定本班设备的检修计划和备件计划,报送主管审核后组织实施。

(四)维修人员(技术工人)岗位职责

(1)按时上班,不迟到不早退,并认真执行公司制定的各种设备维护规程。

(2)定期对机电设备进行维护保养,认真完成设备的日常巡检,发现问题时及时处理。

(3)认真完成公司安排的设备大检修任务。

(4)正确、详细地填写工作记录、维修记录,建立设备档案。

(5)爱护各种设备、工具和材料,对日用维修消耗品要登记签认,严禁浪费。

(6)加强业务学习,认真钻研设备维护技术,并树立高度的责任心,端正工作态度。

(五)材料保管员岗位职责

(1)负责统计材料、工具和其他备件的库存情况,根据库存数量及其他使用部门提出的采购申请填写采购申请表,报送经理审批。

(2)负责材料、工具和其他设备备件的入库验收工作,保证产品的品种、规格、数量、质量符合有关要求。

(3)负责材料、工具和其他设备备件的保管工作,保证产品的安全和质量。

(4)负责统计库房材料的工作,按时报送财务部门。

(5)负责完成上级交办的其他任务。

(六)资料员岗位职责

(1)负责收集、整理工程部的各种技术资料及设备档案。

(2)负责本部门各下属单位的各项工作报表的汇总、存档。

(3)负责能源、材料、人力等各项资源消耗的统计。

任务小结

本任务主要介绍物业设备设施管理的组织设计,包括物业设备设施管理的组织机构设置和人员岗位职责。通过学习,学生应能够独立制定物业设备设施管理的组织机构,并能够进行评价。

实践与训练

一、实训内容
1. 通过查阅网上相关资料，走访物业服务企业，了解企业的规模、经营理念。
2. 了解企业机构设置、主要工作岗位、福利待遇及管理模式。

二、实训步骤
1. 按小组分工，调查某小区或者校园物业服务公司，与物业公司管理人员座谈。
2. 每组将调查结果做成 PPT 演示讲解，教师点评。

思考与讨论

1. 物业设备设施管理机构一般采用的设置方案有哪些？
2. 按专业分工的组织构架的特点是什么？
3. 工程部经理的岗位职责是什么？
4. 各专业技术负责人的岗位职责是什么？

任务二　物业设备设施管理与维护制度

知识目标

1. 掌握物业设备设施管理的三大类管理制度。
2. 掌握培养高素质管理团队的方法。

能力目标

1. 具有制定物业设备设施管理与维护的制度的能力。
2. 能够培养符合物业服务企业要求的高素质管理团队。

案例引导

如何提高电梯管理服务水平

某小区因物业设备设施管理人员流动频繁，未能提供良好的物业设备设施，特别是电梯管理服务，常常出现电梯事故，导致业主不满，令物业服务公司领导大伤脑筋。你认为，该公司应该从哪些方面入手提高电梯管理服务水平？

【案例分析】

(1)按照电梯管理需要配备专业电梯管理人员,所有电梯管理人员都要持有国家或地方有关管理部门认可的上岗资格证书。

(2)根据电梯制造厂家提供的图纸、技术性能指标和维修保养说明,制定电梯安全运行和维修保养的规章制度和工作程序,包括值班安排,操作规程和应急处理,日常巡视、周检、月检内容,大、中修计划和工作程序等。

(3)建立电梯技术档案,将电梯原始技术资料和检测维修资料归类存档,妥善保管。

(4)备齐电梯维修保养所必需的工具、仪器等,以及电梯日常维修保养所常用的零件和消耗品,了解并登记电梯零件供应渠道和各专业技术服务公司。

(5)根据物业的性质和人流、物流的特点确定电梯的服务时间和清洁保养时间。

(6)核算电梯的用电计量和运行成本,以此测算出电梯的使用成本。

(7)将电梯维修保养工作委托给专业公司承担时,要认真审核承包方的专业技术水准和专业资格,认真监督合同的执行情况,定期对承包方的服务进行评价。

(8)电梯维护保养或故障停梯均应通知业主、物业使用人。

(9)电梯每年要由政府技术监督部门进行年检,获得年检合格认证才能继续使用。

知识准备

一、物业设备设施的管理制度

(一)生产技术规章制度

生产技术规章制度包括物业设备设施的安全操作规程、接管验收制度、保养维修规程等。

(1)安全操作规程。"安全第一,预防为主",在安全管理备受重视的今天,物业设备设施的安全操作运行已成为物业管理的重要环节。专业技术人员在工作中应遵守专业技术规程,接受专业培训,掌握安全生产技能,佩戴和使用劳动防护用品,服从管理。

高低压配电设备、弱电设备、楼宇自控系统、电梯、计算机中心、水泵房、电梯等设备的运行都会形成一定的风险,如不按规程操作,轻则造成设备故障,重则造成机毁人亡。违规操作造成事故的案例不胜枚举,如某公司管理处维修技术员王某、李某对小区低压配电柜进行带电除尘作业,在施工作业中,王某认为使用手动皮风器的除尘效果不好,便改用毛刷进行除尘作业,但未对毛刷的薄钢板进行绝缘处理,刷子横向摆动时毛刷的薄钢板将C相母排与零排短接,造成相对地短路,联络断路器总闸保护跳闸。瞬间短路产生的电弧使王某的手部和面部有不同程度的烧伤。

(2)接管验收制度。物业设备设施的接管验收工作是设备安装或检修停用后转入使用的一个重要过程,做好接管验收工作对以后的管理和使用有着重要的意义,接管验收内容包括新建设备的验收、维修后设备的验收、委托加工或购置的更新设备的开箱验收等。

对初验发现的问题应商定解决意见并确定复验时间,对经复验仍不合格的应限定解决期限。设备的缺陷及不影响使用的问题可作为遗留问题签订协议保修或赔款补偿类协议，但必须在设备能用、不致出现重大问题时才可签订。验收后的基础资料应妥善保存。

(3)维修保养规程。"七分用、三分养"，物业设备在使用过程中会发生磨损、松动、振动、泄漏、过热、锈蚀、压力异常、传动皮带老化断裂等故障，从而影响设备的正常使用。设备故障会产生相应的管理风险，甚至会形成事故，如电路老化易造成短路甚至引发火灾。管理实践中应正确掌握设备状况，根据设备的运行管理经验以及技术特点等情况，制定科学合理的预防性维修保养规划，按照预定计划采取设备点检、养护、修理等一系列预防性组织措施和技术措施，防止设备在使用过程中发生不应有的磨损、老化、腐蚀等现象，保证设备的安全运行，降低修理成本，充分发挥设备潜力和使用效益。

(二)管理工作制度

物业设备设施的管理工作制度包括预防性计划维修保养制度、设备运行管理制度、维修制度以及其他制度等。管理制度应"因人而异"。

1. 预防性计划维修保养制度

预防性计划维修保养制度是指为了防止意外损坏而按照预定计划进行一系列预防性维修、维护和管理的组织措施和技术措施。实行预防性计划维修保养的目的，是保证设备能够长期保持正常工作能力，避免设备遭受不应有的磨损老化和腐蚀，充分发挥设备潜力，正确掌握设备状况，提高设备运转率，延长设备修理间隔期，降低修理成本和提高维修质量。具体的组织和技术措施如下：

(1)确定维修及养护工作的性质及内容，如日常及定期保养内容、月维修养护内容、季度和年度维修保养内容和大修内容等。

(2)确定设备维修、保养的标准和要求。

(3)进行预防性计划维修保养工作的实施与监督。

(4)大修计划应根据物业设备管理与修理相结合的方针，采用大修集中、维修分散的组织形式。

2. 设备运行管理制度

设备运行管理制度主要有巡视抄表制度、安全运行制度、经济运行制度、文明运行制度等，特殊设备还需另行制定制度，如电梯安全运行制度、应急发电运行制度等。

3. 维修制度

维修制度包括日常巡视检查及保养制度、定期检查及保养制度、备品配件管理制度、更新改造制度、维修费用管理制度、设备报废制度等。

4. 其他制度

其他制度包括承接查验制度、登记与建档制度、节能管理制度、培训教育制度、设备事故管理制度、员工奖惩制度、承租户和保管设备责任制度、设备清点和盘点制度等。物业服务企业必须根据承接查验物业的状况，逐步完善各项管理制度，从而有效地实现专业化、制度化的物业设备设施管理。

(三)责任制度

责任制度一般包括各级岗位责任制度、报告制度、交接班制度、重要设备机房(变配电房、发电机房、空调机房、电梯机房、卫星机房、给水泵房、电信交换机房)出入安全管理制度、重要机房(锅炉房、变配电房)环境安全保卫制度等。交接班制度的内容如下：

(1)接班人员必须提前 10 min 做好接班的准备工作并穿好工作服，佩戴好工号牌正点交接班。

(2)接班人员要详细阅读交接日记和有关通知单，详细了解上一班设备运行的情况，对不清楚的问题一定要向交班者问清楚，交班者要主动向接班者交底，交班记录要详细完整。

(3)交班人员要对接班人员负责，要交安全、交记录、交工具、交钥匙、交场所卫生、交设备运行动态，且双方签字确认。

(4)如果在交班时突然发生故障或正在处理事故，应由交班人员为主排除，接班人员积极配合，待处理完毕或告一段落，报告值班工程师，征得同意后交班人员方可离去，其交班者延长工作的时间，在事故报告分析后再作决定。

(5)在规定交班时间内，如接班者因故未到，交班者不得离开岗位，擅自离岗者按旷工处理，发生的一切问题由交班者负责；接班者不按时接班，直接由上级追查原因，视具体情节作出处理；交班者延长的时间除公开表扬外，并发给超时工资(可在绩效工资中体现)。

(6)接班人员酒后或带病坚持上岗者，交班人不得擅自交接工作，要及时报告当班主管统筹安排。

二、培养高素质的管理团队

管理和服务是物业设备设施管理的基本内容，两者的良好实现必须以高素质的技术人员为基础。

(1)克服"短板"现象，提升员工技能。管理学中有一个"木桶理论"，木桶盛水的多少不是取决于最长的那块板，而是取决于最短的那块板。管理实践中，可通过"传帮带"、定期培训、理论考核、实操大比武等多种方式让"短板"消失，从而使团队整体技能水平得以保持和提升。实践中应注意：择优的目的不在于淘汰，而在于整体提升。

(2)技术人员要"一专多能"。住宅小区(大厦)内配套的机电设备很多，有些是 24 h 运行，因此机电人员随时要处理机电设备出现的故障。有些设备专业性强、技术要求高，需要不同专业的技术人员来管理。在实践中，机电人员一方面要受数量定编的限制，另一方面需要处理的事情又不均衡，所以经常出现"时忙时闲"的工作量不平衡现象。要克服这种现象，除做好计划管理外，还必须实行"一专多能"的用人制度，在保持核心技术专长的同时，培养多种技能，使管理团队达到精干高效。需要注意的是，在采用"一专多能"的工作方式时，切忌无证上岗，避免造成安全事故和其他损失。

(3)熟悉物业设备设施，强化规范管理。住宅小区(大厦)中物业设备设施种类多、数量大，人员又相对集中，这就增加了管理的难度。为了更好地做好物业服务，工作人员必须熟知住宅小区（大厦）的物业情况和各项管理规定，在实践中做到"勤查、多思、善断"，对不规范使用物业设备设施的行为做到有效制止、纠正，发现物业设备设施不正常时，立即通知有关部门停机检修，迅速查明原因。

任务小结

本任务主要介绍物业设备设施管理与维护的相关管理制度，包括生产技术规章制度、管理工作制度、责任制度，以及如何培养高素质的管理团队，提高物业服务企业的管理水平。

实践与训练

一、实训内容
1. 通过查阅网上相关资料，走访物业服务企业，了解企业的规模、经营理念。
2. 了解企业现阶段的物业设备设施运行管理制度。

二、实训步骤
1. 按小组分工，调查某小区或者校园物业服务公司，与物业服务公司管理人员座谈。
2. 每组将调查结果做成 PPT 演示讲解，教师点评。

思考与讨论

1. 简述物业设备设施的管理制度。
2. 简述生产技术规章制度的内容。
3. 简述管理工作制度的内容。
4. 简述责任制度的内容。
5. 怎样培养高素质的管理团队？

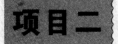

物业设备设施管理与维护

本项目重点介绍物业设备设施中建筑卫生设备设施管理与维护和建筑电气设备设施管理与维护。

模块三 建筑卫生设备设施的管理与维护

学习要求

1. 掌握建筑给水、排水设备设施管理与维护。
2. 掌握供暖系统管理与维护。
3. 掌握室内燃气供应系统管理与维护。
4. 掌握建筑消防系统管理与维护。
5. 掌握建筑通风与空调系统管理与维护。

任务一 建筑给水、排水设备设施管理与维护

知识目标

1. 了解建筑给水、排水系统的组成、分类；熟悉建筑给水、排水系统常用的设备。
2. 理解建筑给水、排水系统的基本原理；掌握建筑给水系统常用的给水方式。
3. 熟悉建筑给水系统的日常管理及常见故障处理方法。
4. 熟悉建筑排水系统的日常管理及常见故障处理方法。

能力目标

1. 能够识别常见给水、排水方式。

2. 能够鉴别给水、排水管道、管件、附件和常用卫生器具的优劣。
3. 能够对室内给水、排水系统进行日常的管理与维护。

案例引导

小区水污染

某小区采用水池—水泵—水箱联合供水。一天上午，该小区的物业服务公司接到部分业主投诉，称早晨用水时发现水龙头出水浑浊，有沉淀变色现象，要求物业服务公司及时查清污染源，提高供水水质，否则将拒交物业费。

问题：1. 物业服务公司应该如何处理这一事件？
2. 在日常的物业管理中，可采取哪些措施预防此类事件的发生？

知识准备

建筑给水系统是为保证建筑内生活、生产、消防所需水量而修建的一系列工程设施，它的任务主要是将城镇（或小区）给水管网或自备水源的水引入室内，经室内配水管网送至生活、生产和消防用水设备处，满足各用水点对水量、水压和水质的要求。建筑排水系统的任务是接纳、汇集建筑内各种卫生器具和用水设备排放污（废）水以及屋面的雨、雪水，并在满足（或经处理后满足）排放要求的条件下，将其排入室外排水管网。

一、建筑给水系统的分类

根据供水用途，建筑给水系统基本可分为3类：

(1)生活给水系统：为民用、公共建筑和工业企业建筑提供饮用、烹调、洗浴、洗涤、冲洗等日常生活用水的给水系统。其有水量、水压的要求，还必须满足国家规定的生活饮用水水质标准。

(2)生产给水系统：为生产设备的冷却、原料和产品的洗涤，以及各类产品制造过程中所需提供用水的给水系统。生产用水必须满足生产工艺对水质、水量、水压及安全的要求。

(3)消防给水系统：为各类消防设备提供灭火用水的给水系统。消防用水对水质要求不高，但必须满足建筑设计和防火规范对水量和水压的要求。

在实际应用中，上述3种给水系统不一定需要单独设置，可根据水质、水压等用水要求，考虑技术、经济和安全等条件，将上述3类基本给水系统或其中两类基本给水系统组合成不同的共用给水系统，如生活—消防、生产—消防、生活—生产、生活—生产—消防等共用给水系统；或进一步按供水用途的不同和系统功能的差异分为饮用水给水系统、杂用水给水系统、消火栓给水系统、自动喷水灭火系统和循环重复使用的生产给水系统等。

系统的选择应根据生活、生产、消防等各项用水对水质、水量、水压、水温的要求，结合室外给水系统、室外实际情况，经过技术、经济分析确定。

二、建筑给水系统的组成

一般而言,建筑给水系统一般由以下几个基本部分组成,如图 3-1 所示。

(一)引入管

引入管又称进户管,是将室外给水管的水引入室内的管段。引入管根据建筑物的性质、用水要求可有几条,但至少应该有一条。

(二)水表节点

水表节点是引入管上装设的水表及其前、后设置的闸门、泄水装置等的总称。水表节点一般设置在引入管室外部分离开建筑物适当位置的水表井内,用于对该节点以后管网用水的计量与控制。闸门用来关闭管网,以便修理和拆换水表;泄水装置用来在检修时放空管网。

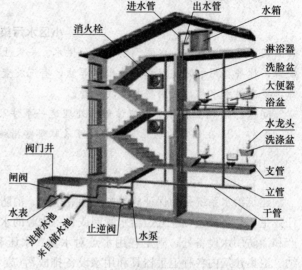

图 3-1 建筑给水系统的组成

(三)管道系统

管道系统是指室内给水水平或垂直干管、立管、支管等组成的配水管网,如图 3-2 所示。

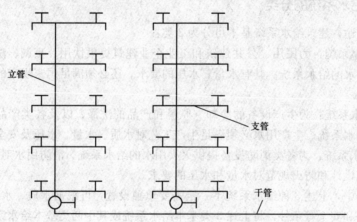

图 3-2 管道系统

室内给水管道宜明设,如建筑有特殊要求可以暗设,但应便于安装和检修;给水水平干管宜敷设在地下室、技术层、吊顶或管沟内;立管可敷设在管道井内,从水平干管上分出立管;支管则由立管分出,供给每一层配水装置的用水。

(四)配水装置和用水设备

配水装置和用水设备是指各种生活、生产用水设备或其他用水器具，如消火栓等。

(五)给水附件

给水附件是指给水管网上的各种阀门及水龙头等控制附件。

(六)升压设备和储水设备

升压设备是用于增大管内水压，使管内水流能达到相应位置，并保证有足够的流出水量与水压的设备，例如水泵、气压给水设备等。储水设备用于储存水，同时有储存压力的作用，如水池、水箱和水塔等。

(七)室内消防设备

室内消防设备是按照《建筑设计防火规范(2018年版)》(GB 50016—2014)的规定，在建筑物内设置的各种消防设备。在设置消防给水时，一般应设置消火栓消防设备、自动喷淋消防设备等。

三、建筑给水系统的给水方式

给水方式是根据建筑物的性质、高度、用水量、配水点布置及室外给水管网所能提供的水压和水量等因素所选定的供水方案。

常用的给水方式有以下几种。

1. 直接给水方式

直接给水方式由室外给水管网直接供水，是最简单、最经济的给水方式，其投资少、施工方便，并且容易维护管理，水质不易被二次污染。水从引入管、给水干管、给水立管和给水支管由下向上直接供到各用水或配水设备，中间无任何增压储水设备。该方式适用于室外给水管网的水量、水压在一天内均能满足用水要求的低层或多层建筑，如图3-3所示。

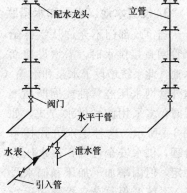

图3-3 直接给水方式

2. 设置水箱的给水方式

当室外给水系统的水量能满足建筑给水系统的要求，对水压周期性变化且大部分能满足室内压力要求时，可采用设有水箱的给水方式。如图3-4(a)所示，在室外管网压力足够时，由室外管压直接向建筑内给水系统供水，同时向水箱供水，水箱储备水量。高峰用水时，室外管网水压不足，则由水箱向建筑内给水系统供水。

当室外管网水压偏高或不稳定时，为保证建筑内给水系统的良好工况或满足稳压供水的要求，也可采用全部由水箱向建筑内给水系统供水的方式，如图3-4(b)所示。

有时，为了充分利用室外给水管网的水压，将下部楼层设置成直接由室外给水管网供水，上部楼层设置成由水箱供水的方式，这样，水箱仅为上部楼层服务，容积可以减小，从而降低投资。

特点：不需要专门设置升压设备，利用管网的压力将一定量的水储存在水箱中，从而保证不间断供水,供水较安全。但由于增加了水箱,如果管理不当,容易产生二次污染,同时也增加了造价。

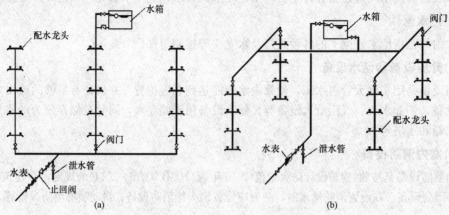

图 3-4 设置水箱的给水方式
(a)下行上给式;(b)上行下给式

3. 设置水池、水泵和水箱联合给水方式

当市政部门不允许从室外给水管网直接供水时,需增设地面水池,此系统增设了水泵和水箱。室外管网水压经常性或周期性不足时,多采用此种供水方式,如图 3-5 所示。这种供水方式技术合理,供水安全性高,供水压力稳定,但因增加了加压和储水设备,系统变得复杂,投资和运行费用高,水易被二次污染,一般用于多层和高层建筑。

4. 气压给水方式

在室外给水管网压力经常不能满足室内所需水压或室外用水不均匀,且不宜设置高位水箱时,可采用图 3-6 所示的气压给水方式。所谓气压给水方式,就是在给水系统中设置气压给水设备,利用该设备的气压水罐内气体的

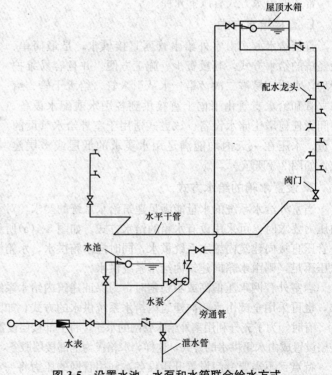

图 3-5 设置水池、水泵和水箱联合给水方式

可压缩性进行贮存、调节和压送水量供水。气压水罐的作用相当于高位水箱，其设置位置的高低可根据需要灵活确定。

  这种给水方式的气压给水设备便于隐蔽，建设速度快，容易拆迁，灵活性大，且水在密封系统中流动，不会受到污染，也有利于抗震和消除管道中的水锤和噪声，但调节能力小，运行费用高，耗用钢材较多，供水压力变化幅度较大，不适于用水量大和要求水压稳定的用水对象，因此受到一定限制，目前多用于消防供水系统。

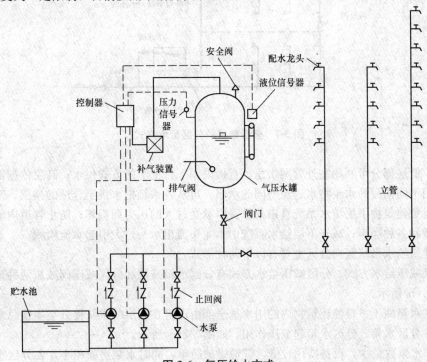

图 3-6　气压给水方式

5. 分区给水方式

  (1) 多层建筑的分区给水方式。在层数较多的建筑物中，室外给水管网水压只能满足建筑下层的供水要求，为充分有效地利用室外管网水压，可将建筑物分为上、下两个供水区。如图 3-7 所示，室外给水管网水压线以下楼层为下区，由外网直接供水；水压线以上楼层为上区，由上区升压储水设备供水。可将两区的一根或几根立管相连，在分区设置阀门，以备下区进水管发生故障或外网压力不足时打开阀门由上区水箱向下区供水。这种给水方式对底层设有洗衣间、浴室、大型餐厅等用水量大的建筑物更有经济意义。

  (2) 高层建筑的分区给水方式。对于高层建筑，如果采用上述几种方式，由于水的自重作用，低层的静水压要比高层的静水压大，低层管道比高层管道承受的压力也要大很多，对供水管道自身的安全不利，也是不科学的。解决办法是对建筑物进行竖向分区，将其供水分成若干

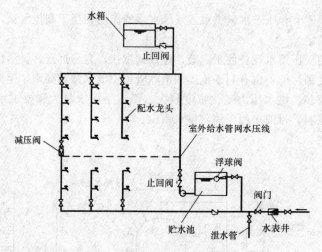

图 3-7　多层建筑的分区给水方式

竖向区段，低层部分可利用室外管网水压，直接采用下行上给的方式供水；高层依据部分不同高度，选用不同扬程的水泵将水送至不同的水箱，再从各水箱把水供至合适的楼层。采用竖向分区可以避免建筑物下层给水系统管道及设备因承受过大的压力而损坏；防止管道内流速过大引起的水锤和各种噪声；减轻下层给水系统中水龙头流出水头过大引起水流喷溅。

高层建筑给水系统竖向分区主要有以下两种形式：

1) 分区减压给水方式。分区减压给水方式有分区水箱减压和分区减压阀减压两种形式，如图 3-8(a)、(b)所示。

①分区水箱减压：整幢建筑物内的用水量全部由设置在底层的水泵提升至屋顶总水箱，然后分送至各分区水箱，分区水箱起减压作用，如图 3-8(a)所示。

特点：水泵数量少，设备费用较低，管理维护简单，同时水泵房面积小，各分区水箱调节容积小，但水泵运行费用高，屋顶总水箱容积大，对建筑的结构和抗震不利。

②分区减压阀减压：其工作原理与分区水箱减压给水方式相同，不同之处在于用分压减压阀来代替分区水箱，如图 3-8(b)所示。

特点：分区减压阀不占楼层面积，使建筑面积发挥最大的经济效益，但水泵运行费用较高。

2) 分区并联给水方式。分区并联给水方式是在各区独立设水箱和水泵，且水泵集中设置在建筑物底层或地下室，分别向各区供水，如图 3-8(c)所示。

特点：各区采用独立给水系统，互不影响，某区发生事故时不影响其他区的供水，而且各区水泵集中设置，管理维护方便，但水泵台数多，水泵出水高压管线长，设备费用增加，分区水箱占建筑层若干面积，减小了建筑使用面积，影响经济效益。另外，在不能设置水箱的建筑中，可以采用在建筑的低层设置有气压给水装置的给水系统，即无塔供水系统，由空压机将水送至高处。

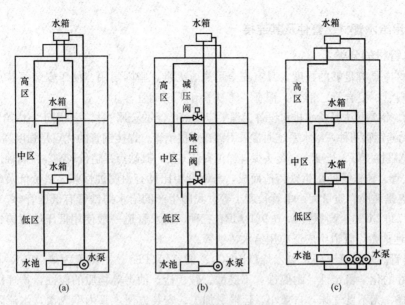

图 3-8　高层建筑的分区给水方式
(a)分区水箱减压给水方式；(b)分区减压阀减压给水方式；(c)分区并联给水方式

四、建筑给水系统给水方式的选择

给水方式一般根据下列原则进行选择：

(1)在满足用户要求的前提下，应力求给水系统简单，管道长度短，以降低工程费用及运行管理费用。

(2)应充分利用城市管网直接供水，如室外管网水压不能满足建筑物的用水要求，可考虑建筑物下面几层利用室外管网直接供水，上面几层采用加压供水。

(3)供水应安全可靠，管理、维修方便。

(4)当两种及两种以上用水的水质接近时，应尽量采用共用给水系统。

(5)生产给水系统在经济技术比较合理时，应尽量采用循环给水系统，以节约用水。

(6)生活给水系统中，最低卫生器具配水点处的静水压强不宜大于 0.45 MPa，如超过宜采用竖向分区供水，以防使用时不便或卫生器具及配件破裂漏水，造成维修工作量的增加。生产给水系统的最大静水压力根据工艺要求及各种用水设备的工作压力和管道、阀门、仪表等的工作压力确定。

五、给水系统常用设备

给水系统一般包括给水管材、管件、管道附件，给水仪表，水泵，贮水池，水箱和气压给水设备等。

(一)常用给水管材、管件及其连接

1. 给水管材的分类

给水管材应具有足够的强度,具有安全可靠、无毒、坚固耐用、便于安装等特点。常用给水管材有塑料管、复合管、钢管、铜管、铸铁管和不锈钢管等。

(1)钢管。钢管过去是给水排水设备工程中应用最广泛的金属管材,多用于室内给水系统,分焊接钢管、无缝钢管两种,给水系统通常采用镀锌焊接钢管。焊接钢管的优点是强度高、承载流体的压力大、抗震性能好、长度大、接头少、加工安装方便,其缺点是造价较高、抗腐蚀性差。

(2)铸铁管。铸铁管使用生铁铸造而成,与钢管相比具有耐腐蚀性强、造价低及耐久性好等优点;其缺点是质脆、质量大、单管长度小等。我国生产的给水铸铁管有低压管($\leqslant 0.44$ MPa)、中压管($\leqslant 0.736$ MPa)、高压管($\leqslant 0.981$ MPa)三种,给水管道一般使用低压给水铸铁管。管径大于 75 mm 埋地敷设管道中广泛应用给水铸铁管。

(3)塑料管。塑料管有硬聚氯乙烯(UPVC)、聚乙烯(PE)、三型聚丙烯(PP-R)和 ABS 等。塑料管有良好的化学稳定性,耐腐蚀,不受酸、碱、盐、油类等物质的侵蚀,物理机械性能也很好,不燃烧,无不良气味,自重小,运输、加工、安装方便,管内壁光滑,水流阻力小,容易切割,可制成各种颜色。

(4)复合管。复合管主要有兼有钢管和塑料管优点的钢塑复合(SP)管以及以铝合金为骨架的铝塑复合(PAP)管。复合管除具有塑料管的优点外,还有耐压强度高、耐热、可曲挠和美观等优点,现已大量应用于给水支管的安装。

2. 给水管材的选择

由于钢管易锈蚀、结垢和滋生细菌,且寿命短(一般仅为 8~12 年,而一般的塑料管寿命可达 50 年),因此,世界上不少发达国家早已规定在建筑中不准使用镀锌钢管。我国也开始逐渐用塑料管或复合管取代钢管。

(1)新建、改建及扩建城市供水管道(ϕ 400 mm 以下)和住宅小区室外给水管道应使用硬质聚氯乙烯、聚乙烯管;大口径城市供水管道可选用钢塑复合管。

(2)新建、改建住宅室内给水管道、热水管道和供暖管道优先选用铝塑复合管、交联聚乙烯管等新型管材,淘汰镀锌钢管。

3. 常用给水管件

管道配件是指在管道系统中起连接、变径、转向和分支等作用的零件,简称管件,如图 3-9 所示。常用管件有金属管件、塑料管件和铝塑复合管件等。

各种管件用途如下:

(1)管箍:又称直接头、内螺丝等,用于直线连接两根公称直径相同的管子。

(2)异径管箍:又称大小头,用来连接两根公称直径不同的直线管子,用于变径。

(3)活接头:作用与管箍相同,但比管箍装拆方便,用于需要经常装拆或两端已经固定的管路。

(4)补心:又称内外丝,用于直线管路变径处。它与异径管箍的不同点在于它的一端是外螺纹,另一端是内螺纹,外螺纹一端通过带有内螺纹的管件与大管径管子连接,内螺纹端则直接与小管径管子连接。

(5)弯头:包括90°弯头和45°弯头,用于连接两根公称直径相同的管子,使管路作相应角度的转弯。

(6)异径弯头:又称大小弯,使管道在改变方向的同时改变管径。

(7)外接头:又称外丝、短接,用于连接距离很短的两个公称直径相同的内螺纹管件或阀件。

(8)丝堵:又称管塞,用于堵塞管件的端头或堵塞管道预留管口。

(9)等径三通:由直管中接出垂直支管用,连接的3根管子公称直径相同。

(10)异径三通:与等径三通的作用相似,使管道分支并变径。

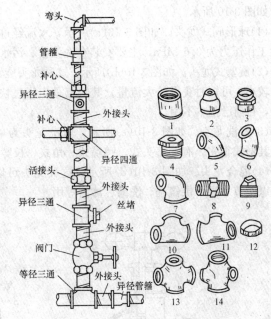

图 3-9 常用的金属螺纹连接管件
1—管箍;2—异径管箍;3—活接头;4—补心;
5—90°弯头;6—45°弯头;7—异径弯头;
8—外接头;9—丝堵;10—等径三通;11—异径三通;
12—根母;13—等径四通;14—异径四通

(11)根母:又称锁紧螺母、防松螺母、纳子,锁紧装在管路上的通丝外接头或其他管件。

(12)等径四通:用来连接4根公称直径相同并垂直相交的管子。

(13)异径四通与等径四通相似,但管子的公称直径有两种,其中相对的两根管子的公称直径是相同的。

4. 给水管道的连接

(1)钢管的连接方法有螺纹连接、焊接和法兰连接3种方法。

(2)塑料管的连接方法有螺纹连接、粘接、热熔连接和法兰连接等。

(3)铸铁管的连接一般采用承插连接,在与阀件连接时也采用法兰连接。

(4)复合管的连接可用挤压丝式连接和卡环螺母锁紧连接等。

(二)常用给水管道附件

给水管道附件是安装在管道及设备上的启闭和调节装置的总称,一般分为配水附件和控制附件两类。

1. 配水附件

配水附件就是装在卫生器具及用水点的各式水龙头,也称配水水嘴,用以调节和分配水流,如图3-10所示。

(1)球形阀式龙头。如图3-10(a)所示,水流经过此种龙头时因改变流向,故阻力较大。其最大工作压力为0.6 MPa,主要安装在洗涤盆、污水盆、盥洗槽上。

(2)旋塞式龙头。如图3-10(b)所示,这种龙头旋转90°即完全开启,其优点是水流直线通过,阻力较小,可短时获得较大流量。其缺点是启闭过快,容易产生水锤,使用压力宜在0.1 MPa左右,目前已基本不用。

(3)盥洗龙头。如图3-10(c)所示,盥洗龙头为单放型,装设在洗脸盆上单供冷水或热水用。其形式很多,有莲蓬头式、鸭嘴式、角式、长脖式等。

(4)混合龙头。如图3-10(d)所示,这种龙头可以调节冷、热水的流量,进行冷、热水混合,以调节水温,供盥洗、洗涤、沐浴等用。

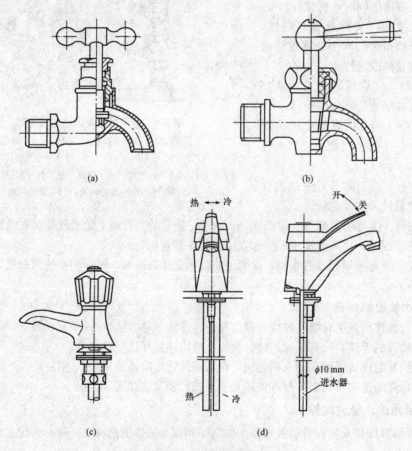

图3-10 配水附件
(a)球形阀式龙头;(b)旋塞式龙头;(c)盥洗龙头;(d)混合龙头

2. 控制附件

控制附件是用来调节水量、水压，关闭水流，控制水流方向的各类阀门，常用的阀门如下：

(1)截止阀。如图3-11(a)所示，用于启闭水流，这种阀门关闭严密，但水流阻力大，一般适用于DN≤50 mm的管道。截止阀安装时有方向要求，应使水低进高出，防止装反，一般阀上标有箭头指示方向。

(2)闸阀。如图3-11(b)所示，用于启闭水流，也可以调节水流量。全开时水流呈直线通过，阻力小，但水中有杂质落入阀座后易产生磨损和漏水，一般适用于DN≥70 mm的管道。

(3)旋塞阀。如图3-11(c)所示，用于启闭、分配和改变水流方向，其优点是启闭迅速，其缺点是密封困难。一般装在需要迅速开启或关闭的地方，为了防止迅速关断水流面引起水击，其适用于压力较低和管径较小的管道。

(4)蝶阀。如图3-11(d)所示，蝶阀的阀瓣绕阀座内的轴在90°范围内转动，可起调节、节流和关闭的作用，操作扭矩小，启闭方便，结构紧凑，适用于室内外较大的给水干管。

(5)球阀。如图3-11(e)所示，主要用于切断、分配和变向，球阀操作方便，流体阻力小。

(6)止回阀。又称单向阀或逆止阀，是一种用以自动启闭阻止管道中水的反向流动的阀门，主要有两种——旋启式止回阀、升降式止回阀，另外还有消声止回阀和梭式止回阀等。

1)旋启式止回阀，如图3-11(f)所示，一般直径较大，水平、垂直管道上均可装置。

2)升降式止回阀，如图3-11(g)所示，装于水平管道上，水头损失较大，只适用于小管径。

(7)液位控制阀。是一种自动控制水箱、水池等贮水设备水位的阀门，包括液压水位控制阀和浮球阀。

1)液压水位控制阀。如图3-11(h)所示，水位下降时阀内浮筒下降，管道内压力将阀门密封面打开，水从阀门两侧喷出，水位上升，浮筒上升，活塞上移，阀门关闭时停止进水，是浮球阀的升级换代产品。

2)浮球阀。如图3-11(i)所示，当水箱充水到设计最高水位时，浮球浮起，关闭进水口；当水位下降时浮球下落，开启进水口，即可自动向水箱充水。

(8)安全阀。是一种为了避免管网、设备中压力超过规定值而使管网、用水器具或闭式水箱受到破坏的安全保障器材，其工作原理是：当系统的压力超过设计规定值时，阀门自动开启放出液体，直至系统压力降到允许值时才会自动关闭。其一般有弹簧式[图3-11(j)]和杠杆式两种。

(三)常用给水仪表

给水系统常用给水仪表包括用来计量用水量的水表和流量计、用来测量和指示压力的压力表和用来指示水位的液位计等，这里主要介绍水表。

水表是一种计量用户累计用水量的仪表。目前广泛采用流速式水表。流速式水表按翼轮构造不同分为旋翼式和螺翼式。旋翼式的翼轮转轴与水流方向垂直，水流阻力较大，多为小口径水表，一般用于DN≤50 mm的管道。螺翼式的翼轮转轴与水流方向平行，阻力较小，适用于大流量的大口径水表，DN≥50 mm时，应采用螺翼式水表。

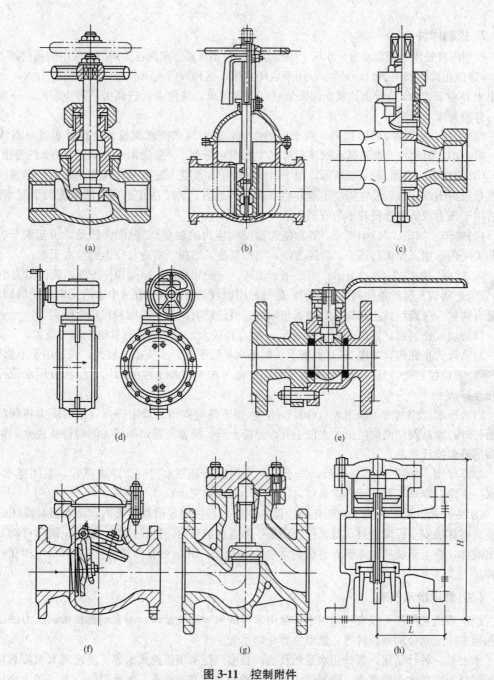

图 3-11 控制附件
(a)截止阀；(b)闸阀；(c)旋塞阀；(d)蝶阀；(e)球阀；(f)旋启式止回阀；
(g)升降式止回阀；(h)液压水位控制阀

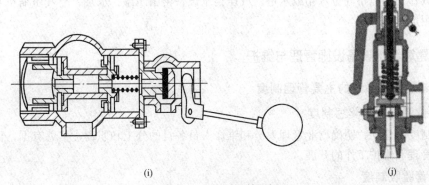

图 3-11 控制附件(续)
(i)浮球阀；(j)弹簧式安全阀

(四)其他给水系统常用设备

1. 水泵

水泵是给水系统中主要的升压设备。在建筑室内给水系统中，一般采用离心式水泵。离心式水泵的装置形式，按进水方式有水泵直接从室外管网抽水和水泵从储水池抽水两种。离心式水泵的工作方式有吸入式和灌入式两种。泵轴高于吸水池水面的称为吸入式；吸水池水面高于泵轴的称为灌入式。

水泵机组一般设置在专门的水泵房内。

2. 水箱

建筑给水系统中，需要增压、稳压、减压或者需要储存一定的水量时，可设置水箱。水箱由进水管、出水管、溢流管、泄水管、水位控制阀及通气管等构成，如图 3-12 所示。

水箱一般根据压力的需要设置在屋顶或相应高度楼层的水箱间内，水箱间应采光通风良好，净高不低于 2.2 m，室内温度不低于 5 ℃，寒冷地区应采取保温和防结露措施。

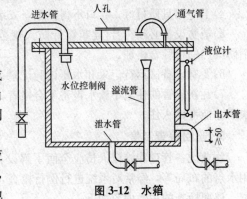

图 3-12 水箱

3. 贮水池

贮水池是贮存和调节水量的构筑物，在不允许从市政供水网直接抽水的情况下，建筑内部应设贮水池。同水箱一样，贮水池也应设进水管、出水管、溢流管、泄水管和水位信号装置，其有效容积应根据生活调节水量、消防储备水量等确定。

4. 气压给水设备

气压给水设备是给水系统中的一种利用密封储罐内空气的可压缩性储存、调节和压送水量的装置，其作用相当于高位水箱或水塔。气压给水设备由密闭罐、水泵、空气压缩机及控制器材等部分组成。

六、建筑给水设备设施管理与维护

(一)建筑给水系统的主要管理制度

1. 岗位责任制和奖惩制度

通过制度的建立，明确物业管理人员和维修人员各自的分工和职责，奖惩有据，促进物业设备设施管理和维护工作的开展。

2. 接管验收制度

(1)在系统的设备安装阶段介入，对设备安装过程中存在的问题及时纠正并做到心中有数。

(2)系统接管前，必须进行验收，其主要内容如下：

1)接管验收工作按国家标准《建筑给水排水及采暖工程施工质量验收规范》(GB 50242—2002)执行。

2)接管验收工作要有验收报告(包括工程地点，开竣工时间，设计、施工及接管单位，设备概况，工程竣工图纸)，验收完以后各类资料应交给接管单位。

3)管道应安装牢固，控制部件启闭灵活、无滴漏。水压试验及保温、防腐措施必须符合《建筑给水排水及采暖工程施工质量验收规范》(GB 50242—2002)的规定。

4)卫生器具质量好，接口不得渗漏，安装平整牢固，部件齐全。

5)消防设备必须符合《建筑设计防火规范(2018 年版)》(GB 50016—2014)的规定，并且有消防部门的检验合格证。

6)要有设备试运行记录和水压试验记录。

7)凡新接管的住宅中给水设备不合格者，一律不能入住，也不能接管验收，必须将问题解决后才能考虑入住。

3. 巡回检查制度

物业设备管理和维修人员应全面了解设备的性能和用途，各种管线的走向、阀门的位置、用水点的布局等，经常对系统进行例行检查，以便及时发现问题并解决，以为定期检修提供依据。巡回检查的主要内容如下：

(1)查看楼板、墙壁、地面有无渗水现象，以判断暗埋敷设管道是否漏水。

(2)检查室内各种管道、器具有无漏水和滴水现象。

(3)检查水箱人孔盖是否盖严，通气管、溢流管上的网罩是否完好。

(4)检查水泵运行过程中有无异响和异常温升、各种仪表指示是否正常。

4. 定期检修制度

除对给水系统进行日常巡检外，还要进行定期检修，主管工程师每年 12 月 25 日前应制订下一年度给水系统的维修保养计划，并在下一年度遵照执行。定期检修的主要内容如下：

(1)进行系统外观检查,主要检查管道连接严密度、腐蚀程度、支(托)架及管卡牢固度等内容。

(2)对于水泵及其电气装置应进行检修,检查电线是否老化损坏、水泵零件是否磨损、变频系统是否正常,对水泵和电动机还应定期清洗和润滑。

(3)检查给水系统中的各个阀门,看其是否启闭自如、能否起到控制作用,及时更换失灵的阀门,并对阀门清洗加油。

(4)检验水箱或水池的水质,若水质不符合《生活饮用水卫生标准》(GB 5749—2006),则应立即检查消毒设备,对不能正常工作的消毒设备应进行修理或更换,若水箱污染造成水质变坏,则应清洗水箱。

(5)冬季到来前,应做好设备防冻保温工作,防止气温突然下降,造成管道、水箱等冻裂事故。

5. 资料管理制度

给水系统的资料包括设备技术资料、设备运行记录、设备维修记录、巡回检查记录等,通过对上述资料的分析和总结,可以发现设备运行过程中的一些规律性的东西,便于对设备进行预防性维护和管理,防止突发性事故发生而造成不必要的损失。因此,对给水系统的资料应分门别类进行保存,以方便查找,不经批准不得随意处置。

(二)建筑给水系统的维护

1. 给水管道的维护

(1)防腐。为了延长给水管道的使用寿命,金属管道都要采取防腐措施。通常的防腐做法是管道除锈后,在外壁刷涂防腐材料,明装的焊接钢管和铸铁管外刷防锈漆一道、银粉面漆两道;镀锌钢管外刷银粉面漆两道;暗装和埋地管道均刷沥青漆两道。对防腐要求高的管道,应采用有足够的耐压强度,与金属有良好的黏结性以及防水性、绝缘性和化学稳定性能好的材料做管道防腐层。例如,沥青防腐层就是在管道外壁刷底漆后,再刷沥青面漆,然后外包玻璃布。

(2)防冻与防结露。对设置在温度低于0℃以下地方的设备和管道,应当采取保温措施,以防管道冻裂。保温结构一般由防锈层、保温层、保护层、防腐层及识别标志等组成。通常保温的做法是:在作防腐处理后,包扎矿渣棉、石棉硅藻土、玻璃棉、膨胀蛭石等保温材料,或以用泡沫水泥、珍珠岩瓦制品做保温层,再外包保护层等方法处理。

在厨房、洗澡间等湿热的环境中,暖湿空气遇到水温较低的给水管道时,明设管道的外表面有可能产生凝结水,影响使用和卫生,损坏墙面和装饰,为此根据建筑物的性质及使用要求,可采取防潮隔热措施。

(3)防漏。管道布置不当,或管材质量和施工质量低劣,均能导致管道漏水。防漏的主要措施是在设计和施工时避免将管道布置在易受外力损坏的位置,或采取必要的保护措施,避免其直接承受外力。要健全管理制度,加强管材质量和施工质量的检查监督。在湿陷性黄土地区,可将埋地管道敷设在防水性能良好的检漏管沟内,一旦漏水,水可沿沟排至检漏井内,以便及时发现和检修。

(4)防振。当管道中水流速度过大时,启闭水龙头、阀门,易出现"水锤"现象,引起管道、附件的振动，这不但会损坏管道附件造成漏水，还会产生噪声。为防止管道的损坏和噪声污染，在设计给水系统时应控制管道的水流速度，在系统中尽量减少使用电磁阀或闭速型水栓。住宅建筑进户管的阀门后（沿水流方向），应装设家用可曲挠橡胶接头进行隔振，并可在管支架、吊架内衬减振材料，以缩小噪声的扩展。

(5) 给水管道故障维修。给水管道的常见故障是漏水，造成漏水的原因主要有水管或配件锈蚀、爆破开裂、接头松动等，给水管道的其他故障还包括阀门开关不灵或关不紧、水表不准等。具体维修方法如下：

1) 钢管开裂或穿孔可用电焊补焊，也可在管外用自制叠合套管箍住，再用螺栓固定，一般管子和叠合套管之间应垫有橡胶垫。

2) 铸铁管如损坏严重需更换新管。如果只有微小裂缝，可采用叠合套管箍住再用螺栓固定的方法。

3) 塑料管损坏的维修方法与铸铁管基本相同。

4) 水泥管损坏需更换新管。

5) 接头松动需卸下重新安装。

6) 管件损坏需更换新件后重新安装。

7) 水表不准应予更换。

(6) 常用阀门故障维修。阀门在安装和使用过程中，由于制造质量差和磨损等原因，容易产生泄漏和关闭不严等现象，为此，需要对阀门进行检查和维修。具体维修方法见表3-1。

表 3-1 一般阀门的常见故障及维修方法

故障	产生原因	维修方法
填料函泄漏	1. 填料装填方法不正确 2. 阀杆变形或腐蚀生锈 3. 填料老化 4. 操作过猛，用力不当	1. 正确装填填料 2. 修理或更换阀杆 3. 更换填料 4. 平稳操作，缓开缓闭
密封面泄漏	1. 密封面腐蚀磨损，轻度 2. 关闭不当，密封面接触不好 3. 阀杆弯曲，上、下密封面接触不好 4. 杂质堵塞阀芯 5. 密封圈与阀座、阀瓣配合不严 6. 阀瓣与阀杆连接不牢	1. 定期研磨密封面 2. 缓慢反复地启闭几次 3. 修理或更换阀杆 4. 清除阀体内的杂物 5. 修理 6. 修理或更换
阀杆失灵	1. 阀杆损伤、腐蚀、脱扣 2. 阀杆弯曲 3. 阀杆螺母倾斜 4. 露天阀锈死	1. 更换阀件 2. 更换阀杆 3. 更换阀件或阀门 4. 露天阀门应加罩，定期转动手轮
垫圈泄漏	垫圈质量不好或使用日久失效	更换垫圈

续表

故障	产生原因	维修方法
阀门开裂	1. 冻裂 2. 丝口阀门安装时用力过大	1. 阀门保温 2. 更换、安装时用力适当
闸板失灵	1. 楔形闸板因腐蚀而关不严 2. 双闸板的顶楔损坏	1. 定期研磨 2. 更换为碳钢材质的顶楔
压盖断裂	紧压盖时用力不均匀	对称紧螺母
手轮损坏	重物撞击,长杆撬动开启,内方孔磨损倒棱	避免撞击,开启时用力均匀,方向正确,锉方孔或更换手轮
介质倒流	1. 阀芯和阀座间密封面损伤 2. 阀芯和阀座间有污物	1. 研磨密封面 2. 清除污物
阀芯不开启	1. 密封面被水垢粘住 2. 转轴锈死	1. 清除密封面上的水垢 2. 打磨转轴铁锈,使之灵活
阀瓣打碎	阀前阀后的介质压力接近平衡的"拉锯"状态,使用脆性材料制作的阀瓣受到频繁拍打	采用韧性材料阀瓣

1)阀门不能开启。阀门长期关闭,由于锈蚀而不能开启,开启这类阀门时可以用振打方法,使阀杆与盖之间产生微量的间隙。如仍不能开启,可用扳手或管转动手轮,转动时应缓慢地加力,不得用力过猛,以免将阀杆扳弯或扭断。

2)阀门开启后不通水、不通气。

①闸阀。阀门开启不能到头,关闭时也不能到底,一般表明阀杆已经滑扣。由于阀杆不能将闸板提上来,导致阀门不通。遇到这种情况时,需拆卸阀门,更换阀杆或整个阀门。

②截止阀。阀门开启不到头或关闭不到底属于阀滑扣,需要更换阀杆或阀门。如果能开到头和关到底,则是阀芯与阀杆脱节。

③阀门或管道堵塞。经检查阀门既能开启到头,又能关闭到底,且拆开阀门见阀杆与阀芯间连接正常,此时需要检查是否有阀门或管道堵塞现象。

④阀门关不住。所谓关不住,是指明杆闸阀在关闭时,虽转动手轮,阀杆却不再向下移动,且部分杆仍留在手轮上。遇到这种现象时,需要检查手轮与带有阴螺纹的铜套之间的连接情况,若两者为键连接,一般是因为键失去了作用,键与键槽咬合得松,或键质量不符合要求,此时需要修理键槽或重新配键。

⑤阀门关不严。阀门关不严,可能是由于阀座与阀芯之间卡有脏物,或是阀座、阀芯有被划伤之处,修理时,需要将阀盖拆下检查。如有脏物,应及时清理干净;若阀座、阀芯有被划伤处,则需要用研磨方法进行修理。

2. 水箱(水池)的维护与管理

水箱的维护与管理有两个目的:一是保持水箱储水、加压功能完好;二是保持水箱外表面完好，水质不受污染。

(1)水箱的日常管理。

1)生活水箱、生活水箱房、生活水泵房及其通道均必须上锁，钥匙必须登记持有人和使用人的姓名、日期、时间和事由，并记录批准人和批准时间。备用钥匙遗失均必须及时上报，必要时要更换锁具。

2)进出生活水箱、生活水箱房均需要登记记录，无关人员未经允许不得进入此区域。

3)对于生活水箱、生活水箱房的任何维修保养均必须做好详细记录，包括进出时间、维修或清洗作业内容、许可人、作业人以及事由，记录必须保管到设备报废为止。

4)对生活水箱、生活水箱房及其设备均必须编制设施和设备台账，并需要至少每年更新一次，更新内容包括清洗、维修、保养、检测和检查。

5)必须制定生活水箱应急供水方案，并在培训和演习的基础上落实岗位责任制。

6)应定期对水箱的内、外表面进行维护。内表面维护的主要任务是保持箱体内表面光洁，保证没有对水质构成污染的因素，如做好防锈处理等；外表面维护的主要任务是保持箱体的整洁完好，如金属防腐处理、箱体的保温层的修补等。

7)水箱应定期进行清洗、消毒。清洗一般每半年进行一次，消毒每年进行一次。

(2)生活水箱(水池)清洗及水质化验。无论是什么材质的水箱，其内壁必须定期清洗，且清洗用水必须符合饮用水标准。

1)清洗前准备阶段。

①生活水箱清洗方案必须得到审核批准后方可实施。

②操作人员必须有卫生防疫部门核发的体检合格证。

③生活水箱清洗作业不得影响正常使用，清洗前应通知小区居民做相应的准备。

④关闭双联水箱进水阀门，安排排风扇等临时排风设施、临时水泵、橡皮管，打开水箱人孔盖，用风扇连续排风，放入点燃的蜡烛，蜡烛不熄灭才可进入工作，以免发生人员窒息等事故。

2)清洗工作阶段。

①当双联水箱内水位降低到距水箱底部1/2或1/3时，将待洗水箱出水阀门关闭，打开底部排污阀，同时打开另一联进水阀以确保正常供水。不允许一只水箱排空清洗，另一只水箱满水工作，避免负荷不均造成水箱壁受压变形。

②清洗人员从进口沿梯子下至水箱底部，用清洁的布将水箱四壁和底部洗擦干净，再用清水反复清洗。

③水箱顶部要有一名监护人员，负责向水箱内输送新风，防止清扫人员中毒，并控制另一联水箱水位。

3)清洗结束工作。

①清洗结束，关闭清洗水箱的排污阀，打开水箱进水阀开始蓄水。

②当两个水箱水位接近时，打开清洗水箱的出水阀门，收好清洗工具，将水箱进水盖盖上并上锁。

③通知监控室清洗结束，做好相关记录。

④生活水箱清洗之前和清洗完毕之后，均要求采取水样，送检水样必须密封，送检水样的密封标签上必须注明采样人姓名、采样日期和时间、监护人姓名和监护日期及时间，并在24 h以内送检。

水箱(水池)清洗、消毒工作时间安排见表3-2；水箱(水池)清洗及消毒记录见表3-3。

表3-2 水箱(水池)清洗、消毒工作时间安排表

小区(大厦)名称：

工作日期	停机时间	停水范围	工作项目	水质化验结果	备注
申报人		审核		主任/经理	

注：工作项目内容包括：清洗准备、放水、通风、刷洗、检修、消毒、调试。

表3-3 水箱(水池)清洗及消毒记录表

清洗日期		水容量/m³			
放水时间				共 h	
清洗时间				共 h	
清洗投放灭菌剂(1∶500)，配制人：				见证人	
清洗人员					
放水时间		自 月 日起，到 月 日止		共 h	
清洗投放灭菌剂(1∶500)，配制人：				见证人	
清洗及消毒有关记录					
水质取样人		取样地点			
取样数		送检时间		送检人	
取报告人		取报告时间		报告编号	
水质监测结果		合格□ 不合格□			
不合格处理意见					

管理处主任： 机电主管： 专业工程师：

(3)水箱常见故障处理。

1)水箱溢水或漏水。水箱溢水是进水控制装置发生问题或水泵失灵所致。若属于进水控制装置发生问题，应立即关闭水泵和进水阀门，进行检修；若属于水泵失灵，则应切断电源后再

检修水泵。引起水箱漏水的原因是水箱上的管道接口发生问题或是箱体出现裂缝。

2)水质污染。水质污染一般有浊度超标、细菌总数或大肠菌群数超标、出水铁含量超标等几种情况：

①浊度超标：一般是水中落入灰尘或其他杂质引起的。应检查水箱的人孔盖是否盖严，通气管、溢流管管口网罩是否完好，水箱内是否有杂质沉淀，埋地管道有无渗漏现象等。

②细菌总数或大肠菌群数超标：可能是水中落入灰尘或其他杂质、消毒器工作不良、混入污水或污浊空气等原因引起的。除应进行上述检查外，还应检查消毒器的工作情况；检查水箱排水管、溢流管与排水管是否有空气隔断，是否造成了回流污染。

③出水铁含量超标：一般是由钢制水箱顶板或四壁防腐层脱落造成的，应及时进行除锈和防锈处理。

除上述水质污染现象外，还可能存在其他水质指标不合格的情况，可以请有关部门，如卫生防疫站、自来水公司等帮助进行分析，找出污染原因，制定解决办法。

3. 水泵房的维护与管理

(1)水泵房的维护与管理内容。水泵房的管理一般应满足通风、采光、防冻、防腐、排水等基本要求。

1)值班人员应对水泵房进行日常巡视，检查水泵、管道接头和阀门有无渗漏水。

2)经常检查水泵控制柜的指示灯状况，观察停泵时水泵压力表的指示。在正常情况下生活水泵、消防水泵、喷淋泵、稳压泵的选择开关应置于自动位置。

3)生活水泵规定每星期至少轮换一次，消防泵每月自动和手动操作一次，确保消防泵在事故状态下正常启动。

4)泵房每星期由分管负责人员至少彻底打扫一次，确保泵房地面和设备外表的清洁。

5)水池观察孔应加盖并上锁，钥匙由值班人员管理；透气管应用不锈钢网包扎，以防杂物掉入水池中。

6)按照水泵保养要求定期对其进行维修保养。

7)保证水泵房达到通风、采光、防冻、防腐、排水等基本要求，照明及应急灯在停电状态下的正常使用。

8)水泵房内严禁存放有毒、有害物品。

9)水泵房管理员应将给水排水设备设施运行记录表于每月月初交组长检查，并整理成册存档。

(2)水泵常见故障及维修方法见表3-4。

表3-4 水泵常见故障及维修方法

故障	产生原因	维修方法
水泵不吸水，压力表、真空表的指针剧烈摆动	1. 灌水不足 2. 吸水管及附件漏气 3. 吸水口没有完全浸没在水中 4. 底阀关闭不严	1. 停车，继续灌水或抽气 2. 检查吸水管及附件，修补漏气部位 3. 降低吸水管，使吸水口浸没在水中 4. 检查修理底阀，使底阀严密

续表

故障	产生原因	维修方法
水泵灌不进水或抽不成真空	1. 吸水管漏水 2. 底部放空螺钉未旋紧 3. 底阀漏水或被杂物卡住没关上 4. 泵顶部排气阀门未打开 5. 填料压盖太松,渗入空气	1. 检查吸水管,修补吸水管 2. 旋紧放空螺钉 3. 检修底阀 4. 灌水时打开泵顶部的排气阀 5. 适当上紧压盖
水泵轴功率过大	1. 叶轮与泵壳间隙太小,转动时发生摩擦 2. 泵内吸入泥沙等杂质 3. 轴承部分磨损 4. 填料压得太紧,或填料函中不进水 5. 流量过大,扬程小 6. 转速高于额定值 7. 轴弯曲或轴线偏扭 8. 联轴器间的间隙太小,运转中两轴相顶 9. 电压太低	1. 检查各零件配合尺寸,加以修理 2. 拆卸并清除泵内杂质 3. 更换损坏的轴承 4. 放松填料压盖,检查、清洗水封管 5. 适当关小出水管闸阀 6. 检查电路及电动机 7. 拆下轴校正和修理 8. 调整联轴器间的间隙 9. 检查电路,查找原因
水泵不吸水,真空表的指示高度真空	1. 底阀没有打开或滤水部分淤塞 2. 吸水管阻力太大 3. 吸水高度太大 4. 吸水部分浸没浓度不够	1. 检修底阀,清扫滤水头 2. 清洗或改装吸水管 3. 核算吸水高度,必要时降低水泵安装高度 4. 加大吸水口淹没深度
压力表有压力,但出水管不出水	1. 出水管阻力太大 2. 水泵转动方向不正确 3. 叶轮进水口及流道堵塞	1. 检修或改装出水管 2. 改换电动机转向 3. 打开泵盖,清除杂物
流量不足	1. 滤水网及底阀堵塞 2. 口环磨损严重,与叶轮之间的间隙过大 3. 出水管闸阀未全开 4. 输水管路漏水 5. 叶轮流道被堵塞 6. 吸水口端部淹没深度不够	1. 清除杂物 2. 更换口环 3. 开大闸阀 4. 检漏并修理输水管 5. 清洗叶轮 6. 适当降低吸水部分
填料函渗漏严重	1. 填料压盖过松 2. 填料磨损或使用时间过长而失去弹性 3. 填料缠绕方法不正确 4. 轴有弯曲或摆动 5. 通过填料函内的液体中含有杂质,使轴磨损	1. 适当旋紧压盖或加填一层填料 2. 更换填料 3. 重新缠装填料 4. 矫直或更换新轴 5. 清除液体内的杂质,修理轴的磨损

续表

故障	产生原因	维修方法
轴承过热	1. 轴承损坏或松动 2. 轴承安装不正确，间隙不当 3. 轴承润滑不良（缺油或油量过多），油质不符合要求 4. 轴弯曲或联轴器未找正 5. 滑动轴承的甩油环不起作用 6. 叶轮平衡孔堵塞，使泵的轴向力不平衡 7. 压力润滑油循环不良	1. 更换或调整轴承 2. 检修，重新安装轴承 3. 清洗轴承，更换质量合格的新油 4. 校正联轴器，校直或更换新轴 5. 放正油环位置或更换油环 6. 清除平衡孔中的杂物 7. 检查油循环系统是否严密，油压是否正常
水泵机组有噪声	1. 吸入管阻力太大 2. 吸水高度太大 3. 吸水管有空气渗入，水泵气蚀	1. 检修吸水管、底阀和滤网 2. 设法降低吸水高度 3. 检查吸水管及附件，堵住漏气
填料处过热，渗漏水过少或没有	1. 填料压得太紧 2. 填料环方位不正 3. 水封管堵塞 4. 填料盒与轴不同心 5. 轴表面有损伤	1. 放松压盖至有滴状液体渗出 2. 重新安装填料环，使之对准水封管口 3. 疏通水封管 4. 检修，使填料与轴同心 5. 检修或更换油的损伤部位
水泵机组振动	1. 地脚螺栓未填实或未紧固 2. 机组安装不良，水泵转子或电动机组转子不平衡 3. 联轴器不同心 4. 轴承磨损并损坏 5. 泵轴弯曲 6. 基础不牢固 7. 转动部分有摩擦 8. 转动部分零件松弛或破裂	1. 填实或拧紧地脚螺栓 2. 检查水泵与电动机中心是否一致，并找平衡 3. 找正联轴器同心度 4. 更换轴承 5. 矫直或更换泵轴 6. 加固基础 7. 消除摩擦原因 8. 上紧松动部分的零件，更换损坏零件

4. 给水系统其他常见故障处理

（1）给水龙头出水量过小或过大。给水龙头出水量过小或过大主要是给水压力不均造成的，一般来说建筑底层容易出现给水龙头出水流量过大过急、水流喷溅的现象，而建筑高层容易出现用户出水量过小的现象。解决办法：可在下层用户进水管上安装减压阀或在给水龙头中安装节流塞；上面几层可考虑提高水泵的扬程或在水箱出水管上安装管道泵。

（2）出现振动和噪声。给水系统出现振动和噪声的主要原因是管道附件使用不当造成水锤、管道中水流速度过快、供水设备运行不稳等。解决方法：选用合适的管道附件；经常检查支架、吊环、管件、螺栓等是否松动；检查水泵房位置是否合理、设备运行是否有异常声响等。

七、建筑排水系统的分类

根据系统接纳的污、废水类型,建筑排水系统一般可分为生活排水系统、生产排水系统、屋面雨水排水系统3类。

(一)生活排水系统

生活排水系统用于排除民用住宅建筑、公共建筑及工业企业生活中的污水与废水。生活排水系统按照排水污染程度不同又可分为两类。

(1)生活污水排水系统:如粪便污水,污染较重,须经化粪池或居住小区污水处理设施处理后才能排放。

(2)生活废水排水系统:如洗涤污水,污染较轻,经过处理后可作为再生水,用于冲洗厕所、浇洒绿地和道路、冲洗汽车等。

(二)生产排水系统

生产排水系统用于排除生产过程中产生的生产污水和生产废水。因工业生产的工艺不同、性质不同,其所能产生的废水所含杂质、污染物的性质也不同。考虑工业废水的处理和利用情况,生产排水系统分为以下两类:

(1)生产污水排水系统:因生产工艺种类繁多,所以生产污水成分很复杂,污染较重。污染较重的生产污水必须经过相应处理,达到排放标准后才能排放。

(2)生产废水排水系统:一般含有少量无机杂质而不含有毒物质,或仅升高水温,污染较轻,经处理后,一般可以再利用。

(三)屋面雨水排水系统

屋面雨水排水系统用于收集、排除屋面雨水、雪水。此类排水一般污染较轻,可直接排入水体或城市雨水系统。

以上系统可单独设置,即采用分流制;也可将性质相近的污水、废水合流排出,即采用合流制。一般情况下,屋面雨水排水系统应单独设置。当建筑或建筑小区设有中水系统时,生活污水与生活废水宜分流排放,其中生活废水可作为中水系统水源。当无中水回用且室外有污水管网和污水处理厂时,室内宜采用合流制。

八、建筑排水系统的组成

建筑排水系统的组成应满足以下3个基本要求:
(1)系统能迅速畅通地将污(废)水排到室外。
(2)排水管道系统气压稳定,有毒有害气体不能进入室内,保持室内环境卫生。
(3)管线布置合理,简单顺直,工程造价低。

由上述要求可知,建筑室内排水系统的基本组成部分有卫生器具和生产设备的受水器、排水管道、清通设备和通气管道等,如图3-13所示。在有些排水系统中,根据需要可设污(废)

水的抽升设备和局部处理的构筑物。

(一)卫生器具和生产设备的受水器

卫生器具和生产设备的受水器是用来承受水或收集污水、废水的容器,如洗脸盆、洗涤盆、浴盆等。它们是建筑排水系统的起点,污水、废水经器具内的存水弯或与器具排水管连接的存水弯排入横支管。存水弯内经常保持一定高度的水封。

(二)排水管道

排水管道包括器具排水管(含存水弯)、排水横支管、立管、埋地干管和排出管。其作用是将各个用水点产生的污水、废水及时、迅速地输送到室外。

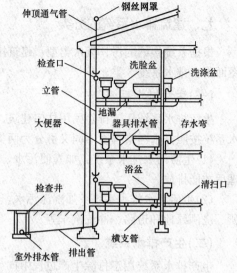

图 3-13 建筑室内排水系统的组成

(三)清通设备

污水、废水中一般含有固体杂物和油脂,容易在管道内壁上沉积、黏附,使通水能力减小甚至堵塞管道。为疏通管道保障排水畅通,需设置清通设备,包括检查口、清扫口、检查井等。

(四)排气管道

设置排气管道的目的是向排水管内补充空气,使水流畅通;同时,防止气压波动造成的水封破坏,防止有毒有害气体进入室内,并将管内臭气排入大气。

(五)抽升设备

地下室、人防工程、地下铁路等处,污水无法自流到室外,必须设置集水池,通过水泵把污水抽送到室外排出,以保证室内良好的卫生环境。建筑物内部污水抽升需要设置污水集水池和污水泵房。

(六)污水局部处理构筑物

当建筑内部污水由于受污染严重不能直接排入城市排水管道或水体时,必须设污水局部处理构筑物,如化粪池、降温池、隔油池等,使污水得到初步改善后再排入室外。

九、建筑排水系统常用设备

建筑排水系统一般由卫生器具、附件和管道3类功能器件组成。

(一)卫生器具

卫生器具是建筑室内排水系统的起点,是用来收集和排除污水、废水的专用设备。各种卫生器具的用途、设置地点、安装和维护条件不同,所以其结构、形式和材料也各不相同。

为满足卫生清洁的要求,卫生器具一般采用不透水、无气孔、表面光滑、耐腐蚀、耐磨损、耐冷热、便于清扫、有一定强度的材料制造，如陶瓷、搪瓷、生铁、塑料不锈钢、水磨石和复合材料等。现在的卫生器具正在向冲洗功能强、节水消声、设备配套、便于控制、使用方便、造型新颖、色彩协调的方向发展。

1. 洗浴用卫生器具

洗浴用卫生器具是供人们洗漱、沐浴用的卫生器具，包括洗脸盆、盥洗槽、浴盆、淋浴器等。

(1)洗脸盆。洗脸盆一般用于洗脸、洗手、洗头，常设在盥洗室、卫生间、浴室及理发室内，也用于公共厕所内洗手、医院各治疗间洗器皿和洗手等。洗脸盆的形状有长方形、椭圆形和三角形，安装的方式有墙角式、台式和柱脚式。

(2)盥洗槽。盥洗槽是由瓷砖、水磨石等材料现场建造的盥洗设备，有靠墙长条形盥洗槽和置于建筑物中间的环形盥洗槽，其多用于卫生标准不高的集体宿舍、教学楼、火车站等处。

(3)浴盆。浴盆一般设在宾馆、高级住宅、医院等卫生间及公共浴室内，供人们淋浴用，有长方形、方形、圆形等形式。浴盆一般用陶瓷、搪瓷和玻璃钢等材料制成。浴盆一般有冷、热水龙头及淋浴设备。

(4)淋浴器。沐浴器广泛用于公共浴室中，住宅中也多有采用。与浴盆相比，淋浴器具有占地面积小、投资少、卫生条件好等优点。淋浴器有成品的，也有现场安装的。

2. 洗涤用卫生器具

洗涤用卫生器具是用来洗涤食物、衣物、器皿等物品的卫生器具，有洗涤盆(池)、化验盆、污水盆(池)等。

(1)洗涤盆(池)。洗涤盆(池)安装在住宅厨房和公共食堂内，用来洗涤蔬菜、碗碟等，多为陶瓷、搪瓷、不锈钢和玻璃钢制品。其按构造方式分为单格、双格和三格的形式。

(2)化验盆。化验盆是洗涤化验器皿、供给化验用水、倾倒化验排水用的洗涤用卫生器具，设置在科研机构、学校和工厂实验室或化验室内，盆内已带水封。

(3)污水盆(池)。污水盆(池)一般安装在公共建筑的厕所和盥洗室内，用于洗涤清扫用具、墩布、倾倒污(废)水。

3. 便溺用卫生器具

便溺用卫生器具包括便器和冲洗设备两部分。便器有大便器和小便器两种类型。

(1)大便器。大便器是排除粪便的卫生器具，其作用是把粪便和便纸快速排入下水道，同时要防臭。常用的大便器有坐式大便器、蹲式大便器和大便槽3种。

1)坐式大便器：简称坐便器，多设在家庭、宾馆、饭店等高级建筑内，其构造本身包括存水弯，有冲洗式和虹吸式两种。

2)蹲式大便器：蹲式大便器供人们蹲着使用，一般不带存水弯，又称蹲便器。蹲式大便器比坐式大便器的卫生条件好，一般用于普通住宅、集体宿舍、公共建筑物内的公用厕所和防止接触传染的医院内厕所。

3)大便槽：用于学校、火车站、汽车站、码头、游乐场及其他标准较低的公共厕所，代替成排的蹲式大便器。大便槽常用瓷砖贴面，造价低。

（2）小便器。小便器设于公共建筑男厕所内，有的住宅卫生间内也设有。小便器有挂式、立式和小便槽3类，其中挂式、立式小便器用于标准高的建筑，小便槽用于工业企业、公共建筑和集体宿舍等建筑的卫生间。

（3）冲洗设备。冲洗设备是便溺用卫生器具的配套设备，一般有冲洗水箱和冲洗阀两种。

1）冲洗水箱：按冲洗的水力原理分为冲洗式和虹吸式，目前多采用虹吸式。按启动方式分为手动式和自动式。按安装位置分为高水箱和低水箱。高水箱用于蹲式大便器，大、小便槽，也可用于小便器的冲洗。用于大便器时，一般采用手动式；用于大、小便槽和小便器时，一般采用定时自动式。低水箱用于坐便器，一般为手动式。

2）冲洗阀：采用延时自闭式冲洗阀，直接安装在大、小便器冲洗管上，可用于住宅、公共建筑、工厂及火车站的厕所里。其体积小，占用空间少，外表整洁美观，但所要求的水压较大，构造复杂，容易阻塞损坏。

（二）附件

1. 存水弯

存水弯是卫生器具排水管上或卫生器具内部设置的一定高度的水柱附件，一般有P形、S形和U形，其作用是在卫生器具内形成一定高度的水封，阻止排水系统中的有毒有害气体或虫类进入室内，保证室内的环境卫生，如图3-14所示。

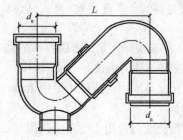 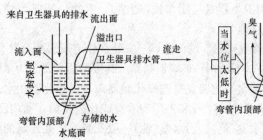

图3-14 S形、P形存水弯

2. 地漏

地漏是一种内有水封，用来排放地面水的特殊排水装置，一般设置在经常有水溅落的卫生器具附近地面（如浴盆、洗脸盆、小便器、洗涤盆等）、地面有水需要排除的场所（如淋浴间、盥洗室）或地面需要清洗的场所（如食堂、餐厅等）。地漏有普通地漏、多通道地漏、存水盒地漏、双箅杯式地漏和防回流地漏等多种形式。

3. 检查口

检查口是双向可以清通的管道维修口，设置在排水立管以及较长的水平管段上，它在管道上有一个孔口，平时用压盖和螺栓盖紧，发生管道堵塞时可以打开，进行检查或清理。多层或高层建筑内的排水立管可每隔一层设一个检查口，但最底层和最高层必须设置检查口。

4. 清扫口

清扫口仅可用于单向清通，一般设置在横管上，横管上连接的卫生器具较多时，起点应设清扫口。在连接 2 个及 2 个以上的大便器或 3 个及 3 个以上卫生器具的污水横管、水流转角小于 135°的铸铁排水横管上，均应设置检查口或清扫口。在连接 4 个及 4 个以上大便器塑料排水横管上宜设置清扫口。也可采用螺栓盖板的弯头、带堵头的三通配件做清扫口。

5. 检查井

检查井一般设在埋地排水管道的转弯、变径、坡度改变的两条及两条以上管道交汇处。生活污水排水管道，在建筑物内不宜设检查井，对于不散发有害气体或大量蒸汽的工业废水排水管道，可在建筑物内设检查井。

(三) 管道

建筑内部排水所用管道主要有塑料管、铸铁管、钢管和带釉陶土管。对于工业废水，还可用陶瓷管、玻璃钢管等。

1. 塑料管

目前在建筑内部广泛使用的排水塑料管是硬聚氯乙烯(UPVC)管，其优点有质量小、不结垢、不腐蚀、外壁光滑、容易切割、便于安装、可制成各种颜色、节省投资以及节能；缺点是强度低、耐温性差、立管产生噪声、易老化、防火性差。它适用于建筑物内连续排放温度不高于 40 ℃、瞬时排放温度不高于 80 ℃的排水管道。

2. 铸铁管

铸铁管具有较强的耐腐蚀性，经久耐用，价格低，以前在建筑排水管道中曾广泛应用。但是铸铁质脆，不耐振动，且质量大、长度小。对于建筑内排水系统，铸铁管正在被硬聚氯乙烯塑料管取代，但在高层建筑中，柔性抗震铸铁逐步得到应用。

3. 钢管

钢管主要用作洗脸盆、小便器、浴盆等卫生器具与横支管间的连接短管，管径一般为 32 mm、40 mm、50 mm。钢管可用于微酸性排水和高度大于 30 m 的生活污水管，也可用在机器振动比较大的地方。

4. 带釉陶土管

带釉陶土管耐酸碱腐蚀，主要用于腐蚀性工业废水排放，室内生活污水埋地管也可用带釉陶土管。

5. 其他管道

需排除各种腐蚀性污水、高温及毒性污水时，可采用不锈钢管、铅管、玻璃钢管和衬胶管等。

在选择排水管道管材时，应综合考虑建筑物的使用性质、建筑高度、抗震要求、防火要求及当地的管材供应条件，因地制宜。

十、建筑排水系统管理与维护

(一)建筑排水系统管理工作的依据

应该依据相应的国家法规、技术规范、系统图纸及设备的使用保养说明等进行建筑排水系统管理。工作依据如下:

(1)《建筑给水排水设计标准》(GB 50015—2019);

(2)《建筑给水排水及采暖工程施工质量验收规范》(GB 50242—2002);

(3)《给水排水管道工程施工及验收规范》(GB 50268—2008);

(4)水泵、水处理等设备设施的安装使用说明书和维护保养说明书;

(5)建筑给水排水施工图;

(6)小区市政管网综合线路施工图。

(二)建筑排水系统管理范围

建筑室内排水系统由物业服务企业负责,居住小区内各种地下设施的检查、维护,由地下设施的产权单位负责,有关产权单位也可委托物业服务企业负责。小区市政排水设施管理分界如下:以3.5 m路宽为界,凡道路宽在3.5 m(含3.5 m)以上的,其埋设在道路下的排水设施由市政工程负责;道路宽在3.5以下的由物业服务企业负责。

(三)排水设备管理

排水系统中的排水设备主要是指卫生器具及其附件,如地漏、检查口、清扫口等。对于这些设备的养护主要从外观上进行检查,发现问题及时解决。如发现地漏在使用过程中扣碗或箅子被拿掉,就应复原以防污物进入排水系统,造成管道堵塞,破坏水封。对于检查口和清扫口要经常养护,发现有口盖污损或螺栓、螺母锈蚀时应及时更换或修理。

(四)排水管道管理

对排水管道的管理包括定期对管道系统进行检查和清扫。对排水管道进行经常性维护检查是保证排水通畅的重要措施。维护管理人员应经常检查排水井口的封闭是否严密,防止物品落入井内,影响排水畅通,给修理带来麻烦;室外雨水口附近不应堆放砂子、碎石、垃圾等,以免下雨时随雨水进入管道,造成管道堵塞。

室外排水管道和排水井应定期清扫、疏通,确保水流畅通。常用的方法有人工清扫和机械清扫等。较小管径的排水管一般由人工进行清扫;较大管径的排水管可用机械方法清扫。

(五)排水管道检修及排水系统常见故障的处理

1. 排水管道检修

(1)铸铁管损坏严重时,需要更换新管或把损坏管段截去调换新管。如果只是发现裂缝,可在纵向裂缝两端钻一个6~13 mm的小洞,防止裂缝继续扩大,然后在管外用叠合套管箍住,再用螺栓固定。较小的横向裂缝可直接在管外用叠合套管箍牢夹紧。如孔洞很大,需另加铁板，再用叠合套管箍牢。

（2）钢管上的裂缝可用电焊焊补。当管网的压力不高、管壁较薄时，也可采用气焊。如管壁已穿洞，须在洞内打入木塞，再用铁箍箍牢。

（3）石棉水泥管破裂或折断时，需要更换新管。

（4）水管接头松动时，铸铁管如用铅接头，可重新敲紧接头，或补冷铅后再敲紧。如用石棉水泥接头，则需拆除旧填料，重新接头，或改为自应力水泥砂浆接头、石膏水泥接头等。检修时，先将胶圈、油麻瓣等填入接头。

对于排水管路中的地漏、检查口、清扫口等设备，也要定期检查。如发现有污损、锈蚀等问题，应及时更换或修理。

2. 排水系统常见故障的处理

排水系统的故障主要是排水管道故障和排水设备故障。排水系统常见故障及处理方法见表3-5。

表3-5 排水系统常见故障及处理方法

故障	产生原因	处理方法
排水管道堵塞	1. 污物、织物、硬纸或儿童玩具等杂物、尿垢等堵塞排水管 2. 管道坡度太小或达不到自清流速，使污水中的杂物沉积而导致堵塞 3. 排水管道的管径偏小	1. 对于污物堵塞用清通工具从邻近的清扫口清通，对于尿垢堵塞用污垢清除剂、盐酸等清除，严重时更换部分管道 2. 调整排水管的坡度或管径 3. 加大管径，更换管道
排水管道下沉	1. 铺设管道时未将管底土壤夯实或回填土不密实 2. 上部压力过重，使排水管道局部下沉	1. 拆除管道，将基土夯实后重新安装 2. 修复管道时，上部防止重车、重物过载

(六) 卫生器具的养护与维修

1. 卫生器具的使用要求

卫生器具的使用，主要注意以下两个方面的问题：

（1）不能造成排水管堵塞。对于不造成排水管堵塞，主要是在使用过程中不让在短时间内浸泡不烂的物质进入卫生器具，如棉、麻纤维，塑料薄膜等，也不能让较粗的硬质物，如肥皂盒、配件、橡胶垫等异物进入卫生器具。

（2）不要损害卫生器具。对于家庭来说，不要用硬物撞击卫生器具，如在大便器中洗拖布等。这样很可能打坏大便器，不但增加维修量，而且造成经济损失。

同时，卫生器具必须随时清洗。清洗时必须用专用的洁具清洗剂，以保持表面的清洁度。卫生器具，特别是玻璃钢制品不宜用去污粉进行擦洗，否则不但会损伤表面，而且其沉淀物会堵塞排水管道；更不宜用强酸液清洗结垢的大便器和小便器，它会严重腐蚀排水件及其管道。

2. 卫生器具及配件的养护

正确使用和管理卫生器具，不仅可以减少设备故障和维修量，同时能延长系统的使用寿命，减少卫生器具换新率。卫生器具如时常出现水箱漏水、淋浴器阀门关不严等问题，不仅浪费水资源，而且会给用户造成不便。因此，要对卫生器具给水、排水配件定期检查维修和更换，以保持其完好率。

维修管理必须配备专业人员，通过上岗考核和有效可行的规章制度的管理，来保证养护管理的实施。卫生器具养护的重点，是对卫生器具给水排水配件的养护。目前，国内卫生器具配件尚无国家标准，各生产厂的产品质量和用材材质千差万别，因此在维修中要首先了解各种卫生器具配件的性能、连接及固定方法。对于易损坏的配件，还要从产品和材质上选用节水和耐用的产品，和卫生器具配套使用的设施也有很多，如烘干器、烘手器、电加热器、煤气加热器及各类电插座、地漏等。电气设施的维修，除保证正常使用外，还必须保证绝缘的标准不能降低，功能不得失效，以保证人身安全。

地漏是每个卫生间必备的地面排水设施，除其水封高度不应小于 50 mm，还要经常清理存水槽内的污物，以保持水流畅通，同时要检查水封内是否有水，以防止排水管道内臭气外溢。

3. 卫生器具的维修管理

在维修管理上，卫生间内的布局和管道间检修门的设置是搞好卫生器具的维修管理的另一个重要条件。例如，卫生间的吊顶内必须设置人孔，以便于检修；有护砌裙边的浴盆，在其有下水口的顶端侧面应制作检修门；带固定式金属护壁的浴盆，在下水口的顶端楼板上要留 400 mm×600 mm 的检修洞。管道井检修门要每层设置，而且门尺寸不能小于 500 mm×1 200 mm，如果井内的管道多于一排，则井内须留有可供维修管道、阀门操作的空间。

搪瓷和玻璃钢卫生器具如果使用时间较长，其内表面会变得粗糙、掉瓷或有划痕等。用瓷釉涂料喷涂，就可使卫生器具焕然一新。瓷釉涂料具有优良的耐沸水性和耐冲洗性，而且耐化学侵蚀，硬度高，附着力强，涂层丰满细腻光亮，是一种无毒涂料，很多宾馆和饭店都用它修复浴盆，并取得了良好效果。它还可刷在墙面、板面上以代替瓷砖。

(1) 水箱常见故障的处理。水箱不稳或水箱损坏的原因和维护措施与漂子门常见故障及维护措施分别见表 3-6 和表 3-7。

表 3-6 水箱的故障及维护措施

故障	产生原因	维护措施
水箱不稳	1. 木砖未作防腐处理，埋设不牢、松动 2. 安装卫生器具时，螺栓规格不合适或栽设不牢固 3. 木螺钉松动 4. 木砖、木塞被拔出 5. 水箱与墙面接触不够严实 6. 轻质隔墙上固定水箱措施不当	1. 木砖应刷好防腐漆，并预埋好，严禁后装 2. 螺栓应符合国家标准的规定，并栽设牢固 3. 更换木螺钉，并错开原螺纹孔拧紧 4. 用水泥砂浆重新栽好木砖或打入木楔固定好，上好螺钉 5. 用白水泥砂浆填补饱满 6. 尽量采用落地式支架或采用悬挂式支架

续表

故障	产生原因	维护措施
水箱损坏	1. 安装水箱时不小心碰有裂纹 2. 箱体严重损坏	1. 放掉水箱存水，用胶布贴住，外涂环氧树脂 2. 更换水箱

表 3-7　漂子门常见故障及维护措施

故障	产生原因	维护措施
漂子门始终向水箱流水	1. 弯脖与漂子门脱节，销子折断或窜出 2. 漂子杆因腐蚀严重而断开 3. 漂子球与漂子杆连接部位折断 4. 漂子球、漂子杆和弯脖间连接丝扣滑扣	1. 调整销子 2. 更换漂子杆 3. 调整漂子杆弯曲度，更换漂子球 4. 拧紧螺纹，可更换相应零件
水箱水量不足或不下水	漂子杆位置过低	适当提高漂子杆高度
水箱溢水或自泄	漂子杆位置过高	适当调低漂子杆
漂子门不严	1. 门芯胶皮损坏 2. 门芯上嵌胶皮凹槽损坏	1. 更换胶皮 2. 更换门芯
漂子门不出水	1. 弯脖与漂子门之间抗劲 2. 漂子门进水眼堵塞 3. 门芯锈蚀	1. 调整漂子杆弯曲度或弯脖厚度 2. 疏通进水眼 3. 用砂布擦拭门芯
漂子门锁紧螺母漏水	1. 水箱不稳，撞击漂子门 2. 锁紧螺母填料失效	1. 固定水箱 2. 更换填料

（2）卫生器具常见故障及维护措施见表 3-8。

表 3-8　卫生器具常见故障及维护措施

器具名称	故障	产生原因	维护措施
大便器	水箱不泄水（水箱无毛病）	大便器进水眼、冲洗管堵塞	疏通
	蹲式大便器进、排水口漏水	1. 胶皮垫破裂或松动 2. 排水管甩口高度不够大 3. 大便器出口插入排水管深度不够大 4. 大便器出口与排水管连接没有认真填抹严实 5. 卫生间防水未做好或遭破坏	1. 更换胶皮垫或用 14 号铜丝重新绑扎 2. 甩口应高出地面 10 mm 3. 选择内径较大、内口平整的承口或套袖做甩口，以保证大便器出口有足够的插入深度 4. 将连接处用油灰或 1∶5 白灰水泥混合膏填实抹平 5. 做好地面防水，保证油毡完好无损
	粪便及污水流不走或流得慢	大便器堵塞	用铁丝之类的工具掏出异物，用掇子抽掇大便器的下水口或使用管道清理机

续表

器具名称	故障	产生原因	维护措施
小便器	阀门不严或滑扣	阀门磨损或损坏	更换阀盖或阀门
	小便器泄水不畅或不下水	挂式小便器存水弯堵塞	1. 用撅子抽撅下水口 2. 拆卸后清理
	挂式小便器存水弯漏水	1. 存水弯"喇叭口"处接头漏水 2. 活接头漏水	1. 加填填料 2. 将活接头拧紧
洗脸盆	盆池漏水	1. 有裂缝 2. 洗脸盆严重损坏	1. 用水泥砂浆或环氧树脂黏糊 2. 更换
	下水口漏水	1. 托架不稳,使用时晃动 2. 根母松动	1. 重新固定 2. 拆下重新安装
	洗脸盆不下水	异物落入下水口	1. 用撅子抽撅下水口 2. 拆存水弯丝堵,活接头进行修理
	洗脸盆底部冒水	存水弯以下管道堵塞	1. 用撅子抽撅下水口 2. 取下洗脸盆、存水弯,抽撅下水管或用强力水冲
浴盆	下水口堵塞	下水口有异物(长发团、肥皂头)	1. 用撅子抽撅下水口 2. 用细钢丝疏通存水箱进、排水口
淋浴器	阀门不严	阀门磨损或滑扣	更换阀盖、阀杆或阀门
	喷头不下水	水垢堵塞淋浴器	1. 卸下丝堵用压力水冲 2. 拆卸活接头、喷头,并进行清理

(3)水龙头常见故障及维护措施见表3-9。

表3-9 水龙头常见故障及维护措施

故障	产生原因	维护措施
阀芯漏水	阀杆与填料间隙过大	松开阀芯,更换填料
水箱不稳	1. 皮垫片损坏 2. 芯子折断 3. 阀座被划伤	1. 更换皮垫片 2. 更换芯子 3. 更换阀座
关不住	阀杆螺纹滑扣	更换阀杆

(七)小区排水系统的维护与管理

1. 小区排水系统的管理

(1)熟悉排水管线的位置及其基本布置情况。

(2)检查检查井的井盖是否严密,防止杂物落入,给维修工作造成麻烦。
(3)检查雨水井、沟、雨水口、渗透井、蓄水池(罐)、建筑物屋面等是否完好。
(4)检查水泵、阀门、液位开关等设备状态是否正常。

2. 小区排水系统的维护

小区排水系统最常见的问题是管道堵塞,排水不畅。针对这种问题应先检查造成堵塞的原因,然后采取相应的办法排除堵塞,保证排水畅通。另外,排水管道要定期检查和冲洗。如果排水管道周围有树木生长时,每年至少检查两次排水管道内是否有树根。夏季在暴雨过后要检查和清理排水管和雨水管内的淤泥杂物。

任务小结

在日常的生活、生产过程中,人们用水是由给水系统提供的,所产生的污水,雨、雪水的排放是由排水系统完成的。本任务介绍了建筑给水系统的分类、组成、给水方式、常用设备,还重点介绍了建筑给水系统的管理与维护的内容,建筑排水系统的分类、组成、组合类型、管材、设备,并重点介绍了建筑排水系统的管理与维护。本任务重点要求掌握建筑给水排水系统管理与维护以及常见故障的处理方法。

实践与训练

一、实训内容

1. 了解建筑给水排水系统的构成。
2. 了解建筑给水排水系统中主要设备的功能、使用方法。
3. 了解建筑给水排水系统中主要设备管理与维护的内容和方法。

二、实训步骤

1. 学生分组,结合居住小区或学校实际建筑,实地查找建筑给水排水系统。
2. 对实物拍照、测量,将结果列表。
3. 每组将调查结果做成PPT演示讲解,教师点评。

思考与讨论

1. 建筑给水系统分为哪几类?
2. 建筑给水系统主要由哪几部分组成?
3. 常见的建筑给水方式有哪几种?其各自适用的场合及特点是什么?
4. 建筑给水系统的给水管件如何选择?
5. 建筑给水系统的常见故障有哪些?如何处理?

6. 建筑排水系统的组成应能满足哪些要求?
7. 建筑排水系统可分为哪几类?
8. 建筑排水系统常用管道材料有哪些?
9. 常用的卫生器具有哪几种?
10. 简述建筑排水管道堵塞的原因及预防措施。
11. 建筑排水系统在日常维护时,有哪些重点内容?

任务二　供暖系统的管理与维护

📖 知识目标

1. 了解供暖系统的分类和组成。
2. 熟悉供暖系统的工作原理和常用设备。
3. 掌握供暖系统的运行与维护。

📝 能力目标

1. 根据供暖系统的工作原理、分类、构成等内容,能够识别供暖系统的不同形式。
2. 学习供暖系统常用设备,掌握供暖设备的使用方法。
3. 根据供暖系统的运行与维护的知识,能够识别供暖系统的常见故障。

✅ 案例引导

热力主干管道故障

天津市在2016—2017年供暖季供暖时,有很多小区的供暖一夜之间都被停掉了。原因是有一根热力主干管道发生故障。北方天气寒冷,暖气停了两天,给很多人的生活带来了很大的困难,物业服务公司应该怎么处理?

【案例分析】　小区内的一根热力主干管道发生故障,根据《物业管理条例》及其他相关规定,"供水、供电、供气、供热、通信、有线电视等单位,应当依法承担物业管理区域内相关管线和设施设备的维修养护责任",所有物业服务企业应要求工程部主管马上协调供热管理单位,及时检修,做好配合和监督工作,同时做好小区业主的解释和安抚工作。

📚 知识准备

一、供暖系统概述

人体温度大约是36 ℃,在寒冷的冬季,室内适宜的温度一般在20 ℃左右。为了维持室内所需温度，保证人们在室内的正常工作、学习和生活，必须向室内供应一定的热量，这种向室内提供热量的工程设备称为建筑供暖系统。

(一)供暖系统的分类

1. 按热介质分类

按系统中所用热媒的不同，供暖系统可分为热水供暖系统、蒸汽供暖系统和热风供暖系统。

(1)热水供暖系统。以热水作为热媒的供暖系统称为热水供暖系统。在热水供暖系统中，热媒是水，散热设备通常为散热器。管道中的水在热源中被加热，经管道流到房间的散热器中放热，然后流回热源进入下一次循环。

(2)蒸汽供暖系统。在蒸汽供暖系统中，热媒是蒸汽，散热设备通常为散热器。蒸汽的热量由两部分组成：一部分是水在沸腾时产生的热量；另一部分是从沸腾的水变为饱和蒸汽的汽化潜热。在这两部分热量中，后者远高于前者，蒸汽供暖系统所利用的主要是蒸汽的汽化潜热。蒸汽进入散热器后，充满散热器，通过散热器将热量散发到房间内，与此同时蒸汽冷凝成同温度的凝结水。

(3)热风供暖系统。热风供暖系统以空气作为热媒。在热风供暖系统中，首先将空气加热，然后将高于室温的空气送入室内，热空气在室内降低温度，放出热量，从而达到供暖的目的。热风供暖系统一般适用于允许空气再循环的工业厂房、车间、仓库等处，但含有大量灰尘或空气中含有易燃、易爆的气体时，不适合使用热风供暖系统。

2. 按作用范围分类

按供暖范围的不同，供暖系统分为局部供暖、集中供暖和区域供暖。

(1)局部供暖。局部供暖是指供暖系统的3个主要组成部分，即热源、供热管网和散热设备，在构造上连成一个整体，分散在各个房间中的供暖方式，如火炉供暖、电热供暖等。

(2)集中供暖。集中供暖是指由一个或多个热源通过供热管道向某一地区的多个热用户供暖的供暖系统。

(3)区域供暖。区域供暖是由一个区域锅炉房或换热站提供热媒，热媒通过区域供暖管网输送至城镇的某个生活区、商业区或厂区热用户的散热设备的供暖方式，该方式的供暖系统也称联片供暖系统。这种供暖方式作用范围大、节能、对环境污染小，是城镇供暖的主要方式。

3. 按循环动力分类

按照系统循环动力的不同，供暖系统可分为自然循环供暖系统和机械循环供暖系统。

(1)自然循环供暖系统。依靠热媒自身的温差产生的密度差进行循环的供暖系统称为自然循环供暖系统。

(2)机械循环供暖系统。依靠机械(循环水泵)所产生的压力作用进行循环的供暖系统称为机械循环供暖系统。

(二)供暖系统的组成

供暖系统一般由热源、供热管网和散热设备3个主要部分组成，如图3-15所示。

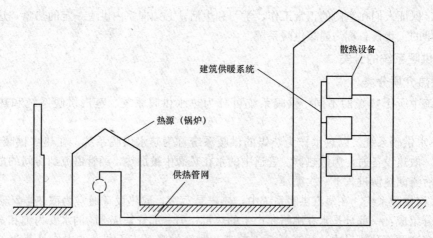

图 3-15 供暖系统的组成示意

(1)热源。热源是热的发生器,用于产生热量,是供暖系统中供应热量的来源。热源目前主要有锅炉房、热交换站、电厂或热电厂等。也可利用工业余热、太阳能、地热、核能等作为供热系统的热源。

(2)供热管网。供热管网指热源输送热媒至散热设备,热媒散热冷却后返回热源的循环管道系统。

(3)散热设备。散热设备是将热量传至所需空间的设备,是供暖系统中的负荷设备,如散热器、暖风机、辐射板等。

(三)供暖系统热媒的选择

供暖系统热媒的选择见表 3-10。

表 3-10 供暖系统热媒的选择

建筑种类		适宜采用	允许采用
居住及公用建筑	住宅、医院、幼儿园、托儿所等	不超过 95 ℃的热水	—
	办公楼、学校、展览馆等	不超过 95 ℃的热水	不超过 110 ℃的热水
	车站、食堂、商业建筑等	不超过 110 ℃的热水	高压蒸汽
	一般俱乐部、影剧院等	·不超过 110 ℃的热水 ·低压蒸汽	不超过 130 ℃的热水
工业建筑	不散发粉尘或散发非燃烧性和非爆炸性粉尘的生产车间	·低压蒸汽或高压蒸汽 ·不超过 110 ℃的热水 ·热风	—

续表

	建筑种类	适宜采用	允许采用
工业建筑	散发非燃烧和非爆炸性有机无毒升华粉尘的生产车间	·低压蒸汽 ·不超过110 ℃的热水 ·热风	不超过130 ℃热水
	散发非燃烧性和非爆炸性的易升华有毒粉尘、气体及蒸汽的生产车间	与卫生部门协商确定	不超过130 ℃热水
	散发燃烧性或爆炸性有毒气体、蒸汽及粉尘的生产车间	根据各部及主管部门的专门指示确定	—
	任何体积的辅助建筑	·不超过110 ℃的热水 ·低压蒸汽	高压蒸汽
	设在单独建筑内的门诊所、药房、托儿所及保健站等	不超过95 ℃的热水	·低压蒸汽 ·不超过110 ℃的热水

二、供暖系统的主要形式

(一)热水供暖系统

1. 热水供暖系统分类

(1)按系统循环动力的不同,可分为自然(重力)循环热水供暖系统和机械循环热水供暖系统。

(2)按供、回水方式的不同,可分为单管系统和双管系统。

(3)按系统管道敷设方式的不同,可分为垂直式系统和水平式系统。

(4)按热媒温度的不同,可分为低温水供暖系统和高温水供暖系统。在我国习惯认为水温低于100 ℃的热水为低温水,水温超过100 ℃的热水称为高温水。室内热水供暖系统大多采用低温水作为热媒,设计供、回水温度采用95 ℃/70 ℃。高温水供暖系统一般在生产厂房中应用,设计供、回水温度大多采用20 ℃~130 ℃/70 ℃~80 ℃。

2. 热水供暖系统的主要特点

热水供暖系统的热能利用率高,输送时无效热损失较小,散热设备不易腐蚀,使用周期长,且散热设备表面温度低,符合卫生要求;系统操作方便,运行安全,易于实现供水温度的集中调节,系统蓄热能力高,散热均匀,适于远距离输送。

3. 热水供暖系统的工作原理

(1)自然循环热水供暖系统的工作原理。如图3-16所示,自然循环热水供暖系统由热源

(锅炉)、散热器、供水管道、回水管道和膨胀水箱等组成。图中假设系统有一个加热中心(锅炉)和一个冷却中心(散热器),用供、回水管道把散热器和锅炉连接起来。在系统的最高处连接一个膨胀水箱,用来容纳水受热膨胀而增加的体积。运行前,先将系统内充满水,水在锅炉中被加热后,密度减小,水向上浮升,经供水管道流入散热器。在散热器内热水被冷却,密度增加,水再沿回水管道返回锅炉。在水的循环流动过程中,供水和回水由于温度差的存在,产生了密度差,系统就是靠供、回水的密度差作为循环动力的。

(2)机械循环热水供暖系统工作原理。如图 3-17 所示,机械循环热水供暖系统由热水锅炉、供水管道、散热器、回水管道、循环水泵、膨胀水箱、排气装置、控制附件等组成。系统中的水在热水锅炉中被加热到所需要的温度,并用循环水泵作动力使水沿供水管道流入各用户,散热后沿回水管道返回热水锅炉,水不断地在系统中循环流动。系统在运行过程中的漏水量或被用户消耗的水量由补给水泵把经水处理装置处理后的水从回水管道补充到系统,补水量的多少可通过压力调节阀控制。膨胀水箱设在系统最高处,用以接纳水因受热后膨胀的体积。

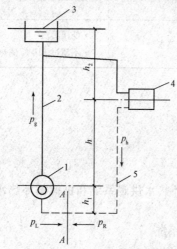

图 3-16 自然循环热水供暖系统的工作原理
1—锅炉;2—供水管道;3—膨胀水箱;
4—散热器;5—回水管道

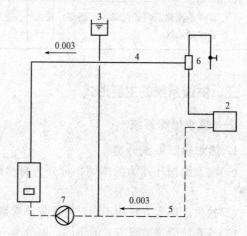

图 3-17 机械循环热水供暖系统的工作原理
1—热水锅炉;2—散热器;3—膨胀水箱;4—供水管道;
5—回水管道;6—集气罐;7—循环水泵

(二)蒸气供暖系统

1. 蒸汽供暖系统的分类

(1)按供汽压力的大小可分为高压蒸汽供暖系统(供汽压力大于 70 kPa)、低压蒸汽供暖系统(供汽压力小于等于 70 kPa)、真空蒸汽供暖系统。

(2)按供汽干管布置方式的不同可分为上供式、中供式和下供式蒸汽供暖系统。

(3)按立管布置特点的不同可分为单管式和双管式蒸汽供暖系统。

(4)按回水动力的不同可分为自然(重力)回水和机械回水蒸气供暖系统。

2. 蒸汽供暖系统的特点

(1)蒸汽供暖系统的热惯性小,因此系统的加热和冷却过程都很快。

(2)蒸汽供暖系统所需的蒸汽流量少,本身重力所产生的静压力也很小,节省电能,节省散热器,节省管材,节省工程的初投资。

(3)蒸汽的"跑、冒、滴、漏"等现象严重,热损失大。

(4)由于蒸汽供暖系统间歇工作,管道内时而充满蒸汽,时而充满空气,管道内壁氧化腐蚀严重,因此,蒸汽供暖系统比热水供暖系统寿命短。

(5)蒸汽供暖系统散热器表面温度高,易烫伤人,散热器表面灰尘剧烈飞散,卫生、安全条件不好。因此,民用建筑不适宜采用蒸汽供暖系统。

3. 蒸汽供暖系统的工作原理

如图 3-18 所示,蒸汽供暖系统利用蒸汽凝结时放出汽化潜热的特性实现供暖。系统一般由蒸汽锅炉、分水器、减压阀、蒸汽管道、散热器、凝结水管道、凝水箱、疏水器、凝水泵等组成。水在蒸汽锅炉中被加热成具有一定压力和温度的蒸汽,蒸汽靠自身压力作用通过管道流入散热器,在散热器内放出热量后,蒸汽变成凝结水,凝结水靠重力经疏水器后沿凝水管道返回凝水箱,再由凝水泵送入蒸汽锅炉重新被加热变成蒸汽。

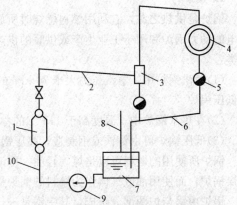

图 3-18 蒸气供暖系统的工作原理
1—蒸汽锅炉;2—蒸汽管道;3—分水器;
4—散热器;5—疏水器;6,10—凝水管道;
7—凝水箱;8—空气管;9—凝水泵

(三)热风供暖系统

1. 热风供暖系统的分类

热风供暖系统根据送风方式的不同,有集中送风、风道送风及暖风机等几种形式;根据空气来源不同,可分为直流式、再循环式和混合式等。

2. 热风供暖系统的特点

热风供暖系统具有热惯性小、升温快、室内温度分布均匀、温度梯度较小、设备简单和投资较小等优点。但目前热风供暖系统的风噪声比较大。

3. 热风供暖系统的适用场合

在既需要采暖又需要通风换气的建筑物内通常采用能提供较高温度空气的热风供暖系统;在产生有害物质很少的工业厂房中,广泛采用暖风机;在人们短时间内聚散、需间歇调节的建筑物,如影剧院、体育馆等,也广泛采用热风供暖系统;防火防爆和卫生要求必须采用全新风的车间等都适于采用热风供暖系统。

三、供暖系统常用设备

(一)热源

热源是供暖系统的中心,是供暖系统的三大部分之一。热源目前主要有锅炉、热电厂、工业余热、核能、太阳能、地热等。这几种热源有的受到自然条件的限制,有的尚在发展中,这里不再详细叙述。下面重点介绍供暖系统中起主要作用的锅炉,同时介绍间接热源——换热器。

1. 锅炉

锅炉是供热之源,它利用燃料燃烧时所放出的热能产生蒸汽和热水,通常分为用于动力和发电的动力锅炉和用于工业生产或供暖的供热锅炉两种。供热锅炉又分蒸汽锅炉和热水锅炉两大类:

(1)蒸汽锅炉中,蒸汽压力大于 70 kPa 的称为高压锅炉,蒸汽压力小于或等于 70 kPa 的称为低压锅炉。

(2)在热水锅炉中,温度高于 115 ℃ 的称为高压锅炉,温度低于 115 ℃ 的称为低压锅炉。

(3)低压锅炉可由铸铁或钢制造,高压锅炉则由钢制造。

锅炉所使用的燃料可以是煤、轻油、重油以及天然气和煤气等,使用煤做燃料的锅炉称为燃煤锅炉,而使用油或气体作为燃料的锅炉称为燃油或燃气锅炉。

锅炉由锅与炉两部分组成,其中锅是进行热量传递的汽水系统,由给水设备、省煤器、锅筒以及对流束管等组成;炉是将化学能转化成热能的燃烧设备,由送风机、引风机、烟道、风管、给煤装置、空气预热器、燃烧装置、除尘器以及烟囱等组成,如图 3-19 所示。

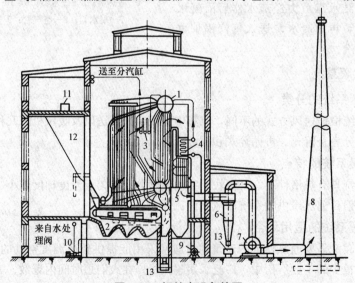

图 3-19 锅炉房设备简图

1—锅筒;2—链条炉排;3—蒸汽过热器;4—省煤器;5—空气预热器;6—除尘器;
7—引风机;8—烟囱;9—送风机;10—给水泵;11—运煤皮带运输机;12—煤仓;13—灰车

燃料在炉里燃烧产生高温烟气，以对流和辐射的方式，通过锅的受热面将热量传递给锅内温度较低的水，产生热水或蒸汽。为了充分利用高温热量，在烟气离开锅炉前，先让其通过省煤器和空气预热器，对锅的进水和炉的进风进行预热。

为保证锅炉的安全工作，锅炉上还应配备安全阀、压力表、水位表、高低水位警报器及超温超压报警装置等。

锅炉的技术性能如下：
(1) 锅炉的容量是指锅炉在单位时间内产生热水或蒸汽的能力，单位为 t/h；
(2) 工作压力是指锅炉出汽（水）处蒸汽（热水）的额定压力，单位为 MPa；
(3) 温度是指锅炉出汽（水）处蒸汽（热水）的温度，单位为 ℃；
(4) 热效率是指锅炉的有效利用热量与燃料输入热量的比值，它是锅炉最重要的经济指标。一般锅炉的热效率为 60%～80%。

2. 换热器

换热器是用来把温度较高流体的热能传递给温度较低流体的一种热交换设备，其使用的热媒有水和蒸汽，一般被加热介质是水，在供暖系统中广泛应用。换热器按其工作原理可分表面式换热器、混合式换热器和回热式换热器 3 类。

(1) 表面式换热器。在表面式换热器的冷、热两种流体之间通过一层金属壁进行换热，两种流体之间没有直接接触。图 3-20 所示为常见表面式换热器的结构。

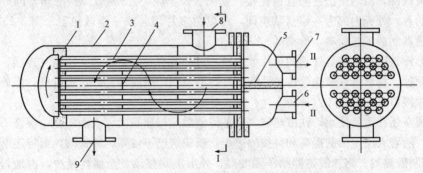

图 3-20　常见表面式换热器的结构
1—壳板；2—外壳；3—管子；4—挡板；5—隔板；6、7—管程进口及出口；8、9—壳程进口及出口
Ⅰ—壳程流体；Ⅱ—管程流体

(2) 混合式换热器。这是一种直接式热交换器，在混合式换热器中冷、热两种流体直接接触并彼此混合进行热交换，在热交换的同时，伴随着物质交换，如图 3-21 所示。

(3) 回热式换热器。回热式换热器通过一个具有较强储热能力的换热面进行间接热交换。运行时热流体通过换热面，温度升高并存储热量；然后冷流体通过换热面，吸收其储存的热量而被加热。

作为间接热源的换热器，回热式换热器应设在锅炉房内或单独建造在热交换房内，作为一个独立热源而组成供采暖系统，运行简单可靠；凝结水可循环再利用，减少了水处理设施和费用；采用高温水送水，减少了循环水量，减少了热网的初投资；可根据室外气温调节低温水量的方式来调节供热量，可避免室温过高。

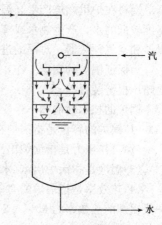

图 3-21　混合式换热器

（二）散热设备

散热器是安装在供暖房间内的散热设备，热水或蒸汽在散热器内流过，它们所携带的热量便通过散热器以对流、辐射的方式不断地传给室内空气，达到供暖的目的。

对散热器的要求是传热能力强、单位体积内散热面积大、耗用金属量小、成本低、具有一定的机械强度和承压能力、不漏水、不漏气、外表光滑、不积灰、易于清扫、体积小、外形美观、耐腐蚀、使用寿命长。

散热器按制作材料可分为铸铁散热器、钢制散热器和铝合金散热器3类。

(1)铸铁散热器。铸铁散热器是由铸铁浇铸而成，结构简单，具有耐腐蚀、使用寿命长、热稳定性好等特点。工程中常用的铸铁散热器有翼形和柱形两种。

1)翼形铸铁散热器有圆翼形和长翼形两种。圆翼形铸铁散热器是一根管子外面带有许多圆形肋片的铸铁件，两端由法兰与管道连接，如图3-22所示。长翼形铸铁散热器的外表面具有许多竖向肋片，外壳内部为一扁盒状空间，可以由多片组装成一组散热器。图3-23所示长翼形铸铁散热器制造工艺简单，价格低。

2)柱形铸铁散热器是呈柱状的单片散热器，每片各有几个中空的立柱相互连通，通常有二柱和四柱两种。柱形铸铁散热器传热性能较好，易清扫，耐腐蚀性好，造价低，但施工安装较复杂，组片接口多，如图3-24所示。

我国现在还在大量使用铸铁散热器，但是铸铁散热器质量大，表面粗糙，擦洗不方便，外形不美观。随着人民生活的提高和科技的进步，新建筑已不使用，铸铁散热器将逐渐被淘汰。

(2)钢制散热器。钢制散热器耐压强度高，外形美观整洁，金属耗量少，占地较少，便于布置，但易受到腐蚀，使用寿命短，不适用于蒸汽供暖系统和潮湿及有腐蚀性气体的场所。钢制散热器主要有钢串片、板式、柱形及扁管形四大类。

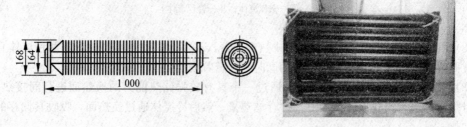

图 3-22　圆翼形铸铁散热器(单位：mm)

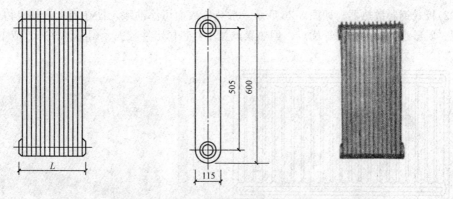

图 3-23 长翼形铸铁散热器(单位：mm)

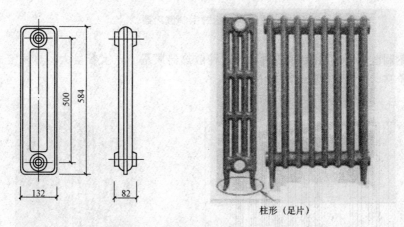

图 3-24 柱形铸铁散热器(单位：mm)

1)钢串片钢制散热器。如图 3-25 所示，这种散热器属于老式散热器，特点是质量小，体积小、承压高、制造工艺简单，但造价高，耗钢材多，水容量小，容易生锈，时间长了传热效果差，不美观，易积灰尘，不易擦洗。

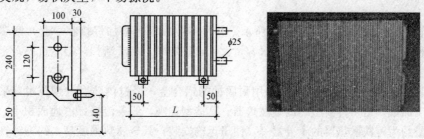

图 3-25 钢串片钢制散热器(单位：mm)

2)板式钢制散热器。如图3-26所示,散热器表面可涂油漆,挂在墙上,具有传热系数大、美观、质量小、安装方便等优点,但热媒流量小,热稳定性较差,耐腐蚀性差,成本高。

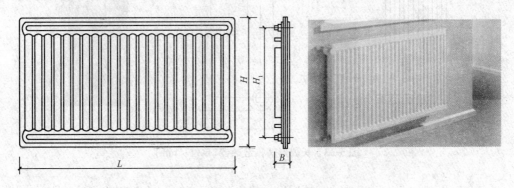

图3-26　板式钢制散热器

3)柱形钢制散热器。如图3-27所示,这种散热器质量小,水容量大,热稳定性好,易于清扫,但造价高,金属强度低。

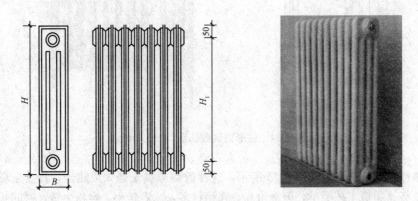

图3-27　柱形钢制散热器(单位:mm)

4)扁管形钢制散热器。如图3-28所示,其是将数根扁管叠加焊接在一起,两端加上联箱组成。这种散热器属于老式散热器,水容量大,热稳定好,易于清扫,但造价高,金属热强度低,容易生锈。

(3)铝合金散热器。铝合金散热器用耐腐蚀的铝合金,经过内防腐处理技术,采用焊接连接形式加工而成,是一种新型、高效散热器。其造型美观,线条流畅,占地面积小,富有装饰性;其质量约为铸铁散热器的十分之一,便于运输安装;其金属热强度高,约为铸铁散热器的6倍,节省能源。

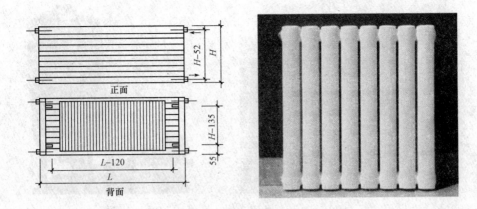

图 3-28 扁管形钢制散热器（单位：mm）

(三)辅助设备

1. 水泵

在供暖系统中，常用的是离心式水泵，其主要用于开始给供暖系统加水，然后维持供暖系统正常运行，向供暖系统提供循环动力，使管道中的水循环流动。

2. 供暖管道

供暖管道包括室内和室外管道，一般室内管道不用加保温层，室外管道必须加保温层，否则会损失大量的热量。室外管道一般埋在地下或地下管沟中。

供暖管道使用钢管，钢管有焊接钢管和无缝钢管。焊接钢管又分普通钢管和加厚钢管。钢管还可以分为镀锌钢管和不镀锌钢管。钢管镀锌的目的是防锈、防腐。当系统压力大时，需使用无缝钢管。

3. 膨胀水箱

膨胀水箱的作用：一是容纳供暖系统中水受热膨胀而产生的膨胀水量；二是排除系统中的空气；三是对系统定压。膨胀水箱通常采用钢板焊接而成，按是否与大气相通可分为开式膨胀水箱和闭式膨胀水箱，如图 3-29 所示。

膨胀水箱设置在系统的最高处，系统的膨胀水通过膨胀管进入膨胀水箱。自然循环系统管接在供水总立管的上部，如图 3-30 所示；机械循环系统膨胀管接在回水干管循环水泵入口前，如图 3-31 所示。膨胀管、循环管、溢流管上均不允许设置阀门，以免偶然关断使系统内压力增大，发生事故。另外，直接利用城市热网或区域供暖管网的工程，各系统可不另设膨胀水箱。小区锅炉房已有膨胀水箱的外网，单体建筑也可不必另设膨胀水箱。

(a) (b)

图 3-29　膨胀水箱

(a)开式；(b)闭式

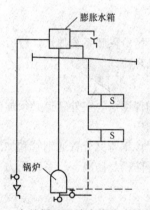 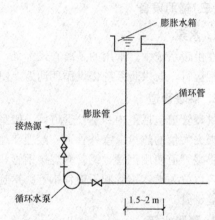

图 3-30　自然循环系统中膨胀水箱的连接　　图 3-31　机械循环系统中膨胀水箱的连接

4. 集气罐

集气罐是热水供暖系统中最常用的排气装置。其工作原理：热水由管道流进集气罐，因为集气罐的直径大于管道直径，所以热水流速会立刻降低，水中的气泡便自行浮升于水面之上，积聚于集气罐的上部空间，然后通过上部的排气管排出，如图 3-32 所示。排气管应接到容易管理之处，排气管末端应装有阀门，以定期把系统中的空气排除。系统充水时首先将排气管阀门打开，直至有水从管中流出为止。在系统运行期间，也应查看有无存气，若有应及时排净，以利于热水的循环。

5. 疏水器

疏水器是用于排除凝水管道中的蒸汽，防止蒸汽从凝水管道中泄漏的设备。常见的疏水器有机械型、热力型和恒温型 3 种。图 3-33 所示为疏水器实物。

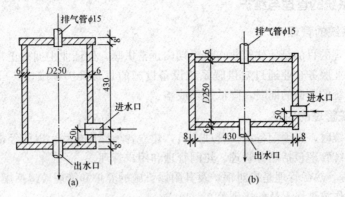

图 3-32 集气罐(单位：mm)
(a)立式；(b)卧式

图 3-33 疏水器实物
(a)机械型浮筒式疏水器；(b)圆盘式疏水器

6. 补偿器

在供暖系统中，管道温度升高，平直管道的两端都被固定不能自由伸长时，管道会因伸长而弯曲，有可能因弯曲而破裂。此时，应设补偿器对管道进行补偿。

7. 减压阀

减压阀用于将高压蒸汽的压力降低到使用条件要求的数值，它能够自动调节阀门开启程度，稳定阀门开启后的压力。

8. 安全阀

在供暖系统中，安全阀是保证系统在一定的压力下安全工作的装置。当压力超过规定的最高允许工作压力时，阀门自动开启，把蒸汽排到系统之外；当压力恢复到正常工作压力时，阀门自动关闭。

四、供暖系统的管理与维护

(一)供暖系统的管理

供暖系统管理的目的是使建筑物在供暖期内正常供暖,保证业主拥有正常的工作、生活的环境。同时,物业服务企业通过对供暖系统设备设施的日常维护和维修,可以在保障安全运行、延长供暖系统的寿命的同时,降低管理成本。

1. 供暖系统管理的内容

使用供暖系统时,必须配备维护管理人员,建立各项操作规程,以便经常进行检查、维护和修理。供暖系统管理包括热源管理、热网管理和用户管理。

(1)热源管理。热源管理是指对锅炉及其附属设施的养护和管理,包括燃料的采购和运输、炉渣的清理、操作与维修人员的培训等。

(2)热网管理。热网管理是指对小区及建筑物内的供热管网进行养护和管理,包括管道的检查养护和维修。

(3)用户管理。用户管理是指对用户室内散热设备运行情况的检查、维护,取暖费用的收取以及对用户使用设备的指导。其主要内容如下:

1)指导用户遇到供暖问题时如何与物业服务企业沟通。

2)教育用户如何节约能源,合理取暖。

3)检查用户房间的密闭性能,加强保温措施。

4)用户家庭装修需变动散热器的位置或型号时,需取得管理人员的现场认可。

2. 供暖系统的充水养护

在非供暖季节,供暖系统停止运行时,为减少管道和设备的腐蚀,所有的热水、高温水供暖系统均要求充水养护,钢制散热器更强调充水养护,以延长管道和设备的使用寿命。充水养护的具体做法如下:

(1)供暖季节结束、系统停止运行后,先全面检查并进行修理,对已损坏的零部件或散热器进行更换。

(2)将系统充满水并按试压要求进行系统试压。

(3)将系统内的水加热至95 ℃,保持1.5 h,然后停止运行。

(4)设有膨胀水箱的系统,在非供暖期要保持水箱有水,缺水时要进行补水。

3. 供暖系统的运行管理

在供暖季节来临前,需先将系统的养护水放空,并检查系统的所有设备,包括锅炉、管道、阀门、仪表、散热器等,保证所有设备能正常工作,并清洗管道和散热器的内部污垢和外表积尘,然后充入经水质处理后符合系统水质要求的水,最后才能启动供暖系统。

在供暖系统的运行过程中,热源处的操作人员应根据室外气温的变化进行供热调节,合理地改变流量、温度、压力等供暖参数,使供暖更合理、经济、实用。此外,应经常检查:

(1)容易被冻的供暖管道、保温层及设备等。

(2)电动机、水泵是否正常。

(3)各种仪表(压力表、温度计、流量计)是否正常灵敏。

(4)系统中所有的疏水器、排气装置、各种调节及安全装置等是否正常可靠。

(5)室内供暖温度和散热设备的温度是否符合规定要求。

对于系统中隐蔽的管道、阀门及附件要定期检修,所有系统上的除污器、过滤器及水封底部等处的污物要定期清理。

4. 锅炉房及热力站管理

锅炉房是城镇供暖系统的热源,是供暖系统的中心,也是日常维护的重点;热力站是建筑小区的热源,它直接影响小区的供暖效果。对于锅炉房及热力站的管理应注意以下几点:

(1)要制定锅炉房或热力站的各项规章制度,包括安全操作制度、水质处理制度、交换班制度等。

(2)保养好锅炉房内锅炉本体和维护锅炉正常的各种设备,包括运煤除渣设备、送引风设备、除尘设备、除氧设备、排污设备、水泵、阀门、各种电气仪表等,只有保养好这些设备,使其正常工作,整个供热系统才能正常运行。

(3)热力站的附件有水箱、循环水泵、除垢器、压力表、温度表、安全阀、水位表和水位报警器等,这些部件日常维护的好坏关系到供暖系统的安全。要保持这些仪表、阀门的灵敏度,保障锅炉房内给水与排水系统的畅通,做好水质的软化和除氧处理,以防止设备、管道结垢和腐蚀,保证锅炉房、热力站安全工作并延长其使用寿命,使供暖系统更经济地运行。

(二)供暖系统的常见问题与处理

1. 供暖系统局部不热的原因及处理

(1)供暖系统局部不热现象及故障处理。供暖系统局部不热现象及故障处理方法见表3-11。

表3-11 供热系统局部不热现象及故障处理方法

故障	产生原因	处理方法
总回水温度过低	1. 送水温度过低 2. 循环水量太少 3. 外线大量漏水 4. 管道热量损失过大	1. 提高送水温度 2. 检查水泵是否反转,管线、孔板、阀门等是否堵塞,阀门是否未完全打开,清除系统内的污物及沉渣 3. 检查补给水箱,确定是否漏水,然后查修外线漏水部分 4. 检查附件接口及地沟的状况,然后修理或采取措施,修复保温层
采用双管供暖系统时,多层建筑上层的散热器过热,下层的散热器过冷	上层流量过大	关小上层散热器阀门

续表

故障	产生原因	处理方法
异层系统末端不热	1. 前面阀门开得过大，流量过大 2. 干管末端空气阻塞	1. 关小前面立管阀门 2. 排除集气罐内的空气
下供上回式上层散热器不热	空气未排除	检查散热器上的放气阀或管路上的放气阀，并排除空气
局部散热器不热	1. 管道被污物堵塞 2. 进水管坡向错误造成积气 3. 阀门开关失灵 4. 集气罐存气太多，阻塞管路	1. 在管线上转弯处与阀门前摸其温度，敲打听声，必要时拆开修理 2. 改正坡向 3. 拆开阀门修理 4. 检查集气罐后面的管线及设备，如果全是冷的，可能是气阻，应排除空气
暖风机不热	1. 进水管坡向错误造成积气 2. 管内、阀门或孔板堵塞 3. 加热器内堵塞 4. 供水温度不符合要求	1. 校正坡度 2. 清除污物或检修阀门 3. 清洗加热器 4. 调节水温
暖风机散热不符合产品性能要求	1. 风量太小 2. 循环水量太小 3. 加热器不符合要求或局部堵塞	1. 校正叶轮转向，检查转速是否符合要求，皮带有无滑动 2. 调整水量 3. 更换或检修
空气加热器回水温度过高或过低	1. 循环水量过大或小 2. 风量过大或过小 3. 加热器面积过大或过小	1. 减小或增大水量，检查管线与阀门孔板有无堵塞，检修或更换孔板，调整阀门 2. 调整风机转速 3. 改变水量或更换设备
回水温度过高	1. 循环水量太大 2. 外线循环管阀门未关 3. 送水温度过高	1. 调整总进水阀、回水阀门，增加阻力，减少水量 2. 关闭循环管阀门 3. 降低送水温度

(2)蒸汽供热系统常见故障及处理。蒸汽供热系统常见故障及处理方法见表 3-12。

表 3-12 蒸汽供热系统常见故障及处理方法

故障	产生原因	处理方法
散热器不热	散热器上部不热、下半部不热或整个不热	先对散热器及系统排气，若无效果，即检查送气及凝水管道温度。如果凝水管道不热，可能是疏水器堵塞，找出堵塞处，清除疏通

续表

故障	产生原因	处理方法
散热器不热	凝水管道热而送气立、支管不热	检查立、支管阀门是否打开，若已打开，则可能是异物堵塞，应清除疏通
	末端散热器不热时，一般是系统内存有空气，也可能是送气压力达不到要求	1. 排除空气 2. 提高送气能力
系统泄漏	1. 安装质量或配件质量不合格 2. 送气方法不对，阀门开启太快 3. 管道热应力没能消除	1. 选择合格产品，按规定施工 2. 送气阀门要缓慢开启 3. 选用合适的补偿器并正确安装

2. 散热器大面积不热的原因及处理

散热器大面积不热，是指整个小区所有楼或大多数楼的散热器不热或温度不够，室温达不到要求。散热器大面积不热现象及故障处理方法见表3-13。

表3-13 散热器大面积不热现象及处理方法

故障	产生原因	处理方法
锅炉出力不够	煤的质量过差，数量不足	使用优质煤
	锅炉司炉人员操作水平低，责任心差	提高锅炉司炉人员的操作水平及责任心
	锅炉运行不正常，如鼓风量不足，风室间串风严重；引风机工作不正常；鼓、引风机不匹配	检修调整锅炉运行状态
	锅炉吨位不够	设计单位重新核算供热热负荷，增加锅炉台数
循环水泵容量不足	水泵流量、扬程偏小	根据供热现状，重新核算流量及扬程，调整水泵
系统严重泄漏、压力不稳	存在漏点	组织全面检查，找出漏点进行补漏，使压力恢复正常
换热站的供热范围内所有散热器不够热，水温很低	1. 换热器换热面积小于换热器，超负荷运行 2. 换热器低负荷运行	1. 适当增加换热器的运行台数或片数，以提高供热温度 2. 适当减少换热器的运行台数

3. 导致部分暖气不热的室外管网原因及处理

(1)室外管网流量分配失衡。室外管网在设计时，流量分配是理论化的计算值，实际运行时还要靠阀门来调节平衡。设计、调节得不好，都会使流量失衡(即水平失调)，造成部分楼不热而部分楼过热的现象，处理办法包括以下3个：

1) 检查供水、回水阀门是否开启，有无损坏。

2) 与设计单位一起核算管道的合理性。如果管道直径过小，则要加大。

3) 与设计单位、施工单位一起对热网进行再次调节，如果没有热网平衡阀，则要加装。

(2) 管沟积水、管道保温层脱落。管沟积水、管道保温层脱落会造成热媒输送过程中热量损失增大，不能使足够的热量输送到用户，从而造成暖气不热。遇到此种情况，要排除积水，修复管道保温层。

4. 管道故障

(1) 管道泄漏。因管道压力过大、腐蚀、外力及人为等因素，室外管道及附件会破裂和渗漏，这是供暖系统常见的故障。

处理方法：首先关闭泄漏处前、后的上水与下水的阀门，然后排泄管道内的存水，更换破损的管道或附件，再开启阀门，运行供暖系统。

(2) 管道堵塞。供暖管道的堵塞造成室内、外供暖管道及室内散热器不热，是供暖系统常见的技术故障，主要有气堵、栓塞和冻结3种故障。

1) 气堵。在热水供暖系统中，表现为上层散热器不热，一旦管道中存留了空气，将会把这段管道的流通断面堵塞，严重时可能形成气塞，使部分管道中的水停止流动，散热器不能散热。在蒸汽供暖系统中，凝水管道中若存有空气，凝水就不能顺利返回，影响系统的正常运行。

处理方法：正确选择集气罐的位置，打开放气阀放出空气。

2) 栓塞。栓塞是由于管道及水质所产生的污垢沉淀、堵塞，减少了管道的热媒流量，使系统出现不热的故障。

处理方法：开启除污器，冲刷管道污垢或人工清掏污垢，使供暖管道畅通。

3) 冻结。发现冻结要及时处理，否则容易使管道或散热器因冻胀而破裂。

处理方法：用火烤化冻结的管道或更换冻结的管道。

5. 锅炉常见故障及处理

锅炉是供暖系统中的热源，其正常运行是保证供暖系统工作的必要条件。供暖企业应在日常的管理与维护中及时处理锅炉出现的故障，保障其正常运行。

锅炉常见故障及处理方法见表 3-14。

表 3-14 锅炉常见故障及处理方法

故障	产生原因	处理方法
锅炉压力下降	失水比较严重，存在较大漏水点	应及时组织人力进行查找，保持系统压力稳定
锅炉温度急剧上升	1. 循环水泵没有启动 2. 锅炉出口阀没有打开，致使锅炉热水不循环	1. 启动水泵 2. 采取措施，保证正常水循环
循环水泵吸入口压力低于正常值	1. 阀门未打开 2. 除污器堵塞	1. 打开阀门 2. 疏通除污器

任务小结

本任务主要介绍了供暖系统常用的供暖设备、供暖系统的运行与维护。在供暖系统中，承担热量传输的物质称为热媒。常见的热媒有水和蒸汽两种。本任务还介绍了供暖系统的工作原理，供暖系统的分类与构成，热水供暖系统、蒸汽供暖系统、热风供暖系统等内容。供暖系统按供热范围可分为局部供暖系统、集中供暖系统和区域供暖系统，供暖系统常用设备主要有热源、散热设备和辅助设备组成。常用的供暖系统设备有锅炉、散热器、换热器、水泵、膨胀水箱、集气罐、疏水器、减压阀、安全阀。供暖系统的日常维护工作有3个方面内容：热网管理、热源管理和用户管理。任务的重点是掌握供暖系统的日常管理与维护。

实践与训练

一、实训内容

1. 组织学生参观、考察某物业的供暖系统。
2. 现场考察供暖系统的组成、管理制度以及具体的运行管理和日常维护方法等。

二、实训步骤

1. 联系学校锅炉房或热力公司进行考察。
2. 对供暖系统进行现场调查，说明该系统属于何种供暖系统和有哪些供暖设备。

思考与讨论

1. 供暖系统主要由哪几部分组成？
2. 散热器大面积不热的原因是什么？应该如何处理？
3. 供暖系统的日常维护管理工作有哪些？
4. 根据自然循环与机械循环热水供暖系统工作原理图，比较说明两者的主要区别。
5. 铸铁散热器有哪些特点？铸铁散热器有哪些形式？
6. 热水供暖系统为何要设置膨胀水箱？
7. 简述蒸汽供暖系统和热水供暖系统的区别。
8. 简述供暖系统充水养护过程。
9. 简述供暖系统用户管理内容。
10. 供暖系统的集气罐安装在什么位置？

任务三　室内燃气供应系统的管理与维护

知识目标

1. 了解燃气的种类、供气方式。
2. 了解室内燃气供应系统的组成。
3. 掌握室内燃气供应系统的管理与维护。

能力目标

1. 根据室内燃气供应系统的基本知识,具备安全使用天然气的能力。
2. 能够通过对室内燃气供应系统常见故障及处理方法的学习,处理一些简单的故障。

案例引导

居民楼煤气泄漏

某年某日,广西防城港市东兴大道一居民楼发生煤气泄漏事故,严重威胁附近居民群众的生命财产安全,防城港消防官兵接警后迅速赶到现场进行处置,成功将险情排除。

当晚20时36分,防城港市支队调度室接到群众报警,称该市东兴大道采珠市场左侧一居民楼发生煤气泄漏事故,严重威胁附近居民群众的生命财产安全,要求前往处置。接警后,支队迅速调动港口大队2辆消防车、12名官兵赶赴现场进行处置。

20时43分,消防官兵到达现场,此时,楼底下有大量的群众围观,先期到达现场的几名民警已经画定警戒区,正在实施现场警戒。消防官兵在询问知情人后得知发生煤气泄漏的是居民楼3楼的出租房。指挥员立即带领2名战斗员上至3楼进行侦察,发现房门紧锁,浓浓的煤气味正从紧锁的房门内散发出来,敲门也没人回应。但发现在3楼房门旁有一扇玻璃窗,可以将其破折后进入室内排险。

根据现场情况,指挥员立即下达作战部署:关闭现场所有通信工具,切断居民楼电源;由一班组成疏散小组对该楼内的所有人员进行紧急疏散,以防万一;特勤班组成排险小组进入室内排险。

两分钟后,楼内所有人员都已撤离到安全区,特勤班两名战斗员利用铁锤敲碎窗户上的玻璃,钻进室内迅速查找煤气泄漏源头。经排查,煤气软管破裂加上液化气瓶开关没有关闭,导致煤气泄漏。排险小组迅速关闭液化气瓶开关,并打开室内所有门窗进行通风。

20时55分,险情被排除。此次事故中无人员伤亡。

问题:

1. 如果嗅到室内有煤气味,怀疑燃气管道泄漏,于是用打火机沿着管道检查漏气点,这种做法是否有错?如果认为有错,请讲述正确的检查方法。

2. 如果经检查后,确定燃气管道漏气,如何修复燃气管道?
3. 上述事件中,对楼内的所有人员进行疏散,这有必要吗?

知识准备

一、燃气供应概述

燃气是一种气体燃料,具有热能利用率高、燃烧温度高、易于调节火焰大小、应用方便、燃烧时没有灰渣、卫生条件好、可以采用管道输送或瓶装供应等特点。城市燃气供应系统是复杂的综合性设施,是城市现代化的标志之一。它主要由燃气管网、燃气贮配站(门站、分配站)和调压站(或调压箱)等部分组成,应保证安全、经济、持续地向各类用户供应燃气。

(一)燃气的种类

城镇民用和工业用燃气是由几种气体组成的混合气体,主要包括天然气、人工煤气、液化石油气和油制气。

1. 天然气

天然气是指由气田开采出来的纯天然气,是不需要加工即可使用的气体燃料。天然气一般可分为气田气、油田伴生气、凝析气田气、煤层气、矿井气5种。

天然气的主要成分为甲烷,在经集输、脱水、净化和升压后,送往城市门站(门站是天然气进入城市的总站口)。天然气热值高、杂质含量少、清洁卫生,被称为理想的城市优质气体燃料。天然气没有气味,在使用时通常加入某种无毒而有臭味的气体(如乙硫醇),以便于检漏,防止发生中毒或爆炸事故。随着天然气资源的开发和利用,越来越多的城市选择天然气作为城市气源。

2. 人工煤气

人工煤气是指以煤为主要原料制取的可燃气体,其按生产方式不同可分为干馏煤气、高炉煤气、发生炉煤气、水煤气和高压气化气。

人工煤气具有强烈的气味和毒性,含有硫化氢、氨、焦油等杂质,容易腐蚀和堵塞管道。因此,人工煤气要净化后才能使用。

3. 液化石油气

液化石油气是从石油的开采、加工过程中得到的副产品,是碳氢化合物的混合物,主要成分为丙烷、丁烷、丙烯、丁烯等。因在常温下呈气态,并具有加压或降温即可变为液态以进行储存和运输、减压即可汽化使用的显著特性而成为一种单独的气源种类。

4. 油制气

油制气是以石油为原料,通过加热裂解或部分氧化等制气工艺,在高温及催化剂的作用下裂解制取而获得的燃气,主要成分为烷烃等碳氢化合物,以及少量的一氧化碳。油制气既可以作为城镇燃气的基本气源,也可以作为供应高峰的调节气源。

(二)燃气的供应方式

燃气的供应方式分为管道输送和瓶装两种。

1. 管道输送

天然气或人工煤气经过净化后，便输入城镇燃气管网供城镇居民使用。根据输送压力的不同，城镇燃气管网可分为如下几种：

(1)低压管网，输送压力 $p \leqslant 5$ kPa；

(2)中压管网，5 kPa $\leqslant p \leqslant$ 150 kPa；

(3)次高压管网，150 kPa $\leqslant p \leqslant$ 300 kPa；

(4)高压管网，300 kPa $\leqslant p \leqslant$ 800 kPa。

城镇燃气管网包括街道燃气管网和庭院燃气管网两部分。

在供气区域较大的大城市，街道燃气管网可采用高压管网或次高压管网，以利于远距离输送；在小城镇内，一般采用中、低压管网。无论采用何种压力的街道燃气管网，在接入庭院燃气管网供居民使用之前，必须通过调压站进行减压，将燃气降至低压范围使用。

燃气管道是承受压力的，而且所输送的燃气是有毒、易爆的气体。因此，不仅要求燃气管道具有足够的强度，还需具有气密性、耐蚀等性能，其中最主要的是气密性。

2. 瓶装

目前供应的液化石油气多采用瓶装。在贮配站(灌瓶站)设贮气罐，通过专用设备把贮气罐内的液化石油气灌入气瓶内，供用户使用。

根据用气量的大小可采用单瓶或瓶组供气。其中单瓶供应采用 15 kg 钢瓶连同燃具供家庭使用；瓶组是把钢瓶并联供应给用气量较小的用户使用。钢瓶内液化石油气的饱和气压为 70～8 000 kPa，在室温下可自然汽化。在供燃具使用时，要经瓶上的减压阀减至 (2.8 ± 0.5) kPa。钢瓶在运输过程中，应严格按规程进行，严禁乱扔乱抛。残液严禁倒入下水道，以免发生火灾。

(三)室内燃气供应系统的组成

室内燃气供应系统由用户引入管、燃气立管、干管、用户支管、燃气表、用具连接管和燃气用具等部分组成，如图 3-34 所示。

1. 用户引入管

用户引入管与城市低压分配管道连接，在分支管处设阀门。用户引入管应直接引入用气房间(如厨房)，不得敷设在卧室、浴室、厕所、易燃与易爆物仓库、有腐蚀性介质的房间、变配电间、

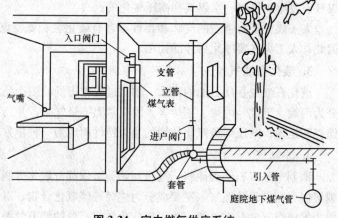

图 3-34 室内燃气供应系统

电缆沟及烟(风)道内。所输入的为人工煤气时,管径不得小于 25 mm。用户引入管应有一定的坡度,坡向入口一端,以防止或减少凝集水进入户内。在穿越建筑物基础或管沟时,均应加装套管。

2. 燃气立管

燃气立管一般应敷设在厨房或走廊内。当由地下引入室内时,燃气立管在第一层处应设置室内阀门。燃气立管的上、下端应装丝堵,以便于清扫。燃气立管的直径一般不小于 25 mm,燃气立管通过各层楼板处应设套管。套管高出地面至少 50 mm,套管与燃气管道之间的间隙应用沥青和麻油填塞。

3. 干管

当建筑物内需设置若干根燃气立管时,应设置水平干管进行连接。水平干管可沿通风良好的楼梯间、走廊或辅助房间敷设,一般高度不小于 2 m,距吊顶的距离不得小于 150 mm。

4. 用户支管

由燃气立管引出的用户支管,其水平管段在居民住宅厨房内不应低于 1.7 m,但从方便施工的角度考虑,距吊顶的距离不得小于 150 mm。敷设坡度不小于 0.002,并有燃气表分别坡向立管和燃具。

5. 用具连接管

用具连接管(下垂管)是指用具支管连接燃气用具的管段。每个燃具前均应设置阀门,旋塞距地面 1.5 m,管道与燃具之间可分为硬连接和软连接两种。采用硬连接时,使用钢管管件连接管道与燃具,燃具不能随意移动;采用软连接时,燃具可在一定范围内移动。

6. 燃气表

燃气表是计量燃气用量的仪表。目前,我国常用的是干式皮膜式燃气表,如图 3-35 所示。它适用于室内低压燃气供应系统。

7. 燃气用具

选择燃气用具时应注意适用的气源种类,供应焦炉煤气的管道应选用焦炉煤气燃具,供应天然气的管道应安装天然气燃具。《家用燃气灶具》(GB 16410—2007)规定,家用燃气灶具代号用汉语拼音字母表示:R—人工燃气、T—天然气、Y—液化石油气。

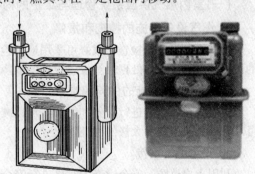

图 3-35 干式皮膜式燃气表

根据我国居民的生活习惯和生活水平,住宅常用的燃气用具有厨房燃气灶和燃气热水器。常见的厨房燃气灶有单眼灶、双眼灶、三眼灶等,由炉体、工作面及燃烧器 3 部分组成,如图 3-36 所示,还有烤箱灶、燃气火锅等。燃气热水器是一种局部供应热水的加热设备,多为快速式,这种热水器具有体积小、热效率高、使用方便等优点。

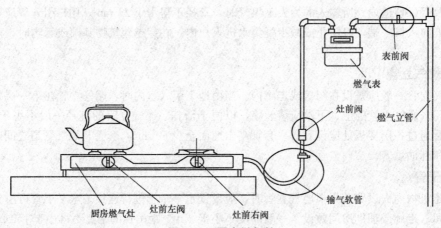

图 3-36 厨房燃气灶

二、室内燃气供应系统的管理与维护

室内燃气供应系统是城市的基础设施之一，关系到国计民生、千家万户。一方面必须保证系统的正常供气，阀门开关灵活，燃气计量准确；另一方面，因为燃气是易燃、易爆和有毒的危险气体，所以，必须保证燃气管道及其设备严密、不漏气，避免发生燃气中毒和爆炸事故，保证系统安全运行。此外，要做好燃气用户的安全教育工作，以避免发生安全事故。

(一)室内燃气供应系统管理与维护的内容

1. 燃气设备设施的检查和报修

燃气设备设施的检查和报修可采用巡回检查与用户报修相结合的办法，以便及时了解系统的运行状况，发现和处理燃气设备设施的故障。

2. 燃气设备设施的保养和维修

对燃气设备设施进行保养和维修，可以减少管道设备的机械和自然损坏，提高燃气的安全可靠性，延长中修和大修的周期。

3. 安全用气宣传

利用入户巡防、安全检查的时机进行安全用户宣传，可以宣传燃气管理法规、燃气安全使用知识，报道燃气用户事故和违章处理情况等。此外，要做好燃气用户的安全教育工作，保证燃气用户能熟练掌握燃气用具的操作方法，熟练安全操作规程，以避免发生操作事故。遇到燃气系统故障及突发事故，应采取有效措施并及时向有关部门汇报。如发现燃气泄漏或人员中毒事件，应迅速关断燃气阀门，切断气源；疏散现场人员，将中毒人员救离现场；打开门窗，通风换气；禁绝火种，严禁使用电气设备；正确使用消防器材，扑灭初起火灾。

4. 燃气设备设施的安全管理

燃气设备设施的使用、销售必须严格按国家相关规定执行，切实做好管理。

(二)室内燃气管道及部件的维护

1. 室内燃气管道的外观检查

室内燃气管道的外观检查包括以下几个方面：

(1)管道的固定是否牢固，管道是否有锈蚀或机械损伤，管卡、托钩是否脱落。

(2)管道的坡度、坡向是否正确。

(3)管道锈蚀情况，特别注意靠近水池、接近地面的潮湿管段。

(4)管道上是否有悬挂的重物。

2. 室内燃气管道漏气的检查和处理

当室内出现异味时，要意识到有可能是燃气系统漏气，应对燃气管道进行泄漏检查，用肥皂泡涂抹怀疑漏气点，如果出现连续气泡，则可以断定该处漏气，注意严禁用明火查找漏气点。找到漏气点后，可用湿布将漏气点包好扎紧或将漏气点前的阀门关闭，并尽快报告煤气公司进行处理。

3. 冬季燃气管道的防冻保温

城市燃气中含有一定数量的水分，人工燃气中含有萘杂质，冬季容易造成室内燃气管道部分引入管、楼梯间和通道内敷设的燃气管冻堵。因此，入冬前要进行管道防冻检查。如发现引入管保温台倒坍、损坏，与建筑物外墙"离骨"的情况发生，要进行修理或重新砌筑。要检查保温台内的保温材料是否失效，受潮失效的应进行更换。装设在楼梯间内的燃气管道，其保温层脱落的应进行修补。要做好楼道内的保温工作，单靠燃气管理部门远远不够，还需要房管部门和楼内住户配合，共同维持楼内温度，如关好单元门和楼梯踏步上窗，有燃气管道的房间要求保持室温在5℃以上。

4. 燃气表的养护

燃气表的维修工作有地区校验和定期校验两类。按照计量部门的要求，燃气表的地区校验每年进行一次，使用误差不大于4%。当用户对燃气表的计量有疑问时也要采用地区校验，以检查计量是否有误差。燃气表的地区校验采用特制的标准喷嘴或标准表进行。

(三)室内燃气安全管理

(1)室内燃气作业的注意事项和安全措施如下：

1)作业人员要熟悉燃气系统的情况，严格遵守操作规程。

2)室内燃气设施维修，通常不允许带气作业，要关闭引入管总阀门，并把管道中的燃气排到室外，在作业过程中要加强室内的通风换气。

3)未经主管部门批准，对已供气的燃气管道不准采用气焊和电、气焊作业。

4)维修结束后，用燃气置换管道中的空气时，作业范围及周围严禁一切火种。置换时的混合气体不准在室内排放，要用胶管接出排到室外，并注意环境和风向，避免发生人员中毒或其他事故。

5)室内管道重新供入燃气后，在没有放散合格前，不准在燃气灶上点火试验，应从管道中取气样,在远离作业现场的地方点火试验。

6)带有烟道和炉膛的燃气用具,不准在炉膛内排放所置换的混合气体。燃气用具如果一次点火不成功,应关闭燃气阀门,过几分钟后再二次点火。

7)引入管的清通和总入口阀的检修是危险的带气作业,要严格遵守操作规程。

(2)使用燃气的注意事项如下:

1)用户要有具备使用燃气条件的厨房,禁止厨房和居室并用;燃气灶不能同取暖炉火并用;厨房必须通风,以便燃气泄漏能及时排出室外。

2)点燃燃气灶时,要有人在旁看守,防止沸水溢出,将火浇灭。用小火时,防止火被风吹灭。

3)要经常检查燃气胶管是否老化、破损,如有此情况,应及时更换新管。

4)用完燃气后关闭燃气灶开关,并将燃气表后的阀门关闭。

5)带有自动点火功能的燃气灶具一次点不着时,应立即关闭燃气灶具开关,不得将开关打开过长时间,以免燃气泄漏。点燃灶火后要观察火焰燃烧是否稳定、正常,火焰燃烧不正常时需调节风门。

6)教育儿童不要随意乱动燃气灶具开关,更不要在有燃气设施的房间内玩火。

7)燃气泄漏时,应立即打开门窗。对发现的泄漏点及时处理,处理不了的立即报告燃气公司或有关部门采取措施。

三、常见故障及处理

室内燃气供应系统在运行管理过程中,可能会出现各种问题和故障,应及时分析其产生的原因并提出解决问题的办法。表 3-15 所示为室内燃气供应系统的常见故障和处理方法。

表 3-15 室内燃气供应系统的常见故障和处理方法

故障	产生原因	处理方法
系统漏气	1. 施工或设备质量问题造成燃气设备连接不严密 2. 阀门及接口松动或老化 3. 胶管老化开裂及使用不当等	1. 打开门窗通风,严禁一切明火,迅速关闭阀门,组织力量及时抢修 2. 一般管道、管件及接口漏气,要拆掉重装或更新新管及管件 3. 胶管老化及开裂,应视其损坏程度切除漏气部分或更换新胶管
管道堵塞	1. 燃气中含有水、萘、焦油等杂质附着在管壁及阀门等处,形成堵塞 2. 寒冷地区也有水分凝结成霜或者冰,造成冰堵的现象	1. 阀门堵塞,可拆卸下来,清洗或更换新阀门 2. 立管堵塞,可用带真空装置的燃气管道疏通机或人工方法清堵 3. 对于引入管的萘或冰堵,可将上部三通丝堵打开,向管道内倒入热水,使萘或冰融化

续表

故障	产生原因	处理方法
燃气表不通	1. 燃气管中的脏物堵塞燃气表的入口 2. 内传动装置故障,如牵动臂与膜板开裂;装配不良或折断损坏;翼轴、摇杆、联杆曲柄曲轴等处铰链焊口断裂;曲柄组装不良;气门盖上的焊锡开裂,气门盖生锈、冻结;气门杆折断、损坏等	报告燃气公司,不可擅自处理
燃气表走慢	1. 燃气表内部漏气,指针装置发生故障 2. 气门盖与气门座黏着,传动部分阻力增加 3. 牵动臂或活动连杆磨损,使皮膜的模板冲程减小等	报告燃气公司,不可擅自处理
燃气表走快	1. 皮膜收缩或皮膜硬化,使计量体积减小 2. 燃气表内部传动装置发生机械磨损,运动阻力减小	报告燃气公司,不可擅自处理
燃气表指针不动	1. 燃气表内部严重漏气 2. 指针装置发生故障 3. 供给的燃气流量过小等	报告燃气公司,不可擅自处理
燃气表运行有声响	燃气表内机械系统传动发生故障	1. 有时会随着燃气表内机械转动恢复正常而消失 2. 报告燃气公司,不可擅自处理
燃气表爆表	燃气调压器失灵	报告燃气公司,不可擅自处理
燃气灶具不正常燃烧、点不着火	1. 喷嘴及旋塞阀门有污垢 2. 燃气灶具有漏气点	1. 清除喷嘴及旋塞阀处的污垢 2. 对挡风板进行适当调整或由专业人员进行修理
燃气热水器热水不出、供水不足、燃烧异常	1. 供气压力不稳定、水压不足 2. 点火装置或水控装置故障及燃烧器有污垢等	1. 用户应经常检查热水器燃气进口阀和热水器内部有无燃气泄漏,水管有无泄漏 2. 热水器在使用两年后或发现燃烧状态不好时,应请专业人员清洗热水器,以清除积碳

任务小结

燃气是清洁、高效、使用方便的理想气体燃料,它燃烧时温度高,容易点燃,容易调节火力,污染少。随着人们生活水平的不断提高和城市建设的不断发展,我国的城市燃气供应也越来越普及。城市燃气供应系统是复杂的综合性设施，安装、使用不当或发生意外情况都会使燃气泄漏，随时可能引发爆炸、火灾和人员伤亡事故等。因此，对燃气供应系统的管理和维护就显得尤其重要，这就要求物业服务企业提高管理水平。一方面，加强燃气的日常维护工作，保证燃气的正常供应；另一方面，通过对管道设备的维护，及时发现和消除事故隐患，确保燃气管道设备处于完好状态，使城市居民能放心使用燃气。本任务要求重点掌握室内燃气供应系统管理与维护。

实践与训练

一、实训内容
1. 组织学生参观、考察某物业的室内燃气供应系统。
2. 现场考察室内燃气系统的组成、管理制度以及具体的运行管理和日常维护方法等。

二、实训步骤
1. 联系某物业服务企业考察。
2. 对室内燃气供应系统进行现场调查，讨论导致室内燃气泄漏的原因有哪些以及应采取哪些处理方法。

思考与讨论

1. 简述城镇燃气气源的种类及特点。
2. 室内燃气供应系统管理与维护主要包括哪些内容？
3. 室内燃气供应系统可能发生哪些故障？应如何处理？
4. 室内燃气供应系统由哪些设备组成？
5. 用户使用燃气应注意哪些事项？

任务四　建筑消防系统的管理与维护

知识目标

1. 了解火灾的成因和特点。
2. 掌握建筑消防系统的特点和重要性。
3. 掌握室内消火栓给水系统、自动喷水灭火系统的组成。
4. 熟悉建筑防排烟系统、建筑消防系统设备设施。
5. 掌握建筑消防系统管理与维护。

📖 **能力目标**

1. 根据建筑消防系统的特点、结构与组成，能够掌握建筑火灾的成因，提高防范意识。
2. 能够认知水枪、消火栓、水龙带等。
3. 能够区分不同类型的自动喷水灭火装置的适用场合。
4. 能够识别防火排烟的主要设备。
5. 能够掌握其他消防设备设施的使用。
6. 能够协助进行科学的建筑消防系统管理。

📋 **案例引导**

租房开店不慎着火，物业服务公司也要担责任吗？

刘先生在某小区承租了一间底商，装修后用来开超市。平时，刘先生就住在超市。一日，因为刘先生忘记关闭电暖气，不慎将被褥引燃，燃起大火。刘先生发现后，迅速打开位于室内的消火栓，但是发现没有水，屋顶上的自动喷水系统也没有启动，只好眼看着大火将小店化为灰烬。事后，刘先生将物业服务公司告上法庭，要求赔偿全部损失12万元。

【案例分析】

法院经审理认为，当火灾发生时，消火栓无水，自动喷水系统也未能正常启动，物业服务公司作为消防系统的管理者和维护者，未能履行物业服务合同的约定，导致业主人身、财产安全受到损害，应当依法承担相应的法律责任。而火灾发生的主要原因是刘先生自己用火不慎，刘先生应当承担主要责任。为此法院判决物业服务公司承担刘先生全部损失的40%，共计赔偿刘先生4.8万元。

📖 **知识准备**

一、建筑消防系统概述

(一)建筑火灾的成因及特点

1. 火灾的成因

火灾是指在时间或空间上失去控制的燃烧所造成的灾害。燃烧是可燃物与氧化剂作用发生的一种放热发光的剧烈化学反应。燃烧不是随便发生的，它必须具备3个必要条件：可燃物、助燃物、火源。

建筑物起火的原因是多种多样的，主要原因可归纳为3类：

(1)人为因素。人为因素造成的火灾是建筑火灾中最常见的，占到了发生火灾的大部分。人为因素造成火灾主要表现为两个方面：一是工作和生活中的疏忽大意，这往往是火灾的直接原因，如违反操作规程带电工作而产生电火花，乱扔临时电线，超负荷用电，电器使用不当，乱扔烟头、火柴梗等；二是违法犯罪分子故意纵火。

(2)电气事故。随着生活水平的提高,人们生活中所用的电气设备越来越多,住宅内布线也更加复杂。电气设备质量不好,安装不当,线路老化且维护不及时,绝缘破损引起线路短路,防雷、避雷接地不合要求等,都有可能造成火灾。

(3)可燃物的引燃。由于人们生活与工作的需要,现代建筑内往往存有大量的可燃物,还有一些易燃易爆化学品,即使常温下也会自燃或爆炸,这些物品都是火灾的隐患。

此外,一些自然现象如火山喷发、雷击、森林大火及地震等,也是造成建筑火灾的原因。

2. 火灾的特点

一般来说,火灾形成及蔓延分为3个阶段,即初始阶段、阴燃阶段和火焰燃烧阶段。建筑火灾与其他火灾相比,具有火势蔓延迅速、人员及物资疏散困难、扑救难度大、容易造成人员伤亡事故和经济损失严重的特点。

(1)火势蔓延迅速。现代建筑物,特别是高层建筑物,楼内布满了各种竖井及管道,犹如一个个烟囱。资料表明,烟囱效应可以使火焰及烟雾垂直腾升速度达到水平流动速度的8倍,且建筑物越高,其传播速度也就越快。另外,建筑物内部装修时,常把大量有机材料或可燃、易燃物质带进建筑物,一旦着火,遍布各处的可燃材料就会造成火灾的快速蔓延。

(2)人员及物资疏散困难。高层建筑物中人员相对密集,发生火灾时,人员与物资的疏散速度比烟气流速慢很多,而且是逆烟火方向,更加影响疏散的速度。一旦疏散组织不当,就会造成人员盲目流动,拥挤混乱,进一步增加疏散的难度。因此,在建筑消防系统中必须设有减灾、应急设施,以便使火灾损失降到最小。

(3)扑救难度大。高层建筑物火灾的扑救难度比一般建筑物大得多。高层建筑物多是裙楼围绕主楼的布局,楼群密集,使消防车难以接近火场和火源。限于经济及技术等原因,目前我国还难以大量装备现代化灭火车、大功率泵以及消防直升机等灭火新型设备,经济发达的大中城市消防部门使用的消防云梯车一般在 50 m 左右,部分特大城市消防部门配备的消防云梯车达到 90 m 左右,但数量极为有限,而灭火水枪喷水扬程又是有限的,从而造成灭火的难度大、效果差。这就对建筑物内部的自动消防系统及设施提出了更高的要求。

(二)建筑消防系统的特点和重要性

建筑消防系统是建筑设备自动化系统的组成部分。所谓建筑消防系统,就是在建筑物内建立的自动监控、自动灭火的自动化消防系统。一旦建筑物发生火灾,该系统就是主要灭火力量。目前,建筑消防系统已经可以实现自动监测现场火情信号,确认火灾,发出声光报警信号,启动相应设备进行自动灭火、排烟,封闭着火区域,引导人员疏散等功能,还能与上级消防控制单位进行通信联络,发出救灾请求。

现代化建筑消防系统,尤其是服务于高层建筑物的建筑消防系统,是一个功能齐全的有先进控制技术的自动化系统。建筑消防系统的设计与制造,大量融入了计算机控制技术、电子技术、通信技术、网络技术等现代科技,消防设备的生产已经走向通用化、系列化、标准化。在结构上,组成建筑系统的设备、器件具有结构紧凑、反应灵敏、可靠性高、模块化设计、易于组装等特点,同时因为采用了冗余技术、自诊断技术等先进技术,使系统具有良好的性能指标。

建筑消防系统在建筑物防火灭火中意义重大，建筑消防系统的设计、施工与应用贯彻"预防为主，防消结合"这一消防工作指导方针。在我国，建筑消防系统已经提高到法制化的高度，针对有关建筑消防系统的施工、应用、管理等工作已经制定了一系列强制实施的法律法规和技术规范，必须严格执行。

(三)建筑物高度分界线

建筑物的高度是指建筑物室外地面到建筑物檐口或女儿墙顶部的高度。此高度对建筑消防系统的规划与实施有重要影响。国家标准《民用建筑设计统一标准》(GB 50352—2019)中将建筑高度大于27.0 mm的住宅建筑和建筑高度大于24.0 m的非单层公共建筑(且高度不大于100.0 m)划分为高层建筑，将建筑高度超过100 m的民用建筑划分为超高层建筑。需要注意的是，对于高层建筑，各国的规定并不一致。

(四)建筑消防系统的结构与组成

一个完整的建筑消防系统应该包括火灾自动报警系统、灭火及消防联动系统。火灾自动报警系统主要由探测器、报警显示、火灾自动报警控制器等组成。灭火及消防联动系统包括灭火装置、减灾装置、避难应急装置、广播通信装置。其组成结构如图3-37所示。

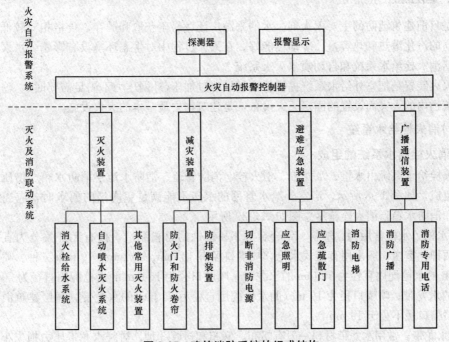

图3-37 建筑消防系统的组成结构

1. 火灾自动报警系统

火灾自动报警系统主要由探测器、报警显示和火灾自动报警控制器等构成，探测器能在火灾初期监控感知烟温等的变化，实现预先报警并在主控屏上显示报警信号。一旦确认为火灾，将启动灭火及消防联动系统。

2. 灭火及消防联动系统

（1）灭火装置。灭火装置是建筑消防系统的重要组成部分，可分为水灭火装置和其他常用灭火装置，其中水灭火装置又分消火栓给水系统和自动喷水灭火系统；其他常用灭火装置分为气体灭火系统、干粉灭火系统、泡沫灭火系统、卤代烷灭火系统和移动式灭火器等。

（2）减灾装置。在建筑消防系统中，不仅要妥善考虑灭火的各种问题，而且必须采取减灾措施，一旦发生火灾可将火灾损失减少到最小。常用的减灾装置有防火门，防火卷帘，防排烟装置等。

（3）避难应急装置。火灾发生后，为了及时通报火情，有序疏散人员，迅速扑救火灾，建筑消防系统须设置专用的应急照明、消防电梯等避难应急装置。

（4）广播通信装置。广播通信装置包括消防广播、消防专用电话等，是及时通报火灾情况，统一指挥疏散人员的必备设施。

二、消防给水系统

水是目前建筑消防的主要灭火剂。水的来源广泛，易于获取和贮存，价格相对较低，同时具有很高的汽化潜热和热容量，冷却性能好，在灭火过程中对生态环境没有影响。水灭火装置主要包括消火栓给水系统和自动喷水灭火系统。

水灭火装置是把室外给水系统提供的水量，经过加压（外网压力不满足需要时）、输送用于扑灭建筑物内的火灾而设置的固定灭火设备，是建筑物中最基本的灭火设施。

（一）消火栓给水系统

1. 消火栓给水系统的组成

消火栓给水系统由水枪、水龙带、消火栓、消防管道、消防水池、消防水箱、增压设备和水源等组成，如图 3-38 所示。当室外给水管网的水压不能满足室内消防要求时，应当设置消防水泵和消防水箱。消火栓箱示意图如图 3-39 所示。

（1）水枪。水枪常用铜、塑料、铝合金等不易锈蚀的材料制造，按有无开关分为直流式和开关式两种。室内一般采用直流式水枪，喷嘴口径有 13 mm、16 mm、19 mm 三种。喷嘴口径为 13 mm 的水枪配用直径为 50 mm 的水龙带；喷嘴口径为 16 mm 的水枪配用直径为 50 mm 或 65 mm 的水龙带；喷嘴口径为 19 mm 的水枪配用直径为 65 mm 的水龙带。高层建筑消防系统的水枪喷嘴口径不小于 19 mm。

（2）水龙带。常用水龙带材料一般有帆布、麻布和衬胶 3 种。衬胶水龙带压力损失小，但抗折叠性能不如帆布、麻布水龙带好。常用水龙带直径有 50 m 和 65 m 两种，长度为 15 m、20 m、25 m 等，不宜超过 25 m。水龙带一端与消火栓相连，另一端与水枪相接。

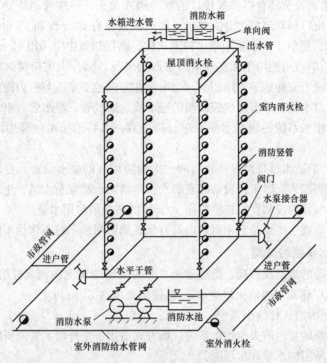

图 3-38 消火栓给水系统

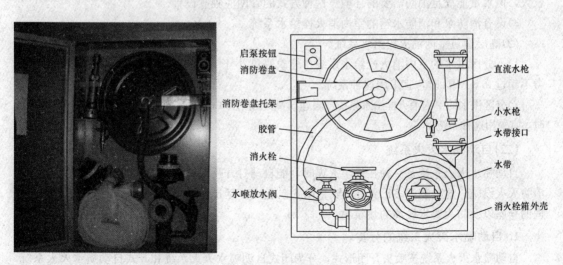

图 3-39 消火栓箱示意

(3)消火栓。消火栓是具有内扣式接口的球形阀式龙头,一端与消防立管相连,另一端与水龙带相接,有单出口和双出口之分。单出口消火栓直径有 50 mm 和 65 mm 两种,双出口消火栓直径为 65 mm。建筑中一般采用单出口消火栓;高层建筑中应采用 65 mm 口径的消火栓。

(4)消防水池。消防水池用于无室外消防水源的情况,储存火灾持续时间内的室内消防用水量。消防水池可设于室外地下或地面上,也可设在室内地下室或与室内游泳池、水景水池兼用。消防水池应设溢水管、带有水位控制阀的进水管、通气管、泄水管、出水管及水位指示器等装置。根据各种用水系统的供水水质要求是否一致,可将消防水池与生活或生产储水池合用,也可单独设置。

(5)消防水箱。消防水箱是储存扑救初期火灾消防用水的储水设备,它提供扑救初期火灾的水量和保证扑救初期火灾时灭火设备必要的水压。消防水箱宜与生活、生产水箱合用,以防止水质变坏。消防水箱内应储存可连续使用 10 min 的室内消防用水量。

消防水箱与生活或生产水箱合用时,应具有保证消防用水平时不作他用的技术措施。

2. 消火栓给水系统的类型

消火栓给水系统的类型按照高、低层建筑,分为低层建筑室内消火栓给水系统(建筑高度在 24 m 以下)和高层建筑室内消火栓给水系统(建筑高度在 24 m 以上)。

(1)低层建筑室内消火栓给水系统。

1)无水箱、水泵的室内消火栓给水系统:该方式适用于室外给水管网所供水量和水压能满足消火栓给水系统所需的水量和水压时。

2)仅设水箱不设水泵的室内消火栓给水系统:该方式适用于室外给水管网一日间压力变化较大,但水量能满足消防需要的环境。这种方式的管网应独立设置。

3)设有消防泵和消防水箱的室内消火栓给水系统。

(2)高层建筑室内消火栓给水系统。

1)不分区供水的室内消火栓给水系统:建筑高度小于 50 m 的高层建筑,消火栓处静水压力不超过 0.8 MPa 时,宜采用这种系统。

2)分区供水的室内消火栓给水系统:当建筑高度超过 50 m 或消火栓处静水压力超过 0.8 MPa 时,宜采用这种系统。

(二)自动喷水灭火系统

自动喷水灭火系统是一种在发生火灾时,能自动打开喷头喷水灭火并同时发出火警信号的消防灭火设施。这种装置多设置在火灾危险大、起火蔓延迅速的场所,或者容易自燃而无人管理的仓库以及防火要求较高的建筑物。

1. 自动喷水灭火系统的分类

自动喷水灭火系统按喷头开闭形式,分为闭式自动喷水灭火系统和开式自动喷水灭火系统。前者有湿式、干式、干湿式和预作用自动喷水灭火系统之分,后者有雨淋喷水灭火系统、水幕消防系统和水喷雾灭火系统之分。每种自动喷水灭火系统都有其适用范围,具体见表 3-16。

表 3-16　各种类型自动喷水灭火系统的适用范围

系统类型		适用范围
闭式系统	湿式自动喷水灭火系统	因管网及喷头中充水,故适用于环境温度为 4 ℃～70 ℃的建筑物
	干式自动喷水灭火系统	系统报警阀后充气,故适用于环境温度低于 4 ℃及高于 70 ℃的建筑物
	干湿式自动喷水灭火系统	适用于供暖期不少于 120 天的供暖地区中不供暖的建筑物
	预作用自动喷水灭火系统	适用于高级宾馆、重要办公楼、大型商场等不允许因误喷而造成水渍损失的建筑物,也适用于干式系统适用的场所
开式系统	雨淋喷水灭火系统	适用于严重危险级的建筑物、构筑物
	水幕消防系统	可起到冷却、阻火、防火带作用,故适用于建筑需要保护或防火隔断部位
	水喷雾灭火系统	喷雾主要起冷却、窒息、冲击乳化的稀释作用,故适用于飞机制造厂、电气设备、石油化工厂等

2. 闭式自动喷水灭火系统

(1)湿式自动喷水灭火系统。湿式自动喷水灭火系统具有自动探测、报警和喷水的功能,也可以与火灾自动报警控制器联合使用,使其更加安全、可靠。这种系统由于其供水管路和喷头内始终充满压力水,故称为湿式自动喷水灭火系统。湿式自动喷水灭火系统由闭式喷头、管道系统、湿式报警阀、报警装置和供水设施等组成。发生火灾时,火焰或高温气流使闭式喷头的热敏元件动作,闭式喷头开启,喷水灭火。此时,管网中的水由静止变为流动,使水流指示器动作送出电信号,在火灾自动报警控制器上指示某一区域已在喷水,闭式喷头开启持续喷水泄压造成湿式报警阀上部水压低于下部水压,在压力差的作用下,原来处于关闭状态的湿式报警阀自动开启,压力水通过湿式报警阀流向灭火管网,同时打开通向水力警铃的通道,水流冲击水力警铃发出声响报警信号。控制中心根据水流指示器或压力开关的报警信号,自动启动消防水泵向系统加压供水,达到持续自动喷水灭火的目的,其工作原理如图 3-40 所示。

湿式自动喷水灭火系统的特点是:结构简单,施工、管理方便;经济性好;灭火速度快,控制率高;适用范围广。该系统适用于设置在室内温度不低于 4 ℃且不高于 70 ℃的建筑物、构筑物内。

(2)干式自动喷水灭火系统。干式自动喷水灭火系统由闭式喷头、管道系统、干式报警阀、充气设备、报警装置和供水设施等组成,由于干式报警阀后的管道内充以有压气体,故称为干式喷水灭火系统。

干式自动喷水灭火系统的特点是:干式报警阀后的管道中无水,故可避免冻结和水汽化的危险;由于闭式喷头受热开启后有一个排气过程,所以灭火速度比湿式系统慢。因为有充气设备,建设投资较高,平常管理也比较复杂、要求高。干式自动喷水灭火系统适用于环境温度在 4 ℃以下和 70 ℃以上而不宜采用湿式自动喷水灭火系统的地方。干式自动喷水灭火系统的工作原理如图 3-41 所示。

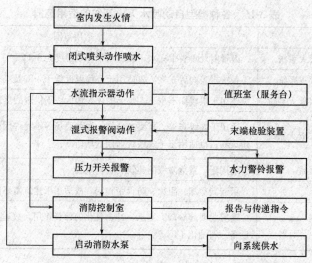

图 3-40　湿式自动喷水灭火系统的工作原理

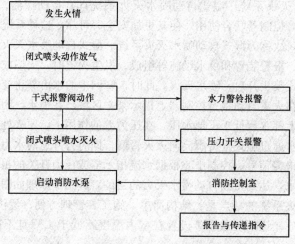

图 3-41　湿式自动喷水灭火系统的工作原理

(3)干湿式自动喷水灭火系统。干湿式自动喷水灭火系统可称为干湿两用系统(又称干湿交替系统),是把干式和湿式两种系统的优点结合在一起的一种自动喷水灭火系统,在环境温度高于70℃、低于4℃时系统呈干式,在环境温度在4℃~70℃时转化为湿式系统。

干、湿两种系统交替使用时,只需要在两用报警阀内采取如下措施:在寒冷季节将报警阀的销板脱开片板,接通气源,使管路充满压缩空气,呈干式工作状态;在温暖季节只需切断气源,使管路充满压力水,即可成为湿式系统。

干湿式自动喷水灭火系统交替使用水、气,最适合季节温度变化比较明显又在寒冷时期无采暖设备的场所。但其对管道腐蚀较为严重，每年水、气各换一次，管理烦琐，因此尽量不采用。

(4)预作用自动喷水灭火系统。预作用自动喷水灭火系统由火灾探测报警系统、闭式喷头、预作用阀、充气设备、管道系统及控制组件等组成。通常安装在既需要用水灭火但又绝对不允许发生非火灾跑水的地方，如图书馆、档案馆及计算机房等。

预作用自动喷水灭火系统的特点是：在预作用阀以后的管网中平时不充水，而充加压空气或氮气，或是干管，只有在发生火灾时，火灾探测报警系统自动打开预作用阀，才使管道充水变成湿式系统，可避免系统破损造成水渍损失；同时，它没有干式自动喷水灭火系统必须待闭式喷头动作后排完气才能喷水灭火、延迟闭式喷头喷水时间的缺点；另外，系统有早期报警装置，能在闭式喷头动作之前及时报警，以便及早组织扑救。系统将湿式自动喷水灭火系统与电子报警技术和自动化技术紧密结合，更加完善和安全，从而扩大了系统的应用范围。

3. 开式自动喷水灭火系统

(1)雨淋喷水灭火系统。雨淋喷水灭火系统由开式喷头、闭式喷头、雨淋阀、火灾探测器、报警控制系统、供水系统组成。

当建筑在系统保护区内任一处发生火灾时，火灾探测器会把火灾信号及时传输到自动灭火控制器，自动灭火控制器及时开启雨淋阀，压力水立即充满管网，使全部开式喷头同时喷水灭火。

雨淋喷水灭火系统的优点是：反应快，可实现迅速灭火，整个系统出水迅速，喷水量大，覆盖面广，降温效果好，灭火效率显著，适用于控制来势凶猛、蔓延快的火灾；其缺点是：系统启动完全由自动控制系统操纵，因此对自动控制系统的可靠性要求比较高。

(2)水幕消防系统。水幕消防系统不能直接扑灭火灾，而是喷出水帘幕状的水，阻挡火焰热气流和热辐射向邻近保护区扩散，起到防火分隔作用。水幕消防系统由水幕喷头、雨淋阀、控制设备、供水系统组成。其工作原理与雨淋喷水灭火系统基本相同，只是喷头出水的状态及作用不同。两者的主要区别是：水幕喷头喷出的水形成水帘状，因此水幕消防系统不直接用于扑灭火灾，而与防火卷帘、防火幕配合使用，用于防火隔断、防火分区以及局部降温保护等。

水幕消防系统按其作用可分为3种类型：冷却型、阻火型和防火型。其特点与雨淋喷水灭火系统基本相同，强调自动控制系统的高可靠性。

(3)水喷雾灭火系统。水喷雾灭火系统是利用雾化喷头在较高的水压力作用下，将水流分离成细小水雾滴，喷向保护对象而实现灭火和防护冷却作用的。

水喷雾灭火系统的工作原理与雨淋喷水灭火系统、水幕消防系统基本相同。水喷雾灭火系统利用高压水，经过各种形式的雾化喷头将雾状水流喷射在燃烧物表面时，会产生表面冷却、窒息、冲击乳化和稀释4种作用，以此实现灭火效果。水喷雾灭火系统不仅在扑灭一般固体可燃物火灾中提高了水的灭火效率，而且由于细小水雾滴形态所具有的不会造成液体飞溅、电气绝缘度高的特点，在扑灭液体火灾和电气火灾中得到广泛应用。

水喷雾灭火系统用水量少，冷却和灭火效果好，使用范围广泛。该系统适用于扑救固体火灾、闪点高于60 ℃的液体火灾和电气火灾，能对可燃气体和甲、乙、丙类液体的生产、储存装置及装卸设施进行防护冷却。水喷雾灭火系统由雾化喷头、管网、雨淋阀组给水设备、火灾自动报警控制系统等组成。

4. 自动喷水灭火系统的主要组件

(1)闭式喷头。闭式喷头由喷水口、感温释放机构和溅水盘等组成,在系统中担负着探测火灾、启动系统和喷水灭火的任务。平时闭式喷头出水口用释放机构封闭住,灭火时释放机构自动脱落,闭式喷头开始喷水。

闭式喷头按感温元件的不同,分为玻璃球洒水喷头和易熔元件洒水喷头两种,如图3-42所示。

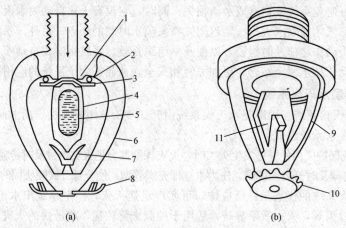

图 3-42 闭式喷头

(a)玻璃球洒水喷头;(b)易熔元件洒水喷头

1—阀座;2—填圈;3—阀片;4—玻璃球;5—色液;6—支架;

7—锥套;8—溅水盘;9—支架;10—溅水;11—锁片

(2)开式喷头。开式喷头有开式洒水喷头、水幕喷头和雾化喷头3种形式。

1)开式洒水喷头是无释放机构的开式喷头,其喷头是敞开的。按安装形式可分为直立式和下垂式,按结构可分为单臂和双臂两种,如图3-43所示。

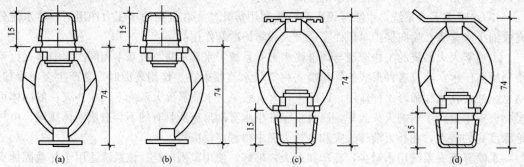

图 3-43 开式洒水喷头(单位:mm)

(a)双臂下垂式;(b)单臂下垂式;(c)双臂直立式;(d)双臂边墙式

2)水幕喷头。水幕喷头是开口的喷头,可将水喷洒成水帘状,成组布置时可形成一道水幕。其按构造和用途不同,可分为窗口式和檐口式。

3)雾化喷头。雾化喷头是在一定压力下,利用离心或撞击原理将水分解成细小水滴以锥形喷出的喷水部件。雾化喷头可分为中速雾化喷头和高速雾化喷头两种。

(3)报警阀。报警阀的作用是开启和关闭管网的水流,传递控制信号至控制系统并启动水力警铃直接报警,一般有湿式、干式和雨淋式3种类型。

1)湿式报警阀用于湿式系统,按结构形式不同有座圈型湿式报警阀、导阀型湿式报警阀和蝶阀型湿式报警阀。

2)干式报警阀用于干式系统。其阀瓣将阀门分成出口侧与系统管路和喷头相连两部分,内充压缩空气,进口侧与水源相连,干式报警阀利用两侧气压和水压作用在阀瓣上的力矩差控制阀瓣的封闭和开启。

3)雨淋式报警阀在自动喷水灭火系统中用于预作用自动喷水灭火系统,也可用于雨淋喷水灭火系统、水幕消防系统和水喷雾灭火系统。雨淋阀式报警可用自动控制系统控制,也可手动控制开启。

(4)报警控制装置。报警控制装置是指在自动喷水灭火系统中起监测、控制、报警作用,并能发出声、光等信号的装置,主要由报警控制器、监测器和报警器等组成。

(5)附件和配件。附件和配件是提高自动喷水灭火系统的灭火效能或施工安装、使用及维修所必需的部件和专用工具,包括传动装置、延迟装置、快开装置、压力调节装置等。

三、其他常用灭火装置

(一)气体灭火系统

以气体为灭火介质的灭火系统称为气体灭火系统。根据介质的不同,气体灭火系统可以分为二氧化碳灭火系统、惰性气体灭火系统、卤代烷灭火系统和热气溶胶灭火系统。气体灭火系统主要用于保护大型计算机、通信控制机房、资料档案库、博物馆、珍藏库等不适宜用水来灭火的场所。

(二)干粉灭火系统

干粉灭火系统是一种由干粉供应源通过输送管道连接到固定的喷嘴上,通过喷嘴喷放干粉的灭火系统。它依靠高压气体(氮气、二氧化碳等)的压力,将干粉通过输送管道经喷头施放到保护区域或对象,达到灭火的目的。

(三)泡沫灭火系统

泡沫灭火系统是将蛋白泡沫液、水成膜泡沫液等施放到燃烧物表面,形成泡沫层,以达到降低温度、隔绝空气,从而灭火的目的。泡沫灭火系统主要用于扑救易燃液体的火灾或大面积的流淌火灾,在石油化工行业应用较多。

四、建筑火灾的防、排烟系统

高层建筑在发生火灾时，会产生大量浓烟，这些浓烟是火灾致死的首要原因。同时烟气有遮光作用，使人的能见距离减小，妨碍人员疏散和火灾扑救。因此高层建筑的防、排烟问题尤为重要。

防、排烟的目的是将火灾产生的大量烟气及时予以排除，阻止烟气向防烟区以外扩散，以确保建筑物内人员的顺利疏散、安全避难和为消防队员创造有利的扑救条件。

(一)火灾烟气的控制

火灾烟气的控制主要有 3 种方法：

(1)隔断或阻挡。墙、楼板、门等都具有隔断烟气传播的作用。

(2)排烟。利用自然和机械的作用力，将烟气排到室外，降低火区的压力。利用自然作用力的排烟称为自然排烟；利用机械(风力)作用力的排烟称为机械排烟。

(3)加压排烟。用风机将室外空气源源不断地送入某区域，使该区域的空气压力高于火灾区域的空气压力，阻止烟气的侵入，控制火势的蔓延。

(二)建筑防、排烟系统

建筑防、排烟系统由防烟系统和排烟系统两个相互关联的系统组成。

1. 防烟系统

(1)防火分区。防火分区是指用防火墙、楼板、防火门或防火卷帘等分隔的区域，可以将火灾限制在一定局部区域内，不使火势蔓延。当然，防火分区的隔断同样也对烟气起了隔断作用。在建筑物中应合理地进行防火分区，每层应做水平防火分区，垂直方向也要做防火分区。

水平防火分区的分隔要依靠防火墙，也可以利用防火水幕带或防火卷帘加水幕。防火墙是指由非燃烧材料组成、直接砌筑在基础上或钢筋混凝土框架梁上、耐火极限不小于 3 h 的墙体。防火墙上尽量不开洞口，必须开设时，应设耐火极限不小于 1.2 h 的防火门窗。

竖直方向通常每层划分为一个防火分区，以耐火楼板为分隔。对于在两层或多层之间设有各种开口，如设有开敞楼梯、自动扶梯、中庭的建筑，应把连通部分作为一个竖向防火分区的整体考虑，且连通部分各层面积之和不应超过允许的水平防火分区的面积。

(2)防烟分区。防烟分区是指用挡烟垂壁、挡烟梁、挡烟隔墙等划分的，可把烟气限制在一定范围的空间区域。防烟分区是对防火分区的细分化，防烟分区内不能防止火灾的扩大。它是为了有利于建筑物内人员安全疏散与有组织排烟而采取的技术措施。防烟分区使烟气集中于设定空间，通过排烟设施将烟气排至室外。防烟分区范围是指以屋顶挡烟隔板、挡烟垂壁或从顶棚向下突出不小于 500 mm 的梁为界，从地板到屋顶或吊顶之间的规定空间。

防烟分区和防火分区的划分方法基本相同，即按每层楼面作为一个垂直防烟分区；每个楼面的防烟分区可在每个水平防火分区内划分出若干个。防烟分区不应跨越防火分区。每个防烟分区的面积不应超过 500 m²，对装有自动灭火设备的建筑物其面积可增大一倍。此外，应注意竖井分区，如商场的中央自动扶梯处是一个大开口，应设置用烟感探测器控制的隔烟防火卷帘。

2. 排烟系统

排烟的部位有两类：着火区和疏散通道。着火区排烟的目的是将火灾发生的烟气排到室外，以降低着火区的压力，不使烟气流向非着火区。疏散通道的排烟是为了排除可能侵入的烟气，以利于人员安全疏散及救火人员通行。排烟分为自然排烟和机械排烟。

(1)自然排烟。自然排烟是利用火灾产生的高温烟气的浮力作用或自然界本身的风压，通过建筑物的对外开口(如门、窗、阳台等)或排烟竖井，将室内烟气排至室外。

自然排烟的优点是不需电源和风机设备，可兼作平时通风用，避免设备的闲置；其缺点是受室外风向、风速和建筑本身的密封性或热作用的影响，排烟效果不大稳定。当开口部位在迎风面时，不仅排烟效果有所降低，有时还可能使烟气流向其他房间。

在高层建筑中除建筑物高度超过 50 m 的一类公共建筑和建筑高度超过 100 m 的居住建筑外，靠外墙的防烟楼梯间及其室、消防电梯间前室和合用前室以及净空高度小于 12 m 的中庭均宜用自然排烟方式。自然排烟主要有两种方式：一是利用外窗、阳台、凹廊或排烟楼梯间进行的无组织排烟，如图 3-44(a)、(b)、(c)所示；二是利用专设的排烟竖井和排烟口排烟，如图 3-44(d)所示。在高层建筑中，因排烟竖井会占用较大建筑面积，且维护困难、排烟效果不理想，已经较少采用。

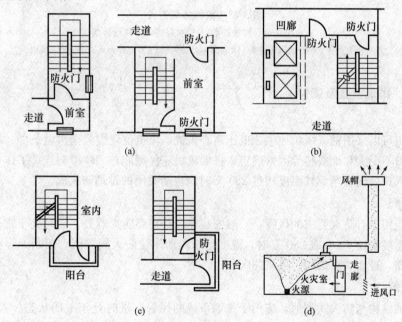

图 3-44 自然排烟方式
(a)靠外墙的防烟楼梯间及其前室；(b)带凹廊的防烟楼梯间；
(c)带阳台的防烟楼梯间；(d)竖井排烟

(2)机械排烟。机械排烟方式是将火灾产生的烟气通过排烟风机排到室外,如图3-45所示。机械排烟可分为局部排烟和集中排烟两种方式。局部排烟方式是在每个需要排烟的部位设置独立的排烟风机直接进行排烟。局部排烟方式投资大,而且排烟风机分散,维修管理麻烦,所以很少采用。如采用,一般与通风换气要求相结合,即平时可兼作通风排风使用。集中排烟就是把建筑物划分为若干个系统,每个系统设置一台大型排烟机,系统内各个房间的烟气通过排烟口进入排烟管道引到排烟机直接排至室外。机械排烟的优点是受室外风压影响小,能有效地保证疏散通路,使烟气不向其他区域扩散;其缺点是有关设备要能耐受高温烟气的影响,管理维护相对较复杂。

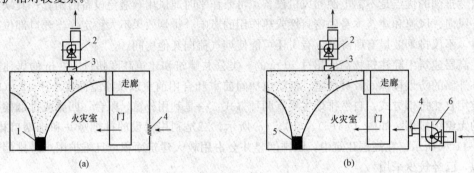

图3-45 机械排烟方式
(a)自然进风,机械排烟;(b)机械进风,机械排烟
1—着火点;2—排烟风机;3—排烟口;4—进风口;5—着火点;6—进风风机

(三)防、排烟设备及部件

1. 风机

防烟风机可以采用轴流风机或中、低压离心风机,风机位置应根据供电条件、风量分配均衡、新风入口不受火和烟威胁等因素确定。排烟风机应保证能在280 ℃时连续工作30 min,并应在其机房入口处设有当烟气温度超过280 ℃时能自动关闭的排烟防火阀。

2. 防火阀

防火阀应用于有防火要求的风管,一般安装在风管穿越防火墙处,平时处于常开状态。发生火灾时,温度超过70 ℃或280 ℃时,温度熔断器动作使防火阀关闭,切断火势和烟气沿风管蔓延的通路,进而联动送(补)风机关闭。

3. 排烟阀

排烟阀的结构与防火阀类似,应用于排烟系统的风管,平时处于关闭状态。火灾发生时,烟感探测器发出火警信号,控制装置使排烟阀打开,通过排烟口排烟。

4. 排烟防火阀

排烟防火阀的结构与防火阀类似,适用于排烟系统管道上或风机吸入口处,兼有排烟阀和防火阀的功能，平时处于关闭状态。需要排烟时，其动作和功能与排烟阀相同，可自动开启排烟。当管道气流温度达到 280 ℃时，排烟防火阀的易熔金属熔断而自动关闭，切断气流，防止火势蔓延。

5. 防火门

防火门是指在一定时间内能满足耐火稳定性、完整性和隔热性要求的门，是建筑物防火分隔措施之一，通常用在防火墙上、疏散楼梯间出入口或管井开口部位。防火门按其耐火极限，分为甲、乙、丙 3 级。防火门可分为手动型和自动型。手动型防火门一般为常闭状态，平时或发生火灾时，人员都可以手动开启通过。自动型防火门平时处于开启状态，人员可以自由通过，发生火灾时，可以通过手动或自动控制来关闭。自动控制是由火灾探测器或联动控制盘来发送控制信号。防火门关闭后，应有关闭信号反馈到联动控制盘或消防控制中心。

重点保护建筑中的电动防火门应在现场自动关闭，不宜在消防控制室集中控制。为了实现现场控制，防火门两侧应设有专用的烟感探测器组成探测控制电路。

6. 挡烟垂壁

挡烟垂壁是建筑物内大空间防、排烟系统中做烟区分隔的装置，用不燃烧材料制成，分为固定式和活动式两种。

7. 防火卷帘

防火卷帘是一种活动的防火分隔物，一般用钢板、无机布等材料制作，以扣环或铰接的方法组成，平时卷起在门窗上口的转轴箱中，起火时将其放下展开，用来阻止火势从门窗洞口蔓延。

(四)建筑消防系统其他设备设施

1. 消防电梯

消防电梯属于消防系统的应急避难装置，它是具有耐火封闭结构、防烟室和专用电源，在火灾情况下供消防队使用的电梯，高层建筑按照规定必须设置消防电梯。我国规定高层建筑、塔式住宅、12 层以上的单元式和通廊式住宅，以及高度在 32 m 以上的二类高层建筑，其主体楼层面积 1 500 m² 以内时应设 1 台消防电梯，面积 1 500~4 500 m² 时设 2 台，面积超过 4 500 m² 时则设 3 台，且宜分别在不同的防火区内设置。

当建筑物起火后，非消防电梯必须全部回到首层，若火灾发生在首层则应停于较近层，待人员撤离后应锁上停止使用，而消防电梯由消防队员操纵投入灭火救援战斗，消防队员掀动控制按钮，或将专用钥匙插入切换开关（通常设在首层电梯门旁）。消防电梯也能回到首层供消防队员使用。

为了防止烟火侵入电梯井道及轿厢，消防电梯必须设前室进行保护。前室既是消防队员开展灭火战斗的基地，又是被救护伤员的暂时避难场所。因此，前室兼有保护、基地及避难三重作用。

2. 应急照明

应急照明属于消防系统的应急装置。完善的事故照明与紧急疏散指示标志能为火灾逃生提供良好的条件。按照规定，救生通道必须设置事故照明与紧急疏散指示系统。

3. 火灾监控系统设备设施

火灾监控系统是以火灾为监控对象，为及时发现和通报火情，并采取有效措施控制和扑灭火灾而设置在建筑物内的自动消防设施，它由火灾自动报警系统和联动控制灭火系统两个子系统组成。

4. 消防控制中心

消防控制中心是设置火灾自动报警控制设备和消防联动控制设备的专门场所，用于接收、显示、处理火灾报警信号，控制有关的消防设施。消防控制中心的设备由火灾报警控制器、消防联动控制装置以及消防通信设备等组成。

5. 消防电源及传输导线

消防控制中心，消防水泵，消防电梯，防、排烟设施，火灾自动报警、自动灭火装置，火灾事故照明，疏散指示标志，电动防火门窗、卷帘、阀门等消防用电，按建筑防火等级要求，一类建筑按一级负荷要求供电，二类建筑按二级负荷要求供电。

五、建筑消防系统管理与维护

建筑消防系统投入运行后，使用单位必须做好管理和维护，保证系统常备不懈地处于准工作状态，一旦发生火情，能立刻进入供水灭火的工作状态。

(一)消防设备管理的内容

消防设备管理主要是对消防设备的养护与维护，应做好以下几方面的检查工作：
(1)集中报警控制器的检查。
(2)消防泵(喷淋泵、稳压泵)的检查。
(3)水泵接合器的检查。
(4)消火栓的检查。
(5)火灾探测器的检查。
(6)消防电源、消防卷帘的检查。
(7)消防联动控制设备的检查。
(8)防火门的检查。
(9)紧急广播的检查。
(10)防、排烟系统，气体灭火系统的检查。

(二)消防管理的基本制度

物业管理部门要结合建筑物的实际情况，严格建立以下消防管理制度：
(1)消防控制中心值班制度。消防控制中心要建立 24 h 值班制度，并要求值班人员具有消防基本知识，而且对建筑物内的消防设备有充分的了解，并懂得火灾事故处理程序。同时，值班人员要有高度的责任心和判断事物的敏锐性。

(2)防火档案制度。物业管理部门要建立防火档案制度,对火灾隐患、消防设备状况、重点消防部位、前期消防工作概况等要记录在案,以备随时查阅,还要根据档案记载的前期消防工作概况定期进行研究,不断提高防火、灭火的水平和效率。

(3)防火岗位责任制度。要建立各级领导负责的逐级防火岗位责任制度,上至公司领导,下至消防员,都要对消防负有一定的责任。

(三)消火栓给水系统的管理与维护

1. 消火栓箱的管理与维护

消火栓箱应经常保持清洁、干燥,防止锈蚀、碰伤或其他损坏,并定期进行全面的检查维修。检查包括以下内容:

(1)消火栓和消防卷盘供水闸间不应有渗漏现象。

(2)水枪、水龙带、消防卷盘及全部附件应齐全、良好,消防卷盘应转动灵活,报警按钮、指示灯及控制线路功能正常,无故障。

(3)消火栓箱及箱内配装的消防部件的外观应无破损,涂层无脱落,箱门玻璃完好无缺。

(4)消火栓、供水阀门及消防卷盘等所有消防部件转动部位应定期加注润滑油。

2. 消防水箱的管理与维护

消防水箱应保持10 min室内消防用水量。消防水箱的设置高度应满足本区所需的消防压力。一般消防水箱不再独立设置,而由生活水箱兼任,但物业服务企业应防止因消防储水部分长期不用而水质变坏的问题发生。根据消防水箱不同的故障,可采用不同的检修措施:

(1)及时检查人孔密封垫、管接口、压力调节管接头、阀门、补焊等部位。

(2)及时检查修理止回阀、水锤消除器和气压调节器等部位。

(3)调整水泵叶轮转向,疏通全部管道。

(四)自动喷水灭火系统管理与维护

自动喷水灭火系统投入使用后,主管单位应建立日常检测、维护、管理制度,确保系统随时处于准工作状态,实践证明,一些使用单位平时忽视了对系统的管理维护及检测试验工作。火灾发生后,系统不能启动或灭火效果不佳,从而造成了巨大损失。因此,必须重视系统的日常维护管理和检测试验工作。自动喷水灭火系统的日常维护管理工作内容及要求见表3-17。

表3-17 自动喷水灭火系统日常维护管理工作内容及要求

序号	维护管理部位	维护管理工作内容及要求	维护周期
1	水源	测试供水能力,符合设计要求	每年
2	蓄水池	检测水位计及消防储备水不被挪作他用,正常	每月
3	消防气压给水设备	检测气压、水位符合工作条件要求	每月
4	设置储水设备房间	检查室温,不低于5 ℃	寒冷季节每天

续表

序号	维护管理部位	维护管理工作内容及要求	维护周期
5	储水设备	检查结构材料完好、无锈蚀	每两年
6	电动消防水泵	启动试运转正常；水量、水压符合要求	每月
7	内燃机驱动消防水泵	启动试运转正常；水量、水压符合要求	每星期
8	报警阀	放水试验，启动性能正常	每季度
9	水源控制阀、报警控制装置	目测巡检完好状况及开闭位置正确	每日
10	系统所有控制阀门、电磁阀	检查铅封、锁链完好，状况正常	每月
11	室外阀门井中控制阀门	检查开启状况正常	每季度
12	水泵接合器	检查完好状况	每月
13	水流指示器	试验报警正常	每两月
14	喷头	检查完好状况，清除异物，对重要场所还应定期实测动作性能	每月

(五)防、排烟系统管理与维护

1. 防、排烟系统的管理

防、排烟系统是一个复杂的、自动化程度高的系统，除了依靠拥有高技术素质和高度责任心的操作运行人员进行运转管理外，还依赖于科学的管理制度。

防、排烟系统的管理要建立以下规章制度：

(1)岗位责任制：规定配备人员的职责范围和要求。

(2)巡回检查制度：明确定时检查的内容、路线和应记录项目。

(3)交接班制度：明确交接班要求、内容及手续。

(4)设备维护保养制度：规定设备和仪表的检查、保养周期，检查的内容和要求等。

(5)清洁卫生制度：明确人员的配备和要求等。

(6)安全保卫和防火制度。

(7)制定安全操作规程。

另外，应有执行制度时的各种记录，例如运行记录、交接班记录、设备维护保养记录、事故记录等。

2. 防、排烟系统的维护

防、排烟系统的维护包括灰尘清理、巡回检查、仪表检验和系统检修。

(1)要经常清洗、更换过滤器，并不得污染滤料，安装过滤器要严密、不漏风；对于循环使用的泡沫塑料滤料,要在干净的环境中清洗和晾干并测定其效率,不合格的应更换;要经常打扫风机箱,定期上漆防锈,保持通风系统洁净,必要时对风管内部进行打扫;对消声器的材料要定期清洗或更换,保持材料干净;经常检查堵漏,减少系统漏风,定期测定空气的含尘量。

(2)巡回检查的内容:挡烟垂壁的外观,送风阀外观,风机、水泵和电动机的工作状态,轴承的温度,传送带松紧度;排烟阀外观、排烟窗外观;风机箱和风管内的防锈油漆是否脱落、水阀门是否严密、开关是否灵活;管道及设备保温是否损坏,风道阀门是否工作正常,电气导线的接头是否松动、发热。

(3)单项检查的内容:风机控制柜,排烟系统的功能,送风加压系统的功能,风速、风压值,电动排烟阀的启闭功能,电动挡烟垂壁的控制功能。对发现的问题要做到及时记录、上报,认真分析原因并寻找解决办法,及早解决问题。若不能立即解决,必须及时联系相关部门或单位共同处理,并采取必要的补救措施,确保系统的正常运行。

(六)气体灭火系统管理与维护

定期对气体灭火系统进行检查和维护是保持气体灭火系统发挥预期作用的关键,要坚持定期检查与试验,发现问题或故障应及时解决或修复。

系统启动喷射灭火剂后,应及时恢复功能,包括充装灭火剂、增压、更换密封件和对已破坏的零部件及喷嘴防尘罩进行修复、将所有阀门和控制开关复位等。

已投入使用的气体灭火系统应具备要求审核的全部文件资料及竣工验收报告,系统的操作规程和系统的检查、维护记录图表。定期检查和维护包括日常维护、月检和年检。

1. 日常维护

日常维护由专职的管理人员负责,包括清洁、油漆、修理和每周巡检等工作。

巡检应检查所有压力表、操作装置、报警系统设备和灭火设备是否处于正常工作状态;检查所有管道和喷嘴有无堵塞或损坏;核查封闭空间的情况和储放使用的可燃物是否符合原设计要求,疏散通道是否畅通。

2. 月检

月检一般要检查以下几项内容:

(1)对灭火剂储存容器、选择阀、液体单向阀、高压软管、集流管、阀驱动装置、管网与喷嘴等全部组件进行外观检查。所有组件应无碰撞变形及其他机械性损伤,表面无锈蚀,保护涂层完好,铭牌清晰。手动操作部位的防护罩、铅封和安全标志应完整。

(2)检查卤代烷灭火剂储存容器内的压力。压力降不得大于设计压力的10%。

(3)检查气动驱动装置的气动源的压力。压力降不得大于设计压力的10%。

3. 年检

每年应对系统进行两次检查,检查内容和要求除上述月检项目外,还包括下述项目:

(1)检查每个防护区的开口情况,防护区的用途及可燃物的种类、数量和分布情况,其应符合原设计规定。

(2)检查灭火剂储瓶,设备,管网和支、吊架的固定情况,其应无松动现象,高压软管应无变形、裂纹及老化现象。如有不合格项目,则应逐根进行水压强度试验和气压严密性试验。

(3)检查各喷嘴孔口,应无堵塞现象。

(4)对灭火剂储存容器逐个进行称重检查,灭火剂净质量损失不得大于设计量的5%。

(5)检查中如发现输送灭火剂管网有损伤或可能堵塞现象,应对其进行气压严密性试验和吹扫。

(6)对每个防护区进行一次模拟自动启动试验,如试验结果有不合格项目,按前述的方法和要求对相应的防护区进行一次模拟喷气试验。

维护检查工作应注意安全,防止压力容器、压力气体或电器设备对人员造成意外伤害。

(七)干粉灭火器管理与维护

干粉灭火器管理与维护的主要检查内容如下:

(1)干粉灭火器应避免高温、潮湿和有严重腐蚀的场合,防止干粉灭火剂结块、分解。干粉灭火器应放置在通风、干燥、阴凉并取用方便的地方,环境温度为-5 ℃~+45 ℃。

(2)每半年检查干粉灭火剂是否结块,储气瓶内二氧化碳气体是否泄漏。检查二氧化碳储气瓶,应将储气瓶拆下称量,检查称出的质量与储气瓶上钢印所标的数值是否相同,如小于所标值7 g以上的,应送维修部门修理。如为储压式,则检查其内部压力显示表指针是否指在绿色区域。如指针已在红色区域,则说明已发生泄漏,无法使用,应尽快送维修部门检修。

(3)干粉灭火器一经开启必须再充装。再充装时,绝对不能变换干粉灭火剂的种类,如碳酸氢钠干粉灭火器不能换装磷酸铵盐干粉灭火剂。

每次再充装前或干粉灭火器出厂3年后,应进行水压试验,对灭火器筒体和储气瓶应分别进行水压试验。水压试验压力应与该灭火器上标签或钢印所示的压力相同。水压试验合格后才能再次充装使用。

(4)维护必须由经过培训的专人负责,修理、再充装应送专业维修单位进行。

任务小结

本任务主要介绍了建筑消防系统概述、消火栓给水系统、自动喷水灭火系统、建筑火灾的防火排烟、建筑消防系统其他设备设施、建筑消防系统管理与维护等内容。

实践与训练

一、实训内容

1. 组织学生实地勘察建筑消防系统的构成。
2. 熟悉建筑消防系统设备设施。
3. 掌握建筑消防系统管理与维护。

二、实训步骤

1. 学生分组，实地勘察某建筑消防系统。可根据不同的使用功能的建筑进行分组，如针对小区、写字楼、商场或医院来分组，或根据不同的消防子系统进行分组，学生分别负责消火栓给水系统、防、排烟系统、自动喷水灭火系统等。
2. 实物拍照，查资料，列表，查找相关建筑消防系统设备设施，弄清各种设备的名称、作用和类型等信息。
3. 每组将调查结果做成PPT演示并讲解，教师点评。

思考与讨论

1. 火灾自动报警系统由哪几部分组成？各有哪些作用？
2. 灭火装置主要有哪些？
3. 为了保证正常的工作，对火灾自动报警系统要做哪些日常维护工作？
4. 火灾自动报警系统主要由哪些设备构成？各设备的功能是什么？
5. 建筑防、排烟系统有哪些类型？其是如何工作的？
6. 干式自动喷水灭火系统的特点有哪些？
7. 消防管理的基本制度有哪些？

任务五　建筑通风与空调系统的管理与维护

知识目标

1. 掌握建筑通风系统的组成和主要设备设施，了解建筑通风系统的分类。
2. 掌握自然通风和机械通风的原理和特点。
3. 了解建筑空调系统的组成与分类。
4. 熟悉常用的空调设备和空调系统的制冷设备。
5. 掌握建筑通风与空调系统管理与维护的相关知识。

能力目标

1. 熟悉建筑通风系统设备设施的名称、作用和特点。
2. 对建筑通风系统进行有效的管理与维护。
3. 能够区分不同空调系统的类型。
4. 能够正确认识和使用空调设备。
5. 能够对建筑空调系统进行科学的管理与维护。

📋 **案例引导**

中央空调通风管藏污纳垢，上班族吹出军团菌肺炎

2017年7月，一位中年男性陈先生因持续高热来医院看病，在进行肺部检查时医生发现其右侧肺叶有一大片阴影，这令陈先生感到很诧异，他从来不吸烟，而且有自己独立的办公室，不可能受到"二手烟"、粉尘的"毒害"，到底是什么让他的肺部出现阴影呢？经诊断，他患的是军团菌肺炎，肺叶里已经布满了军团菌，如果不及时治疗，可能有生命危险。

据了解，陈先生所在的办公大楼已经盖了10余年，空调的通风管多年无人清理，甚至每个办公室的空调通风口也从来没人清洗，中央空调制冷系统成了军团菌最容易藏匿的地方，这些军团菌随冷风吹出，浮游在空气中，人吸入后会出现上呼吸道感染及发热症状，严重者可致呼吸衰竭和肾衰竭。

据美国环保机构统计，暖气通风装置和空调系统是室内助长细菌、产生化学污染的主要因素，美国每年用于治疗大楼疾病的医药费以及员工缺勤、产量降低、利润减少等造成的损失超过1 000亿美元，有些物业服务企业还因此遭到投诉和索赔。目前许多国家都规定，要根据不同使用场合经常对空调系统内部进行清洁性检查，根据检查结果决定建筑通风与空调系统是否需要清洗。

国内的中央空调清洗行业刚刚起步，无论是清洗设备还是清洗技术都还不成熟，从业人员资质参差不齐，清洗质量也很难保证。2003年至今，国家有关部门已经先后发布《空调通风系统清洗规范》(GB 19210—2003)、《空调通风系统运行管理标准》(GB 50365—2019)和《公共场所集中空调通风系统卫生规范》(WS 394—2012)，规范建筑通风与空调系统的清洗。相信在不久的将来，国内的中央空调清洗行业可以和国际标准接轨。

问题：上面的案例给我们哪些启示？

📋 **知识准备**

一、建筑通风的基本知识

(一)通风系统的作用

建筑通风就是把室内被污染的空气直接或经净化后排到室外，再把新鲜空气补充进来，保持室内的空气环境符合卫生标准。可见，建筑通风是改善室内空气环境的一种手段，它包括从室内排除污浊空气和向室内补充新鲜空气两个方面，前者称为排风，后者称为送风。为实现排风和送风所采用的一系列设备、装置的总体称为通风系统。

(二)通风系统的分类

按通风系统的工作动力不同，建筑通风可分为自然通风和机械通风两种。

1. 自然通风

自然通风主要是依靠室外风所造成的自然风压和室内外空气温度差所造成的热压迫使空气

流动,从而改变室内空气环境。自然通风作为建筑节能很重要的一部分,对建筑物内部的能耗控制、环境质量控制起到不可或缺的作用。自然通风可利用建筑物设置的门窗进行通风换气,是一种既经济又有效的措施。在对室内空气的温度、湿度、洁净度、气流速度等参数无严格要求的场合,应优先考虑自然通风。

风压作用下的自然通风如图3-46所示。在建筑物的迎风面上,空气流动受到阻碍,将风的动压转化为静压,迎风面压力高于大气压力;在建筑物的背面和顶面形成涡流,且压力低于大气压。这样,压差的存在造成了室内空气流动。

热压作用下的自然通风如图3-47所示,它是利用室内、外空气温度的不同而形成的密度、压力差进行室内、外的空气交换。当建筑物受到风压和热压的共同作用时,在建筑物外围各窗孔上作用的内、外压差等于其所受到的风压和热压之和。

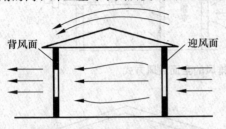
图3-46 风压作用下的自然通风

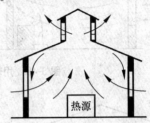
图3-47 热压作用下的自然通风

充分利用风压、热压作用下的自然通风是现代绿色环保建筑的重要内容之一,是改善室内空气质量、创造舒适环境优先采用的措施之一。

自然通风的优点是不消耗能源、经济实用、投资省;缺点是风压动力小,受室外自然条件影响大,空气不能进行预先处理,排出的空气没有进行除尘和净化,会污染周围环境。

2. 机械通风

依靠通风机所造成的压力迫使空气流动,进行室内、外空气交换的方式叫作机械通风。

根据通风范围的不同,机械通风又可分为全面通风、局部通风和混合通风3种。采用哪种通风方式主要取决于有害物质产生和扩散范围的大小,有害物质面积大则采用全面通风,相反可采用局部通风和混合通风。

(1)全面通风。全面通风是对整个控制空间进行通风换气,这种通风方式实际上是将室内污浊的空气稀释,从而使整个控制空间的空气质量达到容许的标准,同时将室内被污染的空气直接或经处理后排出室外。

图3-48所示是一种最简单的全面通风方式,装在外墙上的轴流风机把室内污浊空气排至室外,使室内造成负压(室内压力低于室外大气压力)。在负压作用下,室外新鲜空气经窗孔流入室内,补充排风,稀释室内污浊空气。采用这种通风方式,室内的有害物质不流入相邻的房间,它适用于室内空气较为污浊的房间,如厨房、厕所等。

图3-49所示是利用离心式风机把室外新鲜空气(或经过处理的空气)经风管和排气口直接

送到指定地点,对整个房间进行换气,稀释室内污浊空气。由于室外空气的不断送入,室内空气压力升高,使室内压力高于室外大气压力(室内保持正压)。在这个压力的作用下,室内污浊空气经门、窗及其他缝隙排至室外。采用这种通风方式周围相邻房间的空气不会流入室内,它适用于清洁度要求较高的房间,如旅店的客房、医院的手术室等。

图 3-50 所示是同时设有机械送风和机械排风的全面通风方式。室外空气根据需要进行过滤和加热处理后送入室内,室内污浊空气由轴流风机排至室外,这种通风方式的效果较好。

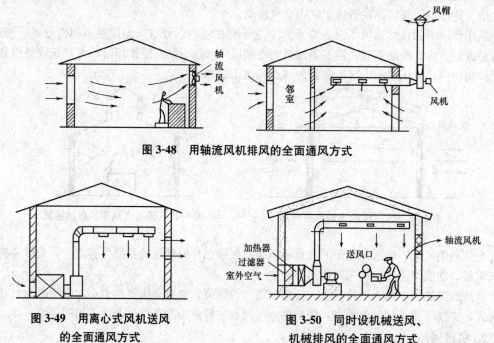

图 3-48 用轴流风机排风的全面通风方式

图 3-49 用离心式风机送风的全面通风方式

图 3-50 同时设机械送风、机械排风的全面通风方式

全面通风适用于有害物分布面积广以及某些不适宜采用局部通风的场合。

(2)局部通风。局部通风是只使室内局部工作地点保持良好的空气环境,或在有害物产生的局部地点设排风装置,不让有害物在室内扩散而直接排出的一种通风方法。局部通风又分局部排风和局部送风两类。

图 3-51 所示为机械局部排风系统。它是在有害物发生地点设置局部排风罩,尽可能把有害物源密闭,并通过风机抽风,把污染气流直接排至室外。寒冷地区在设置机械局部排风系统的同时,需设置热风采暖系统。

图 3-52 所示为机械局部送风系统,通常将排风口设置在工作人员的工作地点,使工作人员周围的空气环境得以改善。

机械通风系统具有使用灵活方便、通风效果良好稳定、可以精确地调控室内环境的优点;缺点是耗能大、投资大,需专人对设备进行日常维护和管理。

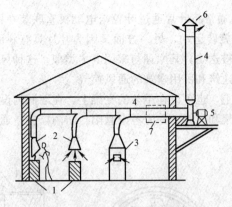
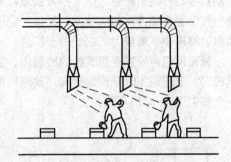

图 3-51 机械局部排风系统
1—工艺设备；2—局部排风罩；3—排气柜；4—风道；
5—风机；6—排风帽；7—排风处理装置

图 3-52 机械局部送风系统

(三)通风系统的组成

通风系统一般包括风管、风管部件、风管配件、风机及除尘设备等。风管部件指各类风口、阀门、排气罩、消声器、检查测定孔、排风帽、托(支)架等；风管配件指弯管、三通、四通、异径管、静压箱、导流叶片、法兰及法兰连接件等。

(1)风口：将被污染的空气吸入排风管道内，其形式有吸风罩、吸风口、吹吸罩等。

(2)排风管道及管件：用于输送被污染的空气。

(3)风机：利用风机提供的机械动力强制排出被污染空气。

(4)排风帽：将被污染的空气排入大气中，防止空气倒灌或防止雨水灌入管道。

(5)除尘设备：当被污染的空气中有害物浓度超过卫生许可标准时，排放前需要净化处理，常用的除尘设备是除尘器。

二、通风管道及设备

自然通风系统依靠自然风压或热压来改变室内空气，因此一般不需要设置设备。机械通风系统的主要设备有风机、风管或风道、风阀、风口和除尘设备等。

(一)风机的分类及性能

1. 风机的分类

风机是通风系统中为空气的流动提供动力以克服输送过程中的阻力损失的机械设备。在通风系统中应用最广泛的是离心式风机和轴流风机。

离心式风机由叶轮、机壳、机轴、吸气口、排气口等部件组成，其结构如图 3-53 所示。当叶轮旋转时，叶片间的气体也随叶轮旋转而获得离心力，气体跟随叶片在离心力的作用下不断流入与流出。

轴流风机的构造如图 3-54 所示。轴流风机通常将叶片通过叶轮与电动机直联装在机壳内，电动机带动叶轮旋转后，空气一方面随叶轮作旋转运动，另一方面又因为叶片具有斜面形状，使空气沿着机轴方向向前推进，并以一定速度被送出，其原理与家用电扇类似。这种风机结构简单、噪声小、风量大，主要用于厂房、公共建筑和民用建筑的通风换气。

轴流风机可安装在建筑物的墙洞内、窗口上，也可设在单独的支架上，在墙洞内设置轴流风机时，土建施工时应预留孔洞，预埋风机框架和支座，并应考虑遮阳、防雨措施，通常加设一个斜向下方 45°的弯管。

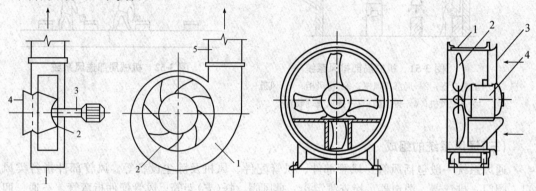

图 3-53　离心式风机　　　　　　　　图 3-54　轴流风机
1—机壳；2—叶轮；3—机轴；4—导流器；5—排气口　　1—机壳；2—叶轮；3—吸入口；4—电动机

2. 风机的技术性能指标

(1)风量：指风机在工作状态下，单位时间输送的空气量，单位为 m^3/h。

(2)风压：指风机所产生的压强，单位为 Pa。

(3)有效功率：指风机传送给空气的功率，它等于风量与风压的乘积，单位为 W。

(二)通风管道

通风管道是通风系统的重要组成部分，其作用是输送气体，根据制作所用的材料不同可分为风管和风道两种。

1. 通风管道的材料

在工程中采用较多的是风管，风管是用板材制作的，风管的材料应根据输送气体的性质(如一般空气或腐蚀性气体等)来确定。常用的风管材料如下：

(1)普通薄钢板：又称"黑铁皮"，结构强度较高，具有良好的加工性能，价格低，但表面易生锈，使用时应作防腐处理。

(2)镀锌薄钢板：又称"白铁皮"，是在普通薄钢板表面镀锌而成，既具有耐腐蚀性能，又具有普通薄钢板的优点，应用广泛。

(3)不锈钢板：在普通碳素钢中加入铬、镍等惰性元素，经高温氧化形成一个紧密的氧化物保护层，这种钢就叫"不锈钢"。不锈钢板具有防腐、耐酸、强度高、韧性大、表面光洁等优点，但价格高，常用在化工等防腐要求较高的通风系统中。

(4)铝板：铝板的塑性好、易加工、耐腐蚀，由于铝在受摩擦时不产生火花，故常用于有防爆要求的通风系统。

(5)塑料复合板：在普通薄钢板表面上喷一层 0.2～0.4 mm 厚的塑料层，使之既具有塑料的耐腐蚀性能，又具有钢板强度大的性能，常用于 －10 ℃～70 ℃ 的耐腐蚀通风系统。

(6)玻璃钢板：玻璃钢是由玻璃纤维和合成树脂组成的一种新型材料。它具有质轻、强度高、耐腐蚀、耐火等特点，广泛用于纺织、印染等企业中含有腐蚀性气体以及含有大量水蒸气的通风系统。

在工程中有时还可以用砖、混凝土、矿渣石膏板等建筑材料制作风道。

2. 通风管道的连接

通风管道的连接按金属板材连接的方法，金属板材的连接可分为咬接、铆接和焊接 3 种。

3. 垫料

垫料主要用于风管之间、风管与设备之间的连接，用以保证接口的密封性。

法兰垫料应为不招尘、不易老化和具有一定强度和弹性的材料，厚度为 5～8 mm 的垫料有橡胶板、石棉橡胶板、石棉绳、软聚氯乙烯板等。国内广泛推广应用的法兰垫料为泡沫氯丁橡胶垫，其中一面带胶，使用这种垫料操作方便，密封效果较好。

4. 风管的断面形状

风管的断面形状有圆形和矩形两种。在断面面积相同时，圆形风管的阻力小，材料省，强度大。在通风除尘工程中常采用圆形风管，在民用建筑空调工程中常采用矩形风管。

矩形风管的宽高比最高可达 8∶1，在工程应用上应尽可能控制在 4∶1 以下。

(三)风阀

风阀装设在风管或风道中，主要用于空气的流量调节。通风系统中的风阀可分为一次调节阀、开关阀和自动调节阀等。其中，一次调节阀主要用于系统调试，调好阀门位置就保持不变，如三通阀、蝶阀、对开多叶阀、插板阀等；开关阀主要用于系统的启闭，如风机启动阀、转换阀等；自动调节阀是系统运行中需经常调节的阀门，它要求执行机构的行程与风量成正比，多采用顺开式多叶调节阀和密闭对开多叶调节阀。

(四)风口

风口分为进气口和排气口两种，装设在风管或风道的两端，根据使用场合的不同，分为室内和室外两种形式。

1. 室外进气口

室外进气口是通风系统采集新鲜空气的入口，可设专门采气的进气塔，如图 3-55 所示，或设于外围结构的墙上，如图 3-56 所示，经百叶风格和保温阀进入。百叶风格是为了避免雨、雪或外部杂物被吸入而设置的；保温阀则用于调节进风，并防止冬季因温差结露而侵蚀系统。

为保证吸入空气的清洁度，进气口应该选择在空气比较新鲜、尘埃较少或离开废气排气口较远的地方。

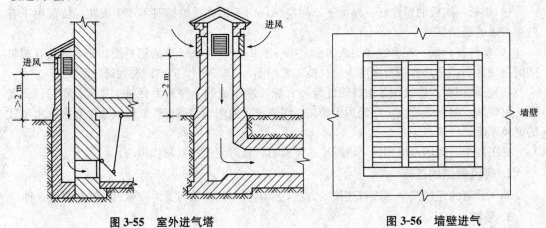

图 3-55　室外进气塔　　　　　图 3-56　墙壁进气

2. 室外排气口

室外排气口是排风管道的出口，它负责将室内的污浊空气直接排入大气。室外排气口通常设置在高出屋面 1 m 以上的位置，为防止雨、雪或风沙倒灌，出口处应设有百叶风格和风帽。

3. 室内进气口

室内进气口是通风系统的空气出口，它把风道送来的新鲜空气按一定的方向和速度均匀地送入室内。室内进气口的具体形式很多，一般采用可调节的活动百叶风格，可调节风量和风向，如图 3-57 所示。当送风量较大时，需采用空气分布器，如图 3-58 所示。

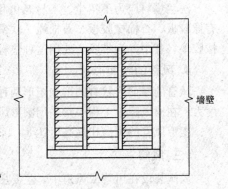

图 3-57　活动百叶风格

   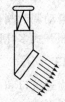

图 3-58　空气分布器

(五) 除尘设备

为防止污染，在室内空气排出大气前应进行净化处理，使粉尘与空气分离，进行这种处理过程的设备称为除尘设备。除尘设备主要有挡板式除尘器、重力沉降室、旋风式除尘器、袋式除尘器和喷淋塔式除尘器 5 种类型，如图 3-59 所示。

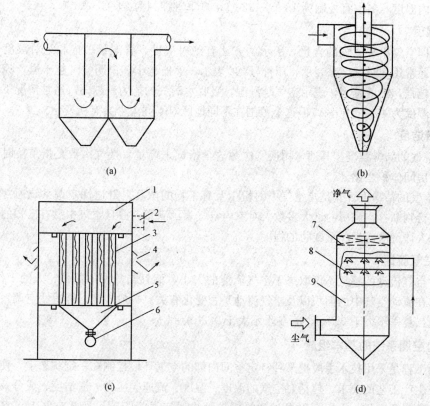

图 3-59　除尘设备
(a)挡板式除尘器；(b)旋风式除尘器；(c)袋式除尘器；(d)喷淋塔式除尘器
1—气体分配室；2—尘气进口；3—滤袋；4—净气出口；
5—灰斗；6—卸灰装置；7—挡水板；8—喷嘴；9—塔体

三、空调系统概述

(一)空调系统的概念

空调即空气调节，就是通过采用一定的技术手段，在某一特定空间内，对空气环境(温度、湿度、清洁度、气流速度)进行调节和控制，使其达到并保持在一定范围内，以满足生产工艺和人体舒适的要求。

(二)空气环境的基本衡量参数

1. 温度

温度是衡量空气冷热程度的指标，国内通常以摄氏温度表示，有时也用开氏温度表示。空气温度的高低对于人体的舒适和健康影响很大，也直接影响某些产品的质量。一般来说，人体舒适的室内温度，冬季宜控制为 18 ℃～22 ℃，夏季宜控制为 24 ℃～28 ℃。

2. 湿度

湿度即空气中水蒸气的含量，表示的方法有绝对湿度、含湿量、饱和绝对湿度、相对湿度。湿度通常用相对湿度来表示，用符号"Ψ"表示，Ψ 值越小，说明空气越干燥，吸收水蒸气的能力就越强，Ψ 值越大，表示空气越潮湿，吸收水蒸气的能力就越弱。通常情况下，令人舒适的相对湿度为 40%～60%，但这个范围在不同地区对不同人群会有所变化。

3. 清洁度

(1)空气的新鲜程度。其通常用换气次数这个指标来衡量。换气次数是指单位时间房间的送风量与房间体积之比。

(2)空气的洁净度。其是指空气中的粉尘及有害物的浓度。舒适性空调系统通常可采用下列标准进行判断：空调房的绝大多数人对室内空气表示满意，并且空气中没有已知的污染物达到可能对人体健康产生严重威胁的程度。

4. 空气流速

人对空气流动的感觉不仅取决于空气流速的大小，而且与气温的高低、人的工作活动量、人体暴露在流动空气中的面积以及空气流动是否变化有关。一般规定，舒适性空调系统的室内平均流速：夏季不大于 0.3 m/s，冬季不大于 0.2 m/s。

(三)空调系统的基本组成

空调工程是采用技术手段把某种特定空间内部的空气环境控制在一定状态下，使其满足人体舒适或生产工艺的要求，包括对空气的温度、湿度、流速、压力、清洁度、成分及噪声等的控制。室外气温变化，太阳辐射通过建筑围护结构对室温的影响，外部空气带入室内的有害物，以及内部空间的人员、设备与工业过程产生的热、湿与有害物都可以影响以上参数。因此，需要采用人工的方法消除室内的余热、余湿，或补充不足的热量与湿量，清除空气中的有害物，并保证内部空间有足够的新鲜空气。

空气调节的基本手段是将室内空气送到空气处理设备中进行冷却、加热、除湿、加湿、净化等处理，然后送入室内，以达到消除室内余热、余湿、有害物或为室内加热、加湿的目的；通过向室内送入一定量处理过的室外空气的办法来保证室内空气的新鲜度。

常用的以空气为介质的集中式空调系统由空气处理、空气输送、空气分配以及辅助系统四个基本部分组成，如图3-60所示。

1. 空气处理部分

集中式空调系统的空气处理部分包括各种空气处理设备，其中主要有过滤器、一次加热器、喷水室、二次加热器等。利用这些空气处理设备对空气进行净化过滤和热湿处理，可将送入空调房间的空气处理到所需的送风状态，各种空气处理设备都有现成的定型产品，称为空调机(或空调器)。

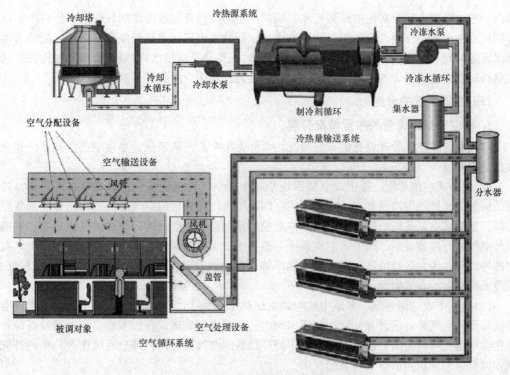

图 3-60 集中式空调系统示意

2. 空气输送部分

空气输送部分主要包括送风机、排风机、风管系统以及必要的风量调节装置。空气输送部分的作用是不断将空气处理设备处理好的空气有效地输送到各空调房间,并从空调房间内不断地排除室内的空气。

3. 空气分配部分

空气分配部分主要包括设置在不同位置的送风口和回风口,其作用是合理地组织空调房间的空气流动,保证空调房间内工作区(一般是 2 m 以下的空间)的空气温度和相对湿度均匀一致,空气流速不致过大,以免对室内的工作人员和生产产生不良影响。

4. 辅助系统部分

辅助系统是为空调系统处理空气提供冷(热)工作介质的部分,该系统可分为空调制冷系统和空调用热源系统两部分。

(1)空调制冷系统。在空调制冷系统中,无论是喷淋室还是表冷器,都需要温度较低的冷水作为工作介质。而处理空气用的冷水一般都是由空调制冷系统制备出来的。目前使用的空调制冷系统都是由定型的计算机控制运行的整体式机组,称作空调用冷水机组。

(2)空调用热源系统。空调系统中加热空气所用的工作介质一般是蒸汽,而加热空气用的蒸汽一般由设置在锅炉房内的锅炉产生。锅炉产生的蒸汽首先被输送到分汽缸，然后由分汽缸分别送到各个用户。蒸汽在各用户的用汽设备中凝结放出汽化潜热而变成凝结水，凝结水再由凝水管道回到软水箱。储存在软水箱里的软化水（一部分是凝结水）由锅炉给水泵加压注入锅炉经重新加热变为蒸汽，这样周而复始、循环不断地产生用户所需要的蒸汽。

（四）空调系统的分类

1. 按空气处理设备的布置情况分类

空调系统按空气处理设备的布置情况，可分为集中式空调系统、半集中式空调系统和全分散式空调系统。

（1）集中式空调系统。集中式空调系统是将所有空气处理设备包括冷却器、加热器、过滤器、加湿器和风机等均设置在一个集中的空调机房内，处理后的空气经风道输送分配到各空调房间。集中式空调系统的优点是可以严格地控制室内温、湿度，进行理想的气流分布，并能对室外空气进行过滤处理。集中式空调系统一般应用于大空间的公共建筑，处理空气量大，有集中的冷源和热源，运行可靠，便于管理和维修。集中式空调系统的缺点是机房占地面积较大、风道系统复杂、布置困难。

（2）半集中式空调系统。半集中式空调系统除了有集中的空调机房和集中处理一部分空调系统需要的空气外，还设有分散在空调房间内的末端空气处理设备。末端空气处理设备的作用是在空气送入空调房间之前，对来自集中处理设备的空气和室内一部分回风作进一步的补充处理，以符合空调房间的空气调节的要求。

半集中式空调系统的优点：可根据各空调房间的负荷情况自行调节，只需要新风机房，机房面积较小；当末端装置和新风机组联合使用时，新风风量较小，风管较小，利于空间布置。其缺点：对室内温、湿度要求严格时，难以满足；水系统复杂，易漏水。半集中式空调系统适用于层高较低且主要由小面积房间所构成的建筑物的空调设计（如办公楼、旅馆、饭店）。

（3）全分散式空调系统。全分散式空调系统又称局部机组空调系统，是把冷、热源和空气处理设备以及空气输送设备（风机）集中设置在一个箱体内，使之形成一个紧凑的空气调节系统。因此，全分散式空调系统不需要专门的空调机房，可根据需要灵活、分散地设置在空调房间内某个比较方便的位置。

常用的全分散式空调系统有窗式空调器、立柜式空调器、壁挂式空调器等。该系统使用灵活，安装方便，节省风道。

2. 按承担负荷的介质分类

空调系统按承担负荷的介质可分为全空气系统、全水系统、空气-水系统和制冷剂系统。

（1）全空气系统。全空气系统是指空调房间的空调负荷全部由经过空气处理设备处理的空气来承担的系统，如图3-61(a)所示。

在炎热的夏天，室内空调热负荷与湿负荷都为正值的时候，需要向空调房间内送入冷空气，用以吸收室内多余的热量和多余的湿量后排出空调房间；而在寒冷的冬天，室内的空调负荷为负值（室内空气的热量通过空调房间的维护结构传给室外的空气）时，则需要向空调房间内送入热空气,送入空调房间的热空气既要在空调房间内放出热量,同时要吸收空调房间内多余的湿量,这样才能保证空调房间内的设计温度与设计相对湿度。

由于全空气系统全部由空气来承担空调房间的空调负荷,如果承担的空调面积过大,则空调系统总的送风量也会较大,从而会导致空调系统的风管断面尺寸过大,占据较大的有效建筑空间。为减小风道的断面尺寸,只有采用高速空调系统,但风速过大时,会产生较大的噪声,同时形成的流动阻力会加大,运行消耗的能量要增加。

(2)全水系统。全水系统是指空调房间的热湿负荷全由水作为冷热介质来负担的空调系统,如图 3-61(b)所示。水的比热比空气大得多,在相同条件下只需较少的水量,从而使输送管道占用的建筑空间较小。但这种系统不能解决空调房间的通风换气问题,室内空气质量较差,一般较少采用。

(3)空气-水系统。空气-水系统是全空气系统与全水系统的综合应用,它既解决了全空气系统因风量大导致风管断面尺寸大而占据较多有效建筑空间的矛盾,也解决了全水系统空调房间的新鲜空气供应问题,因此这种空调系统特别适合大型建筑和高层建筑,如图 3-61(c)所示。

(4)制冷剂系统。制冷剂系统是将制冷系统的蒸发器直接置于空调房间以吸收余热和余湿的空调系统,如图 3-61(d)所示。其优点在于冷、热源利用率高,占用建筑空间少,布置灵活,可根据不同的要求自由选择制冷和供暖。

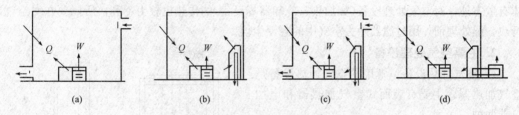

图 3-61 空调系统按承担负荷的介质分类
(a)全空气系统;(b)全水系统;(c)空气-水系统;(d)制冷剂系统

四、常用空调设备

(一)空调系统的空气处理设备

1. 空气处理方法

空气调节就是对空调房间的空气参数进行调节,因此对空气进行处理是空调必不可少的过程。对空气的处理主要包括热、湿处理与净化处理两大类。空气热湿处理的过程可分为加热、冷却、加湿以及除湿。所有实际的空气处理过程都是上述几种单过程的组合,例如,夏季最常用的冷却除湿过程就是降温与除湿过程的组合,喷水室内的等焓加湿过程就是加湿与降温过程的组合。在实际空气处理过程中有些过程往往不能单独实现,例如降温有时总伴随除湿或加湿。

(1)加热。单纯加热过程的主要实现途径是用表面式空气加热器、电加热器加热空气。如果用高于空气温度的水喷淋空气,则会在加热空气的同时使空气的湿度同时升高。

(2)冷却。采用表面式空气冷却器或用低于空气温度的水喷淋空气均可使空气温度降低。如果表面式空气冷却器的表面温度高于空气的露点温度,或喷淋水的水温等于空气的露点温度,则可实现单纯的降温过程;如果表面式空气冷却器的表面温度或喷淋水的水温低于空气的露点温度,则空气在冷却过程中还会被除湿。如果喷淋水的水温高于空气的露点温度,则空气在被冷却的同时会被加湿。

(3)加湿。加湿过程主要是通过向空气加入蒸汽来实现,此外还可以利用喷水室喷循环水加湿。通过直接向空气喷入水雾(高压喷雾、超声波雾化)可实现等焓加湿过程。

(4)除湿。可用表面式空气冷却器与喷冷水的方法对空气进行减湿,也可使用液体或固体吸湿剂来进行除湿。液体除湿是通过某些盐类水溶液对空气中水蒸气的强烈吸收作用对空气进行除湿,主要是根据要求的空气处理过程的不同(降温、加热还是等温),用一定浓度和温度的盐水喷淋空气。固体除湿是利用有大量孔隙的固体吸附剂(如硅胶)对空气中的水蒸气进行表面吸附来除湿。由于吸附过程近似为一个等焓过程,故空气在干燥过程中温度会升高。

(5)空气过滤。空调系统处理的空气是源于室外新风和室内回风两者的混合物,新风中因室外环境有尘埃的污染,室内空气则因人的生活、工作等而被污染。空气中所含的灰尘除对人体有危害外,对空气处理设备(如加热、冷却器等设备)的传热也较为不利,所以要在对空气进行热、湿处理前,用过滤器除去空气中的悬浮尘埃。

2. 主要空气处理设备

(1)空气加热设备。常用的空气加热设备是空气加热器,主要有表面式空气加热器和电加热器两种。

表面式空气加热器是由多根带有金属肋片的金属管连接在两端的联箱内,热媒在管内流动并通过管道表面及肋片放热,空气通过肋片间隙与其进行热交换,从而达到加热空气的目的,如图3-62所示。表面式空气加热器是空调工程中最常用的空气处理设备,其优点是:结构简单、占地少、水质要求不高、水侧的阻力小。

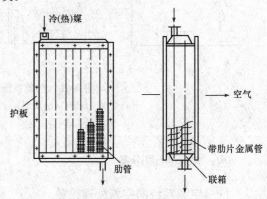

图 3-62 表面式空气加热器

除表面式空气加热器外,有时为满足送风的特殊要求,可在空气处理过程中采用电加热器进行空气加热处理。其加热均匀、迅速,效率高,结构紧凑,控制方便。

电加热器是指利用电流通过电阻丝并使其发热面加热空气的设备,在小型空调冬季空气处理或恒温湿及精度要求较高的大型空调局部空气加热中,常采用电加热器对空气进行加热处理,如安装在空调房间的送风支管上,作为控制房间温度的辅助加热器,电加热器分为裸线式和管式两种。裸线式电加热器的优点：结构简单、热惯性小、加热迅速；缺点：电阻丝容易烧断，安全性差，使用时必须有可靠的接地装置。管式电加热器的优点是：加热均匀、热量稳定、使用安全；其缺点是：热惯性大、构造复杂。

(2)空气冷却设备。空气冷却设备常用于夏季冷却空气处理，主要有表面式空气冷却器和喷水冷却器两种。

喷水室的空气处理方法是向流过的空气直接喷淋大量水滴，被处理的空气与水滴接触，进行热湿交换，从而达到要求的状态。喷水室由喷嘴、水池、喷水管路、挡水板以及外壳等组成，如图 3-63 所示。在喷水室横断面上均匀地分布着许多喷嘴，而冷冻水经喷嘴以水珠的形式喷出，充满整个喷水室。当被处理的空气经前挡水板进入喷水室后，全面与水珠接触，它们之间进行热湿交换，从而改变了空气状态。经水处理后的空气由后挡水板析出所夹带的水珠，再进行其他处理，最后在通风机的作用下送入空调房间。喷水室喷水降温的优点是：能够实现多种空气处理过程、具有一定的空气净化能力、耗费金属最少、容易加工；缺点是：占地面积大、对水质要求高、水系统复杂、水泵电耗大、要定期更换水池中的水和清洗水池、耗水量比较大。目前它一般只在纺织厂、卷烟厂等以调节湿度为主要任务的场所大量使用。

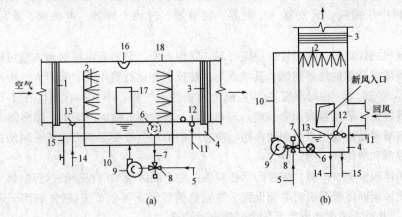

图 3-63 喷水室的构造
1—前挡水板；2—喷嘴与排管；3—后挡水板；4—底池；5—冷水管；6—滤水器；
7—循环水管；8—三通混合阀；9—水泵；10—供水管；11—补水管；12—浮球阀；
13—溢水器；14—溢水管；15—泄水管；16—防水灯；17—检查门；18—外壳

表面式空气冷却器简称表冷器，它的构造与表面式空气加热器相似，是在铜管上缠绕金属翼片所组成排管状或盘管状的冷却设备，管内涌入冷冻水，空气在管表面通过进行热交换冷却空气。因为冷却水的温度一般为 7℃～9℃，所以夏季管表面温度低于被处理空气的露点温度，从而在管表面产生凝结水滴，使其完成一个空气降温去湿的过程。其优点是：结构简单、运行安全可靠、操作方便；其缺点是：必须提供冷冰水源、不能对空气进行加湿处理。表面式空气冷却器在空调系统中被广泛使用。

(3)空气加湿设备。对空气加湿的方法有很多,如喷水室加湿、喷蒸汽加湿及喷雾加湿等。

1)喷蒸汽加湿。喷蒸汽加湿是把蒸汽直接喷入空气中对空气进行加湿。常用的喷蒸汽加湿设备有干蒸汽加湿器、电加湿器等。

2)喷雾加湿。喷雾加湿设备是将常温的水以雾状直接喷入空气中的加湿设备。利用高速喷出的压缩空气引射出水滴,并使水雾化而进行加湿的方法称为压缩空气喷雾加湿。

(4)空气减湿设备。对于空气湿度比较大的场合,往往需对空气进行减湿处理,可以用空气除湿设备降低湿度,使空气干燥,空气的减湿方法有加热通风减湿、冷却除湿机减湿、吸湿剂减湿和转轮除湿机减湿等。

1)加热通风减湿是向空调房间送入热风或直接对空调房间进行加热来降低室内空气相对湿度的方法。实践证明,当室内的含湿量一定时,空气的温度每升高1℃,相对湿度约降低5%。但空气的等湿升温过程并不能减小含湿量,只能降低相对湿度,即不能真正减湿。如果在加热的同时又送以热风,则可把水分带出室外,这就能达到真正减湿的目的。这种方法的优点是:方法简单、投资少、运行费用低;缺点是:相对湿度控制不严格。

2)冷却除湿机减湿是利用制冷设备来除掉空气中水分的方法。冷却除湿机一般做成机组的形式,它由制冷压缩机、蒸发器、冷凝器、储液器、过滤干燥器、电磁阀、膨胀阀和风机组成。

冷却除湿机的优点是:除湿性能稳定可靠,管理方便,只要有电源的地方就可以使用,特别适用于需要除湿升温的地下建筑;其缺点是:初投资和运行费用高、噪声大。冷却除湿机宜在温度为15℃~35℃、相对湿度在50%以上的条件下工作,不宜用在温度在4℃以下的场合。如果温度过低,蒸发器表面会结霜,影响传热,增大空气流通的阻力,除湿能力降低。

3)吸湿剂减湿是指利用吸湿剂的作用,使空气中的水分被吸湿剂吸收或吸附的过程。吸湿剂有固体吸湿剂和液体吸湿剂之分。

常用的固体吸湿剂有硅胶、铝胶和活性炭等。由于固体吸湿剂在吸湿达到饱和后将失去吸湿作用,因此采用固体吸湿剂时必须设置一套完整的吸湿及再生系统(通常利用干燥器使吸湿剂脱水再生),并要求吸湿和再生系统之间能自动转换。

常用的液体吸湿剂有氯化锂、三甘醇及氯化钙水溶液等。液体吸湿剂吸收水分后,溶液浓度降低,吸湿能力下降,因此,需对吸湿后的溶液加热浓缩,去除水分,提高浓度后继续使用。使用液体吸湿剂时应采取防止盐类腐蚀设备的措施。

4)转轮除湿机减湿,其工作原理如图3-64所示。在转轮除湿机内部,转轮以8~12 r/h的速度缓慢旋转,当潮湿空气进入转轮的处理区域时,空气中水分子被转轮内的吸湿剂吸收,变成干的空气。同时在再生区域,另一路空气先经过再生加热器后变成高温空气(一般为100℃~140℃)并穿过吸湿后的转轮,使转轮中已吸附的水分蒸发,从而恢复转轮的除湿能力;同时,再生空气因蒸发了转轮的水分而变成湿空气,被再生风机排到室外。

(5)空气净化设备。空调的任务之一是保证被处理的空气有一定的洁净度,因此在空调系统中,必须设置各种形式的空气净化设备。空气净化包括除尘、消毒、除臭以及离子化等,其

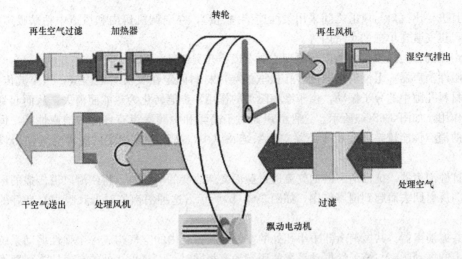

图 3-64　转轮除湿机减湿的工作原理

中除尘是最常见的空气净化工作,除尘最常用的方法就是空气过滤,空气过滤主要是将大气中有害的微粒(包括灰尘、烟尘)和有害气体(烟雾、细菌、病毒)通过过滤设备处理,从而降低或排除空气中的微粒。

空气过滤器按作用原理可分为金属网格浸油过滤器、干式纤维过滤器和静电过滤器 3 种。按照过滤灰尘颗粒直径的大小可分为初效、中效和高效过滤器 3 种:

1)初效过滤器主要用于过滤粒径大于 $5.0\ \mu m$ 的大颗粒灰尘。

2)中效过滤器主要用于过滤粒径大于 $1.0\ \mu m$ 且小于 $5\ \mu m$ 的中等粒子灰尘。

3)高效过滤器主要用于过滤粒径小于 $1.0\ \mu m$ 的粒子灰尘。

实践表明,空气过滤器不仅能过滤掉空气中的灰尘,还可以过滤掉细菌。

初、中效过滤器多数采用化纤无纺布滤料,亚高效过滤器多数采用聚丙烯超细纤维滤料,高效过滤器采用超细玻璃纤维滤纸。对大多数舒适性空调系统来说,设置一道初效过滤器,将空气中的大颗粒灰尘过滤掉即可。对某些有一定的洁净要求,但洁净度指标还达不到最低级别洁净室的洁净度要求的空调系统,需设置两道空气过滤器,第一道为初效过滤器,第二道为中效过滤器。对于空气洁净度要求较高的空调系统,应从工艺的特殊要求出发,除了设置上述两道空气过滤器外,在空调送风口前需再设置第三道过滤器,即高中效、亚高效或高效过滤器。

(6)空气消声设备。空调系统的消声措施主要包括减少系统噪声的产生和在系统中设置消声设备(消声器)两个方面。可采取的措施有以下几种:

1)选用低噪声风机,并尽量使其工作点接近最高效率点。

2)适当降低风道中的气流速度。对一般消声要求的空调系统,主风道中的气流速度不宜超过 8 m/s,有严格消声要求的空调系统不宜超过 5 m/s。

3)电动机与风机最好采用直接传动,如无法做到,则采用带式传动。将风机安在减振基础上,并且进、出气口与风道之间采用柔性连接(软接);在空调机房内和风道中粘贴吸声材料,以及将风机安装在单独的小室内等。

消声器的种类很多,按消声的原理主要有以下几类:

1)阻性消声器。阻性消声器把多孔松散的吸声材料固定在气流管道内壁,当声波传播时,将激发材料孔隙中的分子振动,由于摩擦阻力的作用,声能转化为热能而消失,从而起到消减噪声的作用,如图 3-65(a)所示。这种消声器对于高频和中频噪声有良好的消声性能,但对低频噪声的消声性能较差,适用于消除空调系统及以中、高频噪声为主的各种空气动力设备的噪声。

2)抗性消声器。抗性消声器的气流通过截面突然改变的风道时,将使沿风道传播的声波向声源方向反射回去而起到消声作用,如图 3-65(b)所示。这种消声器对低频噪声有良好的消声作用。

3)共振消声器。共振消声器中小孔处的空气与共振腔内的空气构成一个弹性振动系统。当外界噪声的振动频率与该弹性振动系统的固有频率相同时,引起小孔处的空气柱强烈摩擦,声能就因克服摩擦阻力而消耗,如图 3-65(c)所示。这种消声器有消除低频噪声的性能,但频率范围很窄。

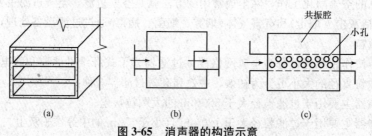

图 3-65　消声器的构造示意
(a)阻性消声器;(b)抗性消声器;(c)共振消声器

4)宽频带复合式消声器。宽频带复合式消声器是上述几种消声器的综合体,以便集中它们各自的性能特点以弥补单独使用时的不足,如阻性、抗性复合式消声器和阻性、共振复合式消声器等。这些消声器对于各种频率的噪声均有良好的消声作用。

(7)空调系统减振设备。空调系统中的通风机、水泵、制冷压缩机等设备产生的振动,会传至支撑结构(如楼板或基础)或管道,并引起后者振动。这些振动有时会影响人的身体健康或影响产品的质量,甚至还会危及支撑结构的安全。空调系统减振的措施如下:

1)为减弱风机等设备运行时产生的振动,可将风机固定在钢筋混凝土板上,下面再安装隔振器;有时,也可将风机固定在型钢支架上,下面再安装隔振器。

钢筋混凝土台座的质量较大,台座振动小,运行比较平稳,但制作复杂,安装也不太方便;型钢台座质量小,制作、安装方便,应用比较普遍,特别是当设备设置在楼层或屋顶时,较多采用这种台座,但台座振动较前者大。

2)管道振动是运行设备的振动及输送介质(气体、液体)的振动冲击所造成的。为减小管道振动时对周围的影响,除了在管道与运行设备的连接处采用软接头外,还要每隔一定距离设置管道隔振吊架或隔振支承。在管道穿过墙、楼板(或屋面)时,采用软接头连接。

(二)空调系统的空气输送与分配设备

空调系统的空气输送与分配设备主要包括风机、风道、风阀以及水泵等。

1. 风机

风机是输送空气的机械,常用的风机有离心式风机、轴流风机和贯流风机。一般来说,风机运行时的实际风量随风机实际上所承受阻力的上升而下降,而风机的电耗以及噪声也随风机的压头和风量的增加而增加。同一台风机,如果运行的转速提高,风机所能提供的风量和压头也随之提高。因此,风机的选择一般要考虑它的额定风量、全压、功率、转速、效率和噪声水平。

(1)离心式风机。离心式风机由叶轮、机壳、风机轴、进气口、排气口、电动机等组成,其结构如图 3-66 所示。当叶轮在电动机的带动下随风机轴一起高速旋转时,叶片间的气体在离心力的作用下径向甩出,同时在叶轮的进气口形成真空,外界气体在大气压力的作用下被吸入叶轮内,以补充排出的气体,由叶轮甩出的气体进入机壳后被压向风道,如此源源不断地将气体输送到需要的场所。

(2)轴流风机。轴流风机如图 3-67 所示,主要由叶轮、机壳、电动机和机座等组成。与离心式风机相比,轴流风机优点是风量较大、占地面积小、电耗小、便于维修;其缺点是产生的风压较低且噪声较大。轴流风机常用于噪声要求不高、阻力较小或风道较短的大风量空调系统,如纺织车间的空调系统。

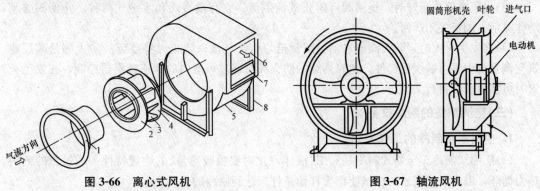

图 3-66 离心式风机　　　　　　　　图 3-67 轴流风机

1—进气口;2—叶轮前盘;3—叶片;4—叶轮后盘;
5—机壳;6—排气口;7—截流板风台;8—支架

(3)贯流风机。贯流风机具有风量小、低噪小、安装简易的特点,它不像离心式风机那样在机壳侧板上开口使气流轴向进入风机,而是将机壳部分敞开,使气流直接沿径向进入风机,气流横穿叶片两次,且进、排气口均为矩形,与建筑物的配合十分方便。

2. 风道

通风管道是空调系统的重要组成部分,其作用是输送气体,其根据制作材料的不同可分为风管和风道两种。在工程中采用较多的是风道,以下主要介绍风道。

(1)材料。一般空调通风工程中采用的是薄钢板涂漆或镀锌薄钢板制作的风道。钢板的厚度为 0.5~1.2 mm,风道的截面面积越大,采用的钢板越厚。输送腐蚀性气体的风道可采用塑料或玻璃钢。软风管一般是由铝制成的波纹状圆管。

在民用和工业建筑中,为节省钢材和便于装饰,常利用建筑空间或地沟敷设钢筋混凝土风道、砖砌风道和预制石棉水泥风道等,其表面应抹光,要求高的还要刷漆。要注意的是土建风道往往存在漏风问题。地下水水位较高时,地沟风道需要作防水处理。

(2)截面与形状。风道的形状一般为圆形或矩形。圆形风道强度大,节省材料,但占用有效空间大,其弯管与三通需较长距离;矩形风道占用有效空间较小,易于布置,明装较美观,因此,空调管多采用矩阵风道。此外,还有软风道,可任意弯曲伸直,安装方便,截面多为圆形或椭圆形。

3. 风阀

空调系统中的阀门称为风阀,主要用来调节风量、平衡系统、防止系统火灾。常用的风阀有闸板阀、蝶阀、止回阀和防火阀。

(1)闸板阀多用于通风机的出口或主干管上,其特点是严密性好,但占地面积大。

(2)蝶阀多用于分支管上或空气分布器前,可调节风量。这种阀门只要改变阀板的转角就可以调节风量,操作起来简便。由于它的严密性较差,故不宜用于关断。

(3)当风机停止运转时,止回阀可阻止气流倒流。它有垂直式和水平式两种。止回阀必须动作灵活,阀板关闭严密。

(4)当发生火灾时,防火阀能自动关闭管道,切断气流,防止火势蔓延。防火阀是高层建筑空调系统中不可缺少的部件。比较高级的防火阀可通过风道内的烟感探测器控制,在发生火灾时可实现瞬时自行关闭。

(三)空调系统的制冷设备

1. 空调系统制冷的工作原理

(1)压缩式制冷。压缩式制冷是利用"液体汽化时要吸收热量"的物理特性,通过制冷剂的热力循环,以消耗一定量的机械能作为补偿条件来达到制冷的目的。

压缩式制冷系统由制冷压缩机、冷凝器、膨胀阀和蒸发器4个主要部件组成,并用管道连接,从而构成一个封闭的循环系统,如图3-68所示。

制冷剂在压缩式制冷机中经历蒸发、压缩、膨胀和蒸发4个热力过程。

1)蒸发。在蒸发器中,低压低温的制冷剂液体吸取其中被冷却介质(如冷水)的热量,蒸发成为低压低温的制冷剂蒸汽(每小时吸收的热量 Q_o,即制冷量)。

2)压缩。低压低温的制冷剂蒸汽被压缩机吸入,并压缩成为高压高温气体(压缩机消耗机

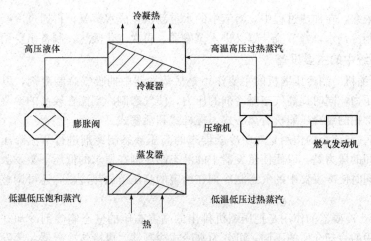

图 3-68 压缩式制冷系统的工作原理

械功 AL)。

3) 膨胀。高压高温气体进入冷凝器中被冷却水冷却,成为高压液体[放出热量 Q_K($Q_K = Q_0 +$ AL)],再经膨胀阀减压后,成为低温低压的液体。

4) 蒸发。低温低压的液体最终在蒸发器中吸收冷却介质(冷冻水)的热量而汽化。如此不断地循环,液态制冷剂不断从蒸发器中吸热而获得冷冻水,并成为空调系统的冷源。

由于冷凝器中所使用的冷却介质(水或空气)的温度比被冷却介质(水或空气)的温度高得多,因此上述制冷过程实际上就是从低温物质夺取热量而传递给高温物质的过程。由于热量不可能自发地从低温物体转移到高温物体,故必须消耗一定量的机械能(AL)作为补偿条件,正如要求使水从低处流向高处时需要通过水泵消耗电能才能实现一样。

(2) 吸收式制冷。吸收式制冷机以溴化锂水溶液为工质,其中水为制冷剂,溴化锂溶液为吸收剂。它主要包括发生器、冷凝器、蒸发器和吸收器4个部分。吸收式制冷系统的工作原理如图 3-69 所示。

吸收式制冷系统是根据溴化锂溶液在常温下(特别是低温时)吸收水蒸气能力很强,在高温下又能将所吸收的水分释放出来以及制冷剂水在低压下汽化时吸收周围介质热量的特性工作的。

它的工作过程是:制冷剂水在蒸发器内吸收空调回水的热量(制冷)而汽化成水蒸气,水蒸气进入吸收器中被浓溴化锂水溶液吸收,吸收水蒸气的溴化锂水溶液浓度变小后,被送至

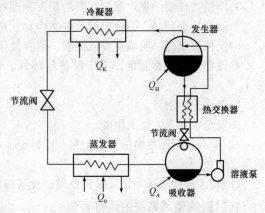

图 3-69 吸收式制冷系统的工作原理

发生器内加热浓缩，在加热过程中，溶液中的水重新汽化成水蒸气，再通过冷凝器将水蒸气冷凝为水而形成制冷剂水，经节流装置又进入蒸发器，再次汽化吸热，制备出空调冷冻水。

2. 制冷系统中的主要设备

(1)制冷压缩机。制冷压缩机的主要作用是从蒸发器中抽吸气态制冷剂，以保证蒸发器中有一定的蒸发压力，同时提高气态制冷剂的压力，使气态制冷剂能在较高的冷凝温度下被冷却剂冷凝液化。常用的制冷压缩机有离心式、螺杆式和活塞式。

(2)节流阀。节流阀的作用是对由冷凝器来的高压液态制冷剂进行节流降压，并保证冷凝器与蒸发器之间的压力差，以便使蒸发器中的液态制冷剂在要求的低压下蒸发吸热，达到降温制冷的目的，同时使冷凝器中的气态制冷剂在给定的高压下放热冷凝，还可调整进入蒸发器的制冷剂的流量。

(3)冷凝器。冷凝器的作用是把压缩机排出的高温高压的气态制冷剂冷却并使其液化。冷凝器根据所使用的冷却介质的不同，可分为水冷式冷凝器、风冷式冷凝器、蒸发式冷凝器和淋激式冷凝器等类型。

(4)蒸发器。蒸发器的作用是使由节流阀来的低温低压的液态制冷剂吸收周围的介质(空气、水等)的热量汽化，同时周围介质因失去热量而导致温度下降，从而达到制冷的目的。

(5)制冷机房。设置制冷设备的房屋称为制冷机房或制冷站。小型制冷机房一般附设在主体建筑内，制冷设备也可设在空调机房内。

五、建筑通风系统管理与维护

(一)建筑通风系统制度管理

通风系统是一个复杂的、自动化程度高的系统，除了依靠高技术素质和高度责任心的操作运行人员进行运行管理外，还要依赖科学的管理制度。

(1)建立健全各项管理制度。

1)岗位责任制。规定配备人员的职责范围和要求。

2)巡回检查制度。明确定时检查的内容、路线和应记录项目。

3)交接班制度。明确交接班要求、内容及手续。

4)设备维护保养制度。规定设备各部件、仪表的检查、保养、检修、定检周期的内容和要求。

5)清洁卫生制度。

6)安全、保卫、防火制度。

(2)应有执行制度时的各种记录：运行记录、交接班记录、水质化验记录、设备维护保养记录、事故记录等。

(3)制定操作规程，保证风机及辅助设备得以正确、安全地操作。

(二)建筑通风系统的运行管理

(1)开车前的检查。开车前要做好运行准备，必须对设备进行检查。主要检查项目：检查风机等转动设备有无异常；打开应该开启的阀门；给测湿仪表加水等。

(2)室内、外空气温、湿度的测定。根据当天的室内、外气象条件确定运行方案。

(3)开车。开车指启动风机等其他各种设备，使系统运转，向通风房间送风。启动设备时，只能在一台转速稳定后才允许启动另一台，以防供电线路启动电流太大而跳闸。风机启动要先开送风机，后开回风机，以防室内出现负压。风机启动完毕，再开电加热器等设备。

(4)运行。认真按规定时间做好运行记录，尤其是对刚维修过的设备更要多加注意，发现问题应及时处理，重大问题应立即报告。

(5)停车。先关闭加热器，再停回风机，最后停送风机。停车后巡视检查，检查完毕方可离开。

(三)建筑通风系统的维护

通风及防、排烟系统的维护主要包括4个方面：灰尘清理、巡回检查、仪表检定、系统检修。

1. 灰尘清理

通风系统的灰尘来源主要是新风、漏风、风管内积尘以及回风从室内带出来的灰尘等，运行人员要针对灰尘来源进行清理，防止空气污染。

2. 巡回检查

经常检查并及时更换空气过滤器。新风等粗效泡沫塑料过滤器要经常清洗，一般15~30天清洗一次；风机盘管过滤器30~40天清洗一次；中效玻璃纤维过滤器当阻力为初阻力的两倍、其他型号过滤器当达到其规定终阻力时要更换。更换安装过滤器时，不准污染滤料，安装要严密不漏风，对于循环使用的泡沫塑料滤料，清洗和晾干都要在干净的环境中进行，使用中最好先测定其效率，不合格者应更换。保持通风系统洁净，经常打扫风机箱，并定期上漆防锈，上漆要牢靠，不起粉尘。必要时要打扫风管内部。经常检查堵漏，尽量减少系统漏风点。消声器的材料要保持干净，当其积尘量大时要清洗或更换。要保持房间环境整洁，确保通风房间内的正压。定期测定送风和室内的含尘量，以便及时发现问题并予以解决。

对设备状态进行巡回检查的目的是做到心中有数，出现问题及时解决，对暂时维修不了的设备，应采取应变措施，待非使用期时维修。巡回检查的主要项目包括送回风机、水泵、电动机声音是否正常，轴承发热程度如何，传动带松紧是否合格；风机箱、风管等内部是否有锈蚀脱、漆现象，水阀门是否严密，开关是否灵活；风管、水管保温是否有损坏；各个部位的空气调节阀门是否损坏，固定位置是否变化；需定期清洗更换的设备(如各级过滤器等)是否已到清洗更换限度；配电盘、各种电器接线头是否松脱、发热，仪表动作是否正常等。

3. 仪表检定

仪表检定是指定期检验和校正测量、控制仪表设备，保证它们准确无误。

(四)风机常见故障原因与处理方法

风机常见故障原因与处理方法见表3-18。

表 3-18 风机常见故障原因与处理方法

故障	产生原因	处理方法
轴承箱振动剧烈	1. 机壳或进风口与叶轮摩擦 2. 基础的刚度不够或不牢固 3. 叶轮铆钉松动或皮带轮变形 4. 叶轮轴盘与轴松动 5. 机壳与支架、轴承箱与支架、轴承箱盖与座连接螺栓松动 6. 风机进、出气管道安装不良 7. 转子不平衡	1. 进行整修,消除摩擦部位 2. 基础加固或用型钢加固支架 3. 将松动铆钉铆紧或调换铆钉重铆,更换变形皮带轮 4. 拆下松动的轴盘,用电焊加工修复或调换新轴 5. 将松动的螺栓旋紧,在容易发生松动的螺栓中添加弹簧垫圈,防止松动 6. 在风机出口与风道连接处加装帆布或橡胶布软接管 7. 校正转子至平衡
轴承温升过高	1. 轴承箱振动剧烈 2. 润滑脂质量不良,变质,填充过多或含有灰尘、砂垢等杂质 3. 轴承箱盖座的连接螺栓过紧或过松 4. 轴与滚动轴承安装歪斜,前、后两轴承不同心 5. 滚动轴承损坏	1. 检查振动原因,并加以消除 2. 挖掉旧的润滑脂,用煤油将轴承洗净后调换新油 3. 适当调整轴承座盖螺栓紧固程度 4. 调整前、后轴承座安装位置,使之平直同心 5. 更换新轴承
电动机电流过大或温度升高	1. 开车时进气管道内闸门或节流阀未关闭 2. 风量超过规定值 3. 输送气体密度过大,使压力增高 4. 电动机输入电压过低或电源单相断电 5. 联轴器连接不正,橡皮圈过紧或间隙不匀 6. 受轴承箱振动剧烈的影响 7. 受并联风机发生故障的影响	1. 关闭风道内闸门或节流阀(离心式) 2. 调整节流装置或修补损坏的风管 3. 调节节流装置,减小风量,降低负载功率 4. 电压过低时应通知电气部门处理,电源单相断电时应立即停机修复 5. 调整联轴器或更换橡皮圈 6. 停机排除轴承箱振动故障 7. 停机检查和处理风机故障
皮带滑下	两皮带轮中心位置不平行	调整两皮带轮的位置
皮带跳动	两皮带轮距高较近或皮带过长	调整电动机的安装位置
风量或风压不足或过大	1. 转速不合适,或系统阻力不合适 2. 风机旋转方向不对 3. 管道局部阻塞 4. 调节阀门的开启度不合适 5. 风机规格不合适	1. 调整转速或改变系统阻力 2. 改变转向,如改变三相交流电动机的接线换位 3. 清除杂物 4. 检查和调节阀门的开启度 5. 选用合适的风机

六、建筑空调系统管理与维护

(一)空调系统的制度管理

空调系统是一个复杂的、自动化程度高的系统,它的正常运转除了要求配备高技术素质及高度责任心的操作运行人员外,还依赖科学的管理制度。具体要求如下。

1. 建立各项规章制度

要做好空调系统的管理工作,就必须制定以下制度:

(1)岗位责任制:规定配备人员的职责范围和要求。
(2)巡回检查制度:明确定时检查的内容、路线和应记录的项目。
(3)交接班制度:明确交接班的要求、内容及程序。
(4)设备维护保养制度:规定设备各部件、仪表的检查、保养、检修、检定周期的内容和要求。
(5)清洁卫生制度。
(6)安全、保卫、防火制度。

2. 制定操作规程

设备操作规程是按风机及其辅助设备使用说明书并与制造厂商一起制订的,一般包括以下操作规程:

(1)空调机操作规程。
(2)制冷机操作规程。
(3)冷却塔操作规程。
(4)水处理设备操作规程。
(5)水泵操作规程。
(6)换热器操作规程。
(7)其他设备操作规程。

(二)空调系统的运行管理

空调系统的运行管理主要是对空调系统的运行进行调节。由于室内本身的热、湿负荷是变化的,室外的气象参数一年四季也大不相同,空调系统不可能都按满负荷运行,所以为保证室内温、湿度的要求,必须根据负荷的变化进行运行调节。空调系统的运行应注意以下几个环节。

1. 开车前的检查

开车前要做好运动准备工作,检查风机、水泵等运转设备有无异常,冷、热水温度是否合适;给测湿仪表加水,打开系统的阀门,并检查供水、供电、供气设备是否正常。

2. 室内、外空气参数的测定

室内、外空气参数的测定主要指测定室内、外空气的温度和湿度,室内、外空气参数决定了空调系统的运行方案。

3. 开车

开车即启动风机、水泵、电加热器和其他各种空调设备，使空调系统运转。开车时要注意安全，防止触电。启动设备时，只能在一台设备运转稳定后才允许启动另一台设备，以防供电线路因启动电流太大而跳闸。风机启动时要先启动送风机，后启动回风机，以防室内出现负压。风机启动完毕，再启动电加热器等设备。设备启动完毕，再巡视一次，观察各种设备运转是否正常。

4. 运行

开车后空调系统便投入使用，值班人员要精神集中，不许擅离职守，不许大声喧闹。认真按规定做好运行记录，读数要准确，填写要清楚。应随时巡视机房，对刚维修过的设备要更加注意。掌握设备运转情况，监督各种自动控制仪表，保证其动作正常，发现问题应及时处理，出现重大问题要立即报告。要仔细观测和分析实际运行与所确定方案是否相符。要随时调节、控制好各空气参数。

5. 停车

停车就是停止空调系统的运行，关闭各种空调设备。操作时应先关闭加热器，再关闭回风机，最后关停送风机。值班人员检查无异常情况后方可离开。

(三) 空调设备的维护

1. 空调机组的维护

空调机组的维护主要包括空调机组的检查及清扫，一般在停机时进行，主要检查机组内的过滤网、盘管、风机叶片及箱底的污染、锈蚀程度和螺栓坚固情况，对机组要进行彻底清扫，并在运转处加注润滑油，损坏的部件要及时更换。内部检查后进行单机试车，同时检查电流、电动机温升、设备的振动及噪声等是否正常。单机试车结束后进行运行试车，注意送、回风温度是否正常，各种阀门、仪表运行是否正常。

2. 风机盘管的维护

风机盘管的主要维护项目见表 3-19。

表 3-19　风机盘管的主要维护项目

设备名称	项目		
	巡视检查项目	维修项目	周期
空气过滤器	过滤器表面污垢情况	用水清洗	1 次/月
盘管	肋片管表面的污垢情况	清洗	2 次/年
	传热管的腐蚀情况	清洗	2 次/年
风机	叶轮粘污灰尘情况	清理叶轮	2 次/年
滴水盘	滴水盘排水情况	清扫防尘网和水盘	2 次/年
管道	隔热结构、自动阀的动作情况	—	及时修理

3. 换热器的维护

换热器的维护包括对换热器表面翅片的清洗和除垢，可采用压缩机吹污、手工或机械除污或化学清洗等方法。

4. 风机的维护

空调系统中，风机的维修工作包括小修和大修两个部分，见表3-20。

表 3-20 风机的维修工作

维修方式	修理内容
小修	1. 清洗、检查轴承 2. 紧固各部分螺栓，调整皮带的松紧度和联轴器的间隙及同轴度 3. 更换润滑油及密封圈 4. 修理进、出风调节阀等
大修	1. 在小修的基础上，解体清洗，检查各零部件 2. 修理轴瓦，更换滚动轴承 3. 修理或更换主轴和叶轮，并对叶轮的静、动平衡进行校验等

5. 制冷机组的维护

由于蒸汽压缩机冷水机组的自动化程度较高，且有自动安全保护措施，所以在维护管理过程中要防止制冷剂泄漏，在氨制冷机房中要有可靠的安全措施，例如事故报警装置、事故排风装置等。溴化锂吸收式机组在运行时易结晶，机组内真空度易破坏，运行管理复杂，要制定专门的维护保养计划。

任务小结

本任务介绍了建筑通风系统的分类，其可分为自然通风和机械通风，其中机械通风又可分为全面通风、局部通风和混合通风3种。通风系统一般包括风管、风管部件、风管配件、风机及除尘设备等。机械通风的主要设备有风机、风管或风道、风阀、风口和除尘设备等。对通风系统的维护包括灰尘清理、巡回检查、仪表检定和系统检修4个方面。

本任务还对空调系统进行了概述，介绍了空调系统的空气处理设备、空调系统的空气输送与分配设备、空调系统的制冷设备，以及空调系统管理与维护等内容。空调系统的概述主要介绍了空气环境的基本衡量参数、空调系统的组成与分类等内容。空调系统的空气处理设备主要包括空气加热设备、空气冷却设备、空气加湿设备、空气减湿设备等。空调系统的空气输送与分配设备包括风机、风道、风阀等。空调系统的管理与维护包括空调系统的制度管理、空调的运行管理、空调机组的维护、风机盘管的维护、换热器的维护、风机的维护、制冷机组的维护等。

实践与训练

一、实训内容
1. 机组的检查及清扫。
2. 风机盘管的维护。
3. 换热器的维护。
4. 离心式风机的保养与检修。

二、实训步骤
1. 联系物业服务企业，将学生分成小组，每个小组交叉安排实训内容。
2. 由物业服务企业专业人员和实训指导教师现场指导学生，按预先安排内容分组实训。
3. 学生实训结束，写实训报告和体会，教师按实训报告和物业服务企业专业人员现场评定判断实训效果。

思考与讨论

1. 自然通风和机械通风的特点是什么？它们有何区别？各适用于何种场合？
2. 风机的分类方法有几种？
3. 通风系统的运行管理需要注意哪些问题？
4. 半集中式空调系统有哪些优点？有哪些缺点？
5. 离心式风机由哪几部分组成？其工作原理是什么？
6. 要做好空调系统的管理工作，需要制定哪些制度？
7. 风机维修工作的大修和小修包括哪些内容？
8. 制冷机组的维护包括哪些内容？

模块四　建筑电气设备设施管理与维护

> **学习要求**

1. 掌握建筑供配电系统管理与维护。
2. 掌握电气照明系统管理与维护。
3. 掌握电梯管理与维护。
4. 掌握建筑防雷及安全用电管理与维护。
5. 掌握建筑弱电系统管理与维护。

任务一　建筑供配电系统的管理与维护

> **知识目标**

1. 了解电力系统的组成。
2. 掌握低压配电的接线方式。
3. 掌握低压配电系统保护装置的名称、功能以及应用。
4. 掌握建筑供配电系统管理与维护。

> **能力目标**

1. 能够理解建筑供配电系统的工作原理。
2. 具有建筑供配电系统维护与管理的能力，能够设置相应的管理制度。

> **案例引导**

强电井管理不善，安全隐患无穷

2017年4月14日中午，某项目维修前台连续接到三家业主报修家中停电，后经查看发现227号的3楼和9楼母线插件处（该项目使用铜排作为母线）有明显的短路电灼现象，于是及时向母线厂家报修。厂方对烧坏的母线插件拆开检查，发现插件内部很潮湿，分析是潮湿造成了三相短路。在排除了强电井存在渗水的原因以后，分析可能有人小便造成潮湿。该项目在业主入住时给业主配置有楼道水表井钥匙，由于水表井与强电井都使用通锁，业主往往打开楼道内强电井存放物品。

【案例分析】

1. 业主有强电井的钥匙，随时可以打开强电井存放物品，有业主可能打开门后不及时上锁，小孩有可能进去小便。强电井内使用铜排作母线，防护能力很低，如果小孩小便时尿在铜排上立刻会触电，后果是不堪设想的。

2. 拥有强电井钥匙的业主数量较多，大部分业主不能意识到井道内存在触电危险，业主在强电井内存放物品可能碰到铜排，风险是巨大的。

【案例启示】

1. 对于专业物业服务企业，基本要求是识别客户身边的风险，及时排除，保障客户的生命财产安全不受威胁。业主长期持有强电井的钥匙，没有发现其中的巨大风险或没有及时采取措施，反映了物业管理人员对风险的麻木和迟钝。强电井内一旦发生触电事故，物业服务企业必须承担不可推脱的法律责任和道义责任。

2. 有时候采取措施规避风险需要成本投入，实际工作中物业服务企业对较大的成本投入存在顾虑，没有清楚判别风险的严重性。

知识准备

一、建筑供配电系统概述

(一)供配电系统

供配电系统是由各类型发电厂、升(降)压变电站、电力网(输电、变电、配电)和电能用户组成的整体，常称为输配电系统或供电系统，如图 4-1 所示。

建筑用电一般都是供配电系统提供的，一般建筑采用低压供电，高层建筑采用 10 kV 甚至 35 kV 供电。发电厂多数建造在燃料、水力资源丰富的地方，而电能用户是分散的，往往又远离发电厂。这样就必须设置输电线路和变电站等中间环节，将发电厂发出的电能输送给用户。

(1)发电厂。发电厂将自然蕴藏的各种一次能源(水的位能、煤的热能、原子的核能等)转换成电能(称为二次能源)。根据所利用能源的不同，发电厂可分为火力发电厂、水力发电厂、原子能发电厂、地热发电厂、潮汐发电厂以及风力发电厂、太阳能发电厂等。在现代的电力系统中，各国多以火力发电厂和水力发电厂为主。

(2)变电站。变电站是接受电源、变换电压和分配电能的场所，由电力变压器、母线、开关及控制保护设备组成。其主要功能是将电压经过变压器升高，送入高压输电线路，待电能送到用电地区后，再把电压降低，供用户负载使用。

仅用来接收和分配电能而不改变电压的场所称为配电场。

(3)电力网。电力网是指电力系统中各种不同电压等级的电力线路及其所联系的变电站。其任务是将发电厂生产的电能输送、变换和分配到电能用户。

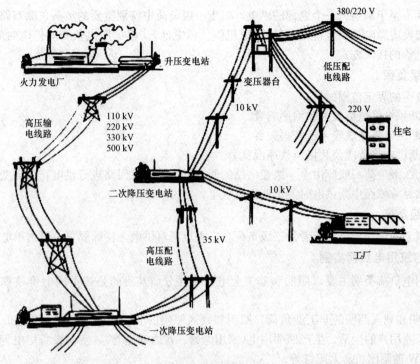

图 4-1 供电系统

电力网按其功能常分为输电网和配电网两大类。由 35 kV 及以上的输电线路和与其连接的变电站组成的电力网称为输电网,它是供配电系统的主要网络,它的作用是将电能输送到各个地区或直接输送给大型用户;由 10 kV 及以下的配电线路和配电变压器所组成的电力网称为配电网,它的作用是将电能分配给各类不同的用户。

(4)电能用户。电能用户是所有用电设备的总称。

(二)建筑用电负荷级别

建筑用电负荷是根据建筑的重要性和对其短时中断供电在政治上和经济上所造成的影响和损失来分等级的,工业和民用建筑的用电负荷可分为三级。

1. 一级负荷

一级负荷的界定范围如下:
(1)中断供电将造成人员伤亡者。
(2)中断供电将造成重大政治影响者。
(3)中断供电将造成重大经济损失者。
(4)中断供电将造成公共场所的秩序严重混乱者。

要求:一级负荷应有两个独立电源供电,即双路独立电源中任意一个电源发生故障或停电检修时，都不至于影响另一个电源的供电。对于一级负荷中特别重要的负荷，除双路独立电源外，还应增设应急电源或自备电源（如发电机组、蓄电池）。根据用电负荷对停电时间的要求，确定应急电源的接入方式。

2. 二级负荷

二级负荷的界定范围如下：
(1) 中断供电将造成较大政治影响者。
(2) 中断供电将造成较大经济损失者。
(3) 中断供电将造成公共场所秩序混乱者。

要求：二级负荷一般应由上一级变电站的两端母线上引双回路进行供电，保证变压器或线路因发生常见故障而中断供电时能迅速恢复供电。

3. 三级负荷

凡不属于一级和二级负荷者为三级负荷。三级负荷对供电无特殊要求，可由单电源供电。

(三) 建筑用电负荷类别

建筑用电负荷类别主要以照明和非工业电力来区分，其目的是按不同电价核算电力支付费用。

(1) 照明和划入照明的非工业负荷。照明和划入照明的非工业负荷包括民用电，非工业用户和普通工业用户的生活、生产照明用电（家用电器、普通插座等），空调设备用电等，总容量不超过 3 kW 的晒图机、太阳灯等。

(2) 非工业负荷。非工业负荷包括商业用电、高层建筑内电梯用电，民用建筑中供暖风机、生活煤机和水泵等动力用电。

(3) 普通工业负荷。普通工业负荷指总容量不足 320 kV·A 的工业负荷，如食品加工设备用电等。

二、建筑供配电系统

住宅小区或高层楼宇要保持正常的使用功能，就离不开电能的正常供应。供电设备管理是物业服务企业为保证住宅小区或高层楼宇电能正常供应所采取的一系列管理活动的总称。建筑供配电系统一般由总降压变电站、高压配电线路、分变电站、低压配电系统和用电设备组成。

(一) 建筑的配电方式

一般用电单位都从供电局的供电线路上取得电源。物业服务企业管辖的供配电设备与电能的供应方式有着密切关系。根据需要将电能分配到各个用电点，称为配电。配电的接线原则上应考虑简单、经济、安全、操作方便、调度灵活和有利发展等因素。但由于配电系统直接和用电设备相连，故对接线的可靠性、灵活性和方便性方面有更高的要求。低压配电方式一般分为以下 3 种。

1. 放射式

放射式配电是指各用电设备至电源都有单独的线路，如图 4-2(a) 所示。其优点是各个负荷独立受电，故障范围仅限于本回路。各分配箱与总配电箱之间由独立干线连接，各干线互不干扰，发生故障需要检修时，只需切断本回路电源而不影响其他回路，并且回路中电动机的启动引起的电压波动对其他回路的影响也较小。其缺点是所需开关和线路较多，建设费用较高。因此，放射式配电多用于比较重要负荷的建筑中。

2. 树干式

树干式配电是指各用电设备共用一条供电线路，如图 4-2(b)所示。其优点是有色金属耗量少、造价低；缺点是干线故障时影响范围大，可靠性较低。一般用于用电设备的布置比较均匀、用量不大、无特殊要求的场合。它是目前照明设备中常用的配电一种方式。

3. 混合式

混合式配电是将放射式与树干式相混合的配电方式[图 4-2(c)]，它兼有以上两者的特点，这种方式多用于多层及高层建筑。

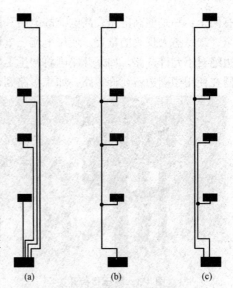

图 4-2 常用低压配电方式
(a)放射式；(b)树干式；(c)混合式

(二)供配电系统的主要设备

供配电系统主要包括如下设备。

1. 高压配电设备

(1)高压负荷开关。高压负荷开关是一种专门用于接通和断开负荷电流的高压电气设备，如图 4-3 所示。在装有脱扣器时，它在过负荷情况下也能自动跳闸。它仅有简单的灭火装置，所以不能切断短路电流。在多数情况下，高压负荷开关与高压熔断器串联，借助高压熔断器切断短路电流。高压负荷开关分为户内式和户外式。户内压气式高压负荷开关的外形和隔离开关很相似。

(2)高压隔离开关。高压隔离开关主要用于用电设备与电源的连通或隔离，如图 4-4 所示。其主要结构特点是无灭弧装置分闸时有明显的断点，因此它仅能在空载下起通断作用，不能带负荷操作，主要作用是在检修时用于隔离电源。

(3)高压断路器。高压断路器的主要结构特点是有较完善的灭弧装置，如图 4-5 所示，分闸时无明显断点，可通、断正负荷电流、过负荷电流和一定的短路电流。

(4)高压熔断器。高压熔断器主要用于电路的短路保护，主要分为 RN 型和 RW 型两类，RN 型高压熔断器如图 4-6 所示，它有较强的灭弧能力，可在电路短路，电流达到最大值之前断开电路，RW 型高压熔断器的灭弧能力较弱，在电路短路，电流达到最大值以前不能断开电路。

(5)电流、电压互感器。电流、电压互感器都是特殊变压器，如图 4-7 所示，其主要作用有两个：一是使高电压、高电流的电路和测量仪表，继电保护电器隔离，以保障观察人员的安全；二是扩大仪表的量程。使用电流、电压互感器时应注意两点：一是电流互感器在使用中副边绝对不允许开路，如果开路则将产生不能允许的高压，击穿绝缘且造成事故；二是电压互感器在使用中副边不允许短路，如果短路则会被烧毁。

图 4-3　高压负荷开关

图 4-4　高压隔离开关

图 4-5　高压断路器

图 4-6　RN 型高压熔断器

(a)

(b)

图 4-7　电流、电压互感器

(a)电流互感器；(b)电压互感器

2. 低压配电设备

低压配电设备通常是指工作在交流电压为 1 kV 及以下的电气设备，它对电能的产生、运输分配与应用起着开关、控制、保护与调节的作用。按照低压电器的用途，它可以分为配电电器和控制电器。常用的低压配电设备主要有刀开关、自动空气开关、熔断器、漏电保护器等，而常用的成套低压配电设备有配电柜(盘)。

(1) 刀开关。刀开关如图 4-8 所示，它是最简单的手动控制电器。刀开关可用于非频繁接通和切断容量不大的低压供电线路，并兼作电源隔离开关。刀开关断开的负荷电流不应大于设计容许的断开电流。一般结构的刀开关通常不允许带负荷操作，有灭弧罩的低压刀开关可通、断负荷电流，没有灭弧罩的低压刀开关只能作为隔离电源用。

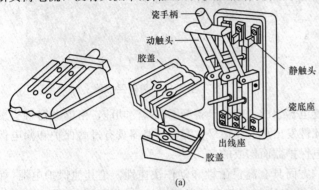
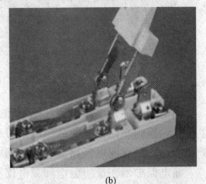

图 4-8 刀开关
(a)结构；(b)实物

(2) 自动空气开关。自动空气开关如图 4-9 所示，它属于一种能自动切断电路故障的控制兼保护电器。在正常情况下，它可起控制电路"开"与"合"的作用；在电路出现故障时，能自动切断故障电路从而起到保护作用。其主要用于配电线路的电器设备的过载、失压和短路保护，自动空气开关动作后，只要排除故障，一般不需要更换零件，即可以再投入使用。自动空气开关的分断能力较强，应用广泛，是低压电路中非常重要的一种保护电器。

(3) 熔断器。熔断器是一种保护电器，它主要由熔体和安装熔体用的绝缘器组成，如图 4-10 所示。它在低压电网中主要用于短路保护，有时也用于过载保护。熔断器的保护作用是靠熔体来完成的。一定截面的熔体只能承受一定值的电流，当通过的电流

图 4-9 自动空气开关

超过规定值时，熔体将熔断，从而起到保护作用。熔断器主要可分为 RN 型、RM 型等。RN 型熔断器可在短路电流到达最大值以前断开电路，RM 型熔断器则不能。

(4) 漏电保护器。漏电保护器又称触电保安器，是一种自动电器，装有检漏元件和联动

执行元件，能自动分断发生故障的线路如图 4-11 所示。漏电保护器能迅速断开发生人身触电、漏电和单相接地故障的低压线路。漏电保护器按其保护功能及结构特征，可分为漏电继电器和漏电断路器。

图 4-10　熔断器

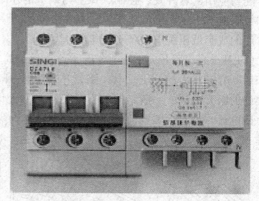

图 4-11　漏电保护器

漏电继电器由零序电流互感器和继电器组成。它仅具备判断和检测功能，由继电器触头发生信号，控制断路器分闸或控制信号元件发出声、光信号。漏电断路器具有过载保护和漏电保护功能，它是在漏电断路器上加装漏电保护器而构成的。

漏电保护器在反应触电和漏电保护方面具有高灵敏性和动作快速性，是其他保护电器（如熔断器、自动空气开关等）无法比拟的。自动空气开关和熔断器正常时要通过负荷电流，它们的动作保护值要避开正常负荷电流来整定，因此它们的主要作用是切断系统的相间短路故障（有的自动空气开关还具有过载保护功能）。漏电保护器是利用系统的剩余电反应和动作的，正常运行时系统的剩余电流几乎为零，故它的动作整定值可以很小（一般为 mA 级），当系统发生人身触电或设备外壳带电时会出现较大的剩余电流，漏电保护器则通过检测和处理这个剩余电流后可靠地动作，切断电源。

低压配电系统中设漏电保护器是防止人身触电事故的有效措施之一，也是防止漏电引起电气火灾和电气设备损坏事故的技术措施。但安装漏电保护器并不等于绝对安全，运行中仍应以预防为主，并应同时采取其他防止触电和电气设备损坏事故的技术措施。

（5）配电柜与配电盘。为了集中控制和统一管理供配电系统，常把供配电系统中的开关、计量表、保护设备等集中布置在一起。于是，在高压系统中就形成了各种高压配电柜；在低压系统中，就形成了各种低压配电盘或配电柜。图 4-12 所示为配电柜实物。

配电盘是直接向低压用电设备分配电能的控制、计量盘。按用电设备的种类，配电盘分为照明配电盘和照明动力

图 4-12　配电柜实物

配电盘。配电盘应尽量置于用电负荷中心，以缩短配电线路和减少电压损失。

配电柜是用于成套安装供配电系统中受、配电设备的定型柜，分为高压、低压配电柜两大类，各类规格有统一的外形尺寸。使用单位按照供配电过程中不同功能的要求，选用不同标准的接线方案。

3. 电力变压器

电力变压器的功能是对电能的电压进行变换，它是交流供电系统中的重要设备。一般将高压配电柜送来的 6 kV 或 10 kV 高压电转变成 380 V 或 220 V 低压电的变压器，称为降压变电器。变压器容量的单位是千瓦(kW)。

电力变压器有油浸式变压器和环氧树脂干式变压器两种。过去应用较广泛的是油浸式变压器。油浸式变压器如图 4-13 所示，它依靠变压器油的循环散热来冷却变压器，体积大、噪声大。环氧树脂干式变压器为空气冷却式，如图 4-14 所示，其绕组由铜铝导线或铜铝箔带绕制后用环氧树脂真空浇注经固化密封成一体，具有良好的电气性能和机械性能，且降低了变压器的噪声。由于后者没有封闭的外壳式冷却油箱，且具有防爆、防火性能较好的特点，因此经常用于高层建筑以及易燃易爆场所。目前，环氧树脂干式变压器在我国得到广泛应用，我国已成为世界上环氧树脂干式变压器产销量最大的国家。

图 4-13　油浸式变压器

图 4-14　环氧树脂干式变压器

电力变压器的频率为 50 Hz。变压器适宜环境要求是有良好的通风、无严重的振动、无有害气体及灰尘污染。变压器室内不允许有水、煤气等管道穿越，消防灭火应采用气体灭火方式，电力变压器按额定负荷 20 年的寿命设计，其寿命主要受绝缘材料老化程度的影响。

三、建筑供配电系统管理与维护

为了保障住宅小区或楼宇设备的正常运转，必须对建筑供配电系统进行有效的管理与维护。

为此,物业服务企业应该了解和掌握全部设备的各项资料,制定相应可行的管理与维护办法。

(一)供配电系统的管理

1. 供配电系统管理范围的界定

依据《全国供用电规则》对维护管理与产权分界的界定,供配电部门与用户电气设备的维护管理范围的界定应该遵照以下原则:

(1)低压供电的,以供电接户线的最后支持物为分界点,支持物属供电局。

(2)10 kV及以下高压供电,以用户墙界外或配电室前的第一断路器或进线套管为分界点,第一断路器或进线套管的维护责任由双方协商确定。

(3)35 kV及以上高压供电,以用户墙界或用户变电站外第一基电杆为分界点,第一基电杆属供电局。

(4)若采用电缆供电,本着便于维护管理的原则,由供电局与用户协商确定。

(5)产权属于用户的线路,以分支点或以供电局变电站外第一基电杆为分界点,第一基电杆维护管理责任由双方协商确定。

(6)计费电表及附属件的购置、安装、移动、变更、校验、拆除、加封、启封等,均由供电局负责办理。

(7)供电局和用户分工维护管理的供电、用电设备,未经分管单位同意,对方不得操作或更动。如因紧急事故必须操作或更动,事后应迅速通知分管单位。

(8)供电局由于工程施工或线路维护的需要,在用户处凿墙、挖沟、掘坑、巡线等时,用户应给予方便,供电局人员应遵守用户的有关安全保卫制度。用户到供电局维护的设备区工作,应征得供电局同意并在供电局人员的监护下进行工作。竣工后,均应及时修复。

2. 配备专业的管理人员

接收供配电设备后,应根据管理供配电设备的种类和数量分别配备专业技术人员进行管理。

3. 建立供配电设备档案

住宅区或高层楼宇以每栋楼为单位收集和整理有关技术资料,建立和健全供配电设备档案。档案内容主要包括各类图纸、数据、记录和报告等。

4. 供配电系统管理的内容

(1)负责供配电系统运行和维修的人员必须持证上岗,并配备专业人员。

(2)建立严格的配送电运行制度和电气维修制度,加强日常维护检修。

(3)建立24 h值班制度,做到发现故障及时排除。

(4)保证公共使用的照明灯、指示灯、显示灯和园艺灯的良好状态;电气线路符合设计、施工技术要求,线路负荷要满足业主需要,确保变配电设备安全运行。

(5)停电、限电提前出安民告示,以免造成经济损失和意外事故。

(6)对临时施工工程及住户装修要有用电管理措施。

(7)对电表安装、抄表、用电计量及公共用电进行合理分配。

(8)发生特殊情况,如火灾、地震和水灾时,要及时切断电源。
(9)禁止乱拉接供电线路,严禁超载用电,如确需要,必须取得主管人员的书面同意。
(10)建立各类供配电设备档案,如设备信息卡等。

5. 供配电设备运行中的巡视管理

供配电设备运行中的巡视管理的依据是物业服务企业工程部制定的运行巡视管理规范。

(1)运行巡视制度主要考虑巡视的间隔次数并按规定填写《运行巡视记录表》。

(2)运行巡视的内容包括变配电室巡视和线路巡视,在巡视过程中若发现问题和故障应及时进行处理。

(3)在巡视中发现问题时应考虑个人的能力,处理问题时应严格遵守物业服务企业制定的《供配电设备设施安全操作标准作业规程》和《供配电设备设施维护保养标准作业规程》的规定。

6. 发电机房管理

(1)未经管理处主管同意,非管理处人员不得随意进入发电机房。

(2)柴油机组平时应置于良好的状态,蓄电池置于浮充电状态,冷却水应满足运行要求,油箱内应储备 8 h 满负荷用油量,室内应配备应急照明灯,柴油机组的开关及按钮非值班技工或维修人员不得操作,操作人员必须熟悉设备,严格按照操作规程操作。

(3)发电机房内严禁吸烟、点火,不能堆放任何杂物,更不能存放易燃物品。室内应配备手持式气体灭火器。

(4)每两个星期启动柴油机空载试机一次,时间为 15~20 min,发现问题及时处理并做好记录。

(5)发电机房及机组的清洁卫生由技工班负责,确保设备无积尘,墙、地面卫生整洁。

7. 配电房管理

配电房是安装配电设备设施的建筑,如果设备出现事故,后果十分严重,因此配电房的全部机电设备由机电班负责管理和值班,停送电由值班电工操作,非值班电工禁止操作,无关人员禁止进入配电房,非管理处人员须办理书面许可才能进入。配电房的日常管理应严格执行相关规定。

8. 配电房交接班管理

(1)接班人员应提前 10 min 到达工作岗位,以便及时做好接班准备,了解设备运行情况,准确无误地做好接班手续。

(2)接班人员生病、有酒意或精神不振时不得接班;值班人员缺勤时,应报告主管领导。

(3)交接班双方事先做好准备,必须按照下列内容进行交接:

1)运行记录、事故记录及设施记录、工作票、操作票、主管部门的通知及运行图纸等应正确齐全。

2)工具、设备用具、仪器、消防设备及钥匙等应齐全完整,室内外应清洁。

3)若在交接班时发生事故或执行重大操作,应由交班人员处理完毕后方可交接,接班人员要协助处理。

4)以上手续办好之后,双方应在记录本上签字。

5)双方签字之后,表示交接班手续已办妥,正式生效;未履行交接班手续的值班人不可离开工作岗位。

(二)供配电系统的养护

供配电系统的养护由值班电工负责实施,遵照相关规定定时进行。

1. 配电柜的养护

配电柜的养护每半年一次,养护前一天应通知用户拟停电的起止时间。将养护所需使用工具和安全工具准备好,办理好工作票手续。由电工组的组长负责指挥,要求全体人员思想一致、分工合作,高效率地完成养护工作。

2. 配电柜的分段养护

当配电柜较多时,一般采用双列方式排列。两列之间由柜顶的母线隔离开关相连。为缩减停电范围,对配电柜进行分段养护。先停掉一段母线上的全部负荷,打开母线隔离开关。检查确认无电后,挂上接地线和标示牌即可开始养护。养护时应检查下列内容:

(1)检查母线接头有无变形、放电的痕迹,紧固连接螺栓以确保连接紧密。母线接头处有脏物时应清除,螺母有锈蚀现象时应更换。

(2)检查配电柜中各种开关,取下灭弧罩,看触头是否损坏。紧固进出线的螺栓,清洁柜内尘土,试验操动机构的分合闸情况。

(3)检查电流互感器和各种仪表的接线,并逐个接好。

(4)检查熔断器的熔体和插座是否接触良好,有无烧损。

在检查中发现的问题,视其情况进行处理。该段母线上的配电柜检查完毕后,用同样的办法检查另一段。全部养护工作完成后恢复供电,并填写《配电柜保养记录》。

3. 电力变压器的养护

电力变压器的养护每半年一次(一般安排在每年的4月份和10月份),由值班电工进行外部清洁保养。在停电状态下,清扫电力变压器的外壳,检查电力变压器的油封垫圈是否完好。拧紧电力变压器的外引线接头,若有破损应修复后再接好。检查电力变压器绝缘子是否完好、接地线是否完好,若损伤则予以更换。测定电力变压器的绝缘电阻,当发现绝缘电阻低于上次养护时的30%~50%时,应安排修理。

(三)供配电系统的维护

1. 架空线路的维护

架空线路由于在露天设置,常年经受风、雨、雷、电侵袭和自身机械荷载,还经常遭受其他外力因素的影响,如电杆和拉线被攀登、碰撞等,容易出现故障直至停电,所以对架空线路需经常进行维护。其基本措施是巡视检查,以及时发现故障并及时处理。

物业小区的架空线路一般要求每月进行一次巡视检查;遇恶劣天气及发生故障时,应临时增加检查次数。巡视检查的内容如下:

(1)检查电杆有无倾斜、变形或损坏;查看电杆基础是否完好。
(2)检查拉线有无松弛、破损现象,拉线金具及拉线桩是否完好。
(3)检查线路是否与树枝或其他物体接触,导线上是否悬挂风筝等杂物。
(4)检查导线的接头是否完好,有无过热发红、氧化或断脱现象。
(5)检查绝缘子有无破损、放电或严重污染等现象。
(6)检查沿线路的地面有无易燃、易爆或强腐蚀性物体堆放。
(7)检查沿线路附近有无可能影响线路安全运行的危险建筑物或新建违章建筑物。
(8)检查接地装置是否完好,特别在雷雨季节前应对避雷接地装置进行重点检查。
(9)检查其他可能危及线路安全的异常情况。

巡视人员应将检查中发现的问题做好专用的运行维护记录,对能当场处理的问题应当立即处理;对重大的异常现象应报告主管部门迅速处理。

2. 电缆线路的维护

电缆线路大多埋设于地下,维护人员应首先全面细致地了解电缆的走线方向、敷设方式及电缆头的位置等基本情况,一般每季度进行一次巡视检查。如遇大雨、洪水等特别情况,则应临时增加巡视检查次数。巡视检查的内容如下:
(1)对明敷的电缆,应检查其外表有无损伤,沿线的挂钩、支架是否完好。
(2)对暗敷的电缆,应检查有关盖板或其他覆盖物是否完好,有无挖掘破坏痕迹。
(3)检查电缆沟有无积水、渗水现象,是否堆有易燃、易爆物品或其他杂物。
(4)检查电缆头(中间接头及终端封头)是否完好,有无破损、放电痕迹,有无开裂或绝缘填充物溢出等现象。
(5)检查其他可能危及电缆线路安全运行的问题。

对巡视检查中发现的问题应进行记载并及时报告处理。

任务小结

本任务主要包括建筑供配电系统概述、建筑供配电系统、建筑供配电系统管理与维护3个部分内容。供配电系统一般由发电厂、变电站、电力网和电能用户组成。

高压配电设备包括高压负荷开关,高压隔离开关,高压断路器,高压熔断器,电流、电压互感器等。低压配电设备包括刀开关、自动空气开关、熔断器、漏电保护器等。供配电系统管理与维护包括供配电系统的管理、供配电系统的养护和供配电系统的维护等内容。

实践与训练

一、实训内容

1. 参观学校配电房或者小区的供配电系统,注意安全。

2. 拟写相关管理制度。
二、实训步骤
1. 为配电房值班人员制定"值班记录表格"，内容包括值班期间的设备使用状况描述、运行设备基本描述、发生异常情况的原因、值班期间接受和执行的指令或通知。
2. 书写实训报告和实训体会。

思考与讨论

1. 简述供配电系统的构成及其各部分的作用。
2. 电力负荷是如何分级的？各级负荷对供电电源有何要求？
3. 供配电系统管理范围的界定标准是什么？
4. 漏电保护器的作用是什么？它可以单独使用吗？
5. 低压配电方式有哪几种？
6. 供配电系统应该如何进行档案管理？
7. 供配电系统养护的目的是什么？在日常生活中应如何进行养护？

任务二　电气照明系统的管理与维护

知识目标

1. 了解照明的基本概念、分类、质量。
2. 熟悉常用电光源、照明灯具。
3. 掌握照明配电系统的组成。
4. 掌握电气照明的常见故障与维护。

能力目标

1. 学习照明基础知识，能够识别照明的不同种类。
2. 能够合理选择各种照明灯具。
3. 能够对电气照明的常见故障进行合理的处理。

案例引导

楼道灯不亮造成骨折

李老太太家住某小区12楼，有一天晚上李老太太想从楼道爬到15楼楼顶锻炼身体，结果爬到14层的时候发现楼道灯不亮，眼前一片漆黑，李老太太摸着黑慢慢往上爬，结果不慎摔倒，造成左脚踝、右腿粉碎性骨折。李老太太认为，这次的严重摔伤是由楼道灯不亮造成的，物业服务公司负有维修和管理不到位的责任，要求物业服务公司承担赔偿责任。判决结果：法院经过审理后判决，物业服务公司赔偿李老太太医疗费及精神损失费共计9 000余元。

问题：你认为物业服务公司应该承担李老太太的赔偿责任吗？请说明理由。

知识准备

一、照明基础知识

合理的电气照明是保证安全生产、提高生产效率和保护工作人员视力健康的必要条件。电气照明具有灯光稳定、易于调节控制和安全等特点，是现代人工照明中应用最广泛的一种照明方式。

(一)电气照明的种类

建筑物内的照明，根据建筑物的功能、生产工艺及装饰等各方面的不同要求，其照度的标准和灯光的布置也不相同，一般分为正常照明、应急照明、值班照明、障碍照明和泛光照明。

1. 正常照明

满足一般生产、生活需要的照明为正常照明。所有居住的房间和供工作、运输、人行的走道，以及室外场地，都应设置正常照明。正常照明按照照明装置的分布特点，又分为一般照明、局部照明和混合照明3种方式。

(1)一般照明。为照亮整个工作场地(房间)而设置的照明，灯具布置基本均匀，同一场地(房间)的照度相同，又称一般均匀照明。这种照明方式适用于对光照方向无特殊要求、受条件限制、不适合装设局部照明的场所。

(2)局部照明。局部照明是单独为某个部位设置照明装置，以满足提高局部照度要求的一种照明方式，分为固定式和移动式两种。

(3)混合照明。混合照明是由一般照明和局部照明共同组成，以提高照度的一种照明方式。其适用于工作面需要较高照度且照射方向有一定要求的场所。

2. 应急照明

应急照明是在正常照明因故熄灭的情况下，供人们继续工作或人员疏散用的照明。它包括备用照明、安全照明、疏散照明3种。

(1)备用照明：正常照明因故熄灭后，供继续工作的照明。

(2)安全照明：确保处于危险中的人员安全的照明。

(3)疏散照明：发生事故时保证人员疏散的照明。

3. 值班照明

在值班室、警卫室、门卫室等地方设置的照明称为值班照明。可利用正常照明中能单独控制的一部分或应急照明的一部分或全部作为值班照明。在非三班制生产的重要车间和仓库、商场等场所，通常设置值班照明。

4. 障碍照明

在建筑物上装设的用于障碍标志的照明称为障碍照明，例如装设在高层建筑顶上作为飞行障碍标志的照明、装在水上航道两侧建筑物上作为航道障碍标志的照明。障碍照明一般用红色闪光灯。

5. 泛光照明

泛光照明是一种使室外的目标或场地比周围环境明亮的照明，是在夜晚投光照射建筑物外部的一种照明方式。其目的是保障安全或使人们在夜间仍能继续工作（如汽车停车场、货场等），突出雕像、标牌或使建筑物在夜色中更显特征，从不同的角度照射建筑、景观等，以达到理想的艺术效果。

(二) 照明的质量

照明设计首先应考虑照明质量，在满足照明质量的基础上，再综合考虑节省投资、安全可靠、便于维护管理等问题。照明质量包括以下内容。

1. 照度均匀

(1) 空间均匀。相邻照明器之间的距离与照明器到工作面的距离（高度）之比称为照明器的距高比。只要布置照明器时使其距高比不大于允许距高比，则工作面上的照度就会比较均匀。照明器的允许距高比取决于照明器的配光特性。国际发光照明委员会规定，最小照度与平均照度之比不小于 0.8，我国标准规定不得小于 0.7，在照明器布置小于最大允许距高比的情况下，也应该满足上述要求。实际布置的照明器距高比比照明器最大允许距高比小得越多，说明光线相互交叉照射越充分，相对均匀度也越好。

(2) 时间均匀。任何照明器的照度不会始终不变。灯泡发光效率降低、灯具污染老化、房间内表面积灰等都会使照度降低。在我国，取最终维护照度为推荐照度，即取更换光源、清洗照明器之前的平均照度为推荐照度，以便在整个使用周期内得到高于照度标准的照度。在任何情况下，新照明器和清洁室内的初始照度都不能作为照度推荐值使用。被照面的亮度不均匀，使眼睛经常处于亮度差异较大的适应变化中，将会导致视觉疲劳。为了使照度均匀，灯具布置时其相互间的距离和对被照面的高度有一定比例，这个比例要选得恰当。

2. 照度合理

亮度反映眼睛对发光体明暗程度的感觉，原则上应规定合适的亮度，由于确定照度比确定亮度简单得多，因此，在照明设计中一般规定照度标准。对人最舒服的照度平均值为 2 000 lx 左右。

3. 合适的亮度分布

只有物体发出可见光（或反光），人才能感知物体的存在，越亮，看得就越清楚。若亮度过大，眼睛会感觉不舒服，超出眼睛的适应范围，则灵敏度下降，反而看不清楚。照明环境不但应使人能清楚地观看物体，而且要给人以舒适的感觉，所以在整个视场（如房间）内各个表面都应有合适的亮度分布。

4. 光源的显色性

光源的显色性是指灯光对它照射的物体颜色的影响作用，光源对被照物体颜色的显现性质称为光源的显色性。光源显色性的优劣以显色指数来定量评价，显色指数是指在被测光源照射下物体的颜色与日光参照光源照射下该物体的颜色符合的程度。显色指数越高，光源的显色性就越好，颜色失真越小，在需要正确辨认颜色的场所，应采用显色指数高的光源，如白炽灯、日光色荧光灯等。

5. 照度的稳定性

照度变化引起照明的忽明忽暗，不但会分散人们的注意力，给工作和学习带来不便，而且会导致视觉疲劳，尤其是 5～10 次/s 到 1 次/min 的周期性严重波动，对眼睛极为有害。因此，照度的稳定性应予以保证。

6. 限制眩光

视野内出现高亮度或过大的亮度对比，会引起视觉上的不舒服或视觉疲劳，这种高亮度或过大的亮度对比称为眩光，它是评价环境舒适性的一个重要指标，当眩光被人眼直接看到时，称为"直接眩光"，若是从视野内的光滑表面反射到眼睛，则称为"反射眩光"或"间接眩光"。眩光会使人感到极不舒适以致影响视力。

为了限制眩光，可适当降低光源和照明器表面的亮度。如对有的光源，可用漫射玻璃或格栅等限制眩光，格栅保护角一般为 30°～45°。

7. 消除频闪效应

交流供电的气体放电电源，其光通量会发生周期性的变化，最大光通量和最小光通量差别很大。其使人眼发生很亮的闪烁感觉，即频闪效应。当观察转动物体时，若物体转动频率是灯光闪烁频率的整数倍，则转动的物体看上去好像没有转动一样，因此给人造成错觉，容易发生事故。

二、常用的电光源与灯具

电光源是将电能转化为光能的器件或装置。灯具是指能透光、分配光和改变光源光分布的器具，以达到合理利用和避免眩光的目的。灯具由电光源和灯罩（控制器）配套组成。

（一）电光源的分类

电光源按其发光原理不同一般分为热辐射光源和气体放电光源两大类。

(1) 热辐射光源：利用电流的热效应，将具有耐高温、低挥发性的灯丝加热到白炽程度后辐射产生可见光的电源，如白炽灯、卤钨灯等。

(2) 气体放电光源：利用电场对气体的作用，使电流通过气体或金属蒸气时，激发气体电离，产生放电而发生可见光的电源，如荧光灯、高压汞灯、高压钠灯等。

（二）常用电光源

1. 白炽灯

白炽灯是最早被发明、应用最广的热辐射光源。它主要由灯丝、灯头、玻璃支柱和玻璃外壳等组成，如图 4-15 所示。其发光原理为灯丝通过电流加热到白炽状态从而引起热辐射发光。

白炽灯有普通灯泡和低压灯泡两种。普通灯泡的额定电压一般为 220 V，用于一般照明。灯泡功率为 10～1 000 W 不等，灯头有卡口和螺纹灯口，其中 100 W 以上者一般采用瓷质螺纹灯口。低压灯泡额定电压一般为 6～36 V，功率一般不超过 100 W，使用标准卡口和螺纹灯口，用于局部照明和携带照明。

这种电光源结构简单、价格低、显色性好、使用方便，适用于频繁开关，但发光效率低、使用寿命短、耐振性差。白炽灯由于发光效率低，已经逐步被其他高效节能电光源代替。

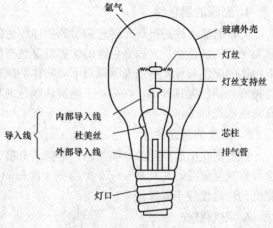

图 4-15 白炽灯的构造

2. 卤钨灯

卤钨灯是白炽灯的一种，由灯丝和耐高温的石英管组成，结构如图 4-16 所示。卤钨灯的工作原理是在灯泡中充入微量的卤化物，如碘、溴等，利用卤钨循环的作用，使灯丝蒸发的一部分钨重新附着在灯丝上，以达到既提高光效又延长寿命的目的。

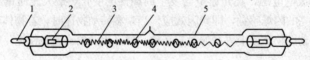

图 4-16 卤钨灯的结构

1—灯脚；2—钼箔；3—灯丝（钨丝）；4—支架；5—石英玻管（内充微量卤素）

卤钨灯有碘钨灯和溴钨灯两种，溴钨灯比碘钨灯的发光效率高 4%～5%。

卤钨灯的性能特点：与白炽灯相比，寿命明显增加，平均达 1 500 h；发光效率高，达到 20～40 lm/W；色温高，适合电视摄影和投光照明；工作温度高，管壁温度达 600 ℃，不适宜用在有易燃、易爆物质的环境及灰尘较多的场所；耐振性差；耐电压波动性差；尺寸较小。

3. 荧光灯

荧光灯也称日光灯，属于气体放电光源。它主要由灯管、启辉器和镇流器组成。结构如图 4-17 所示。

荧光灯的主要特点：发光效率高，为白炽灯的 2～5 倍，可达到 50～60 lm/W；节能，包括镇流器损耗在内，耗电仅是白炽灯的 1/5；使用寿命长，可达 2 000～10 000 h；光线柔和，发光面积大，亮度低，没有强烈眩光。荧光灯受环境温度影响大，最适宜 18 ℃～25 ℃的温度，环境温度过高或过低都会造成启辉困难和光效下降。荧光灯的缺点是有频闪效应,附件多,不宜频繁开关。

新型荧光灯采用电子镇流器取代了老式的铁芯线圈镇流器和启辉器,使荧光灯无频闪,启动电压宽,节电,灯管寿命延长。荧光灯的使用场合非常广泛,主要用于家庭、学校、商店等各类建筑物的室内照明。

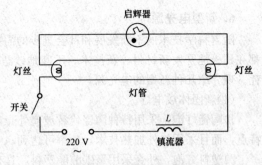

图 4-17 荧光灯的结构

4. 高压汞灯

高压汞灯也称高压水银灯,是低压荧光灯的改进产品,属于高气压汞蒸气放电光源。它主要由灯头、石英放电管和玻璃外壳等部件组成,如图 4-18 所示。

石英放电管抽真空后,充入一定量的汞和少量的氩气,管内有钨制成的主电极和辅助电极,工作时管内有较高的压力,因此称为高压汞灯。玻璃外壳的内壁涂有荧光粉,它能将汞蒸气放电时辐射的紫外线转变为可见光,以改善光色、提高光效。

高压汞灯的优点:高压汞灯的光效比白炽灯高 3 倍左右,光效高、功率大、省电、耐振、寿命长、发光强,启动时不需加热灯丝。其缺点:启动慢,需 4~8 min,显色性差,对电压要求较高,不宜装在电压波动较大的电路上,可作为简便的投光灯使用,主要用在道路、广场等场所。

5. 高压钠灯

高压钠灯是使用管内高压钠蒸气放电发光的一种光源,如图 4-19 所示。其发光效率达 120 lm/W,是电光源里最高的;使用寿命长,光通量输出衰耗到 70% 时,寿命约为 12 000 h;节能,结构简单,坚固耐用;透雾性强,光色较好,为金白色,高压钠灯主要用于交通要道、机场跑道、航道、码头等要求高亮度和高光效的场所。

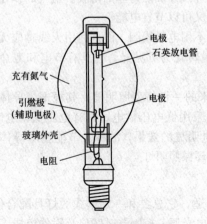

图 4-18 高压汞灯的结构

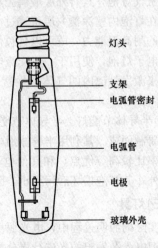

图 4-19 高压钠灯的结构

6. 新型电光源

随着科学技术的不断发展和社会进步的需要，已有的电光源性能不尽完善，如今世界各国都在积极地开发新材料、新技术，不断地改进各种不同特色的电光源，以进一步降低电能消耗。现介绍几种新型的电光源。

(1) 新固体放电灯。

1) 陶瓷灯泡，采用特种陶瓷代替玻璃外壳，具有抗振、耐高温、浸入冷水也不容易破裂等特点，而且采用红外加热技术，功率可达到 500 W。

2) 塑料灯泡，外壳采用聚碳酸酯塑料，具有双重隔热结构，可以减少热扩散，在高温工作时遇冷而不变形，不爆裂。外壳内装有发光管、稳压管和起辉装置，具有耐冲击、自重轻、光线扩散均匀、耗电少、使用寿命长等特点。

3) 回馈节能灯泡，属于新型卤素白炽灯，是利用表面化学蒸气沉积法在玻璃外壳上涂覆一层只有 $0.1\ \mu m$ 厚的滤光膜，使可见光透出。

4) 冷光灯泡，其表面温度仅 40 ℃，属于冷光源。

5) 储能灯泡，是具有发光和储能双重作用的电光源。其内部装有一只微型高性能蓄电池，通电时除了发光之外还向微型电池快速充电。在外部断电时，可依靠储能电池延续照明 2 h。因此，它可用作应急照明光源。

(2) 新气体放电灯。

1) 无电极放电灯泡，具有与普通灯泡相似的玻璃外壳，在壳内壁涂有荧光粉并充入汞蒸气，在壳外环绕高频线圈，利用线圈产生的高频电磁场与灯内汞蒸气的放电作用产生紫外线以及激发荧光粉发出可见光，或将线圈及变频元件装在灯泡内部发出可见光。这种灯泡不存在类似荧光灯电极容易损坏的问题，所以具有使用寿命长、调光容易等优点。

2) 氩气灯泡，具有外层玻璃壳和内层石英灯泡的双层结构，内层石英灯泡装有灯丝并充入氩气，在灯泡内壁涂覆一层可透过可见光且能反射红外线以加热灯丝的薄膜。氩气的作用是提高灯丝的耐高温能力，既可以延长灯泡的使用寿命，又可以节省电能。

3) 电子灯泡，使用于一般交流电源，没有灯丝也不用电磁线圈，而是利用天线感应无线电波能量来激发灯泡内的气体产生紫外线，促使荧光粉转化为可见光。它具有节电和寿命长的优点。

(3) 半导体节能灯。半导体节能灯是最新发展起来的一种新型照明器，其根据半导体的光敏特性研制而成。其利用半导体通电后发光的特性，采用低电压供电，具有电压低、电流小、发光效率比较高等优点，和其他电光源相比具有节电明显的效果，故称为节能型半导体的灯具。另外，其灯泡损坏后污染小，因此也有人称其为环保照明灯。

(三) 灯具

在实际的照明过程中，电光源裸露点燃显然不合适，它总要和一定形式的灯具配合使用。灯具是把电光源发出的光进行再分配的装置，主要由电光源、控制器(灯罩)及附件组成。灯具不但具有合理配光、防止眩光、提高光源使用率、保护光源免受机械损伤并为其供电等作用，还具有保证照明安全以及装饰美化环境等功能。

1. 灯具的种类

(1)按光通量在空间上、下两半球的分配比例不同可分为直射型、半直射型、漫射型反射型和半反射型。

(2)按结构形式不同可分为开启式(电光源和外界环境直接接触)、保护式(有封闭的透光罩,但罩内、外可以自由流通空气)、密封式(透光罩将内、外空气隔绝)、防爆式(严格密封,在任何条件下都不会因灯具而引起爆炸,用于易燃、易爆场所)。

(3)按用途不同可分为功能型灯具,解决"亮"的问题,如荧光灯、路灯、投光灯;装饰性灯具,解决"美"的问题,如壁灯、彩灯、吊灯等。当然,两者相辅相成,既亮又美的灯具也不少见。

(4)按固定方式不同可分为吸顶灯、嵌入灯、吊(链、线、杆)灯、壁灯、地灯、台灯、落地灯、轨道灯等。

(5)按照配光曲线的形状不同可分为广照型、均匀配照型、配照型、深照型和特深照型等。

2. 灯具的选用

既要根据周围的外环境和使用要求选用灯具,还要合理地选定灯具的光强度、发光效率、遮光角、类型、造型尺度以及灯具的表观颜色等。另外,灯具的选用应满足以下几方面的要求:

(1)配光选择。配光选择应考虑室内照明是否达到规定的照度、工作面上的照度是否均匀、有无眩光等。例如,在高大的厂房中,为了使光线能集中在工作面上,应选用深照型直射灯具。

(2)经济效益。在满足室内一定照度的情况下,电功率的消耗、设备投资、运行费用的消耗都应该适当控制,以获得较好的经济效益。

(3)环境条件。选择灯具时,不但要考虑灯具的外形与建筑物是否协调,还需要考虑周围的环境条件。如有爆炸危险的场所,应选用防爆式灯具。

总之,灯具的选用要根据实际条件进行综合考虑。例如,对于一般生活用房和公共建筑,多采用半直射型或漫射型灯具,这样可以使室内顶棚有一定的光照,整个室内空间照度分布比较均匀。在生产厂房多采用直射型灯具,可以使光通量全部或大部分投射到下方的工作面上。在特殊的工作环境下要采用特殊灯具,潮湿的房间要采用防潮灯具,室外需采用防雨灯具。

三、照明配电系统

照明配电系统一般由入户线、配电箱、干线和支线组成,如图 4-20 所示。

1. 入户线

从室外架空供电线的电杆上至建筑物外墙的支架之间的线路称为接户线,从外墙支架到总配电箱之间的线路称为入户线。

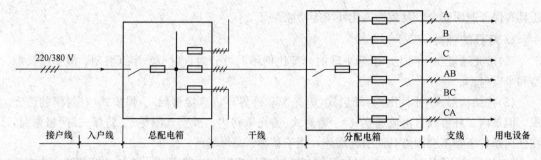

图 4-20　照明配电系统示意

2. 配电箱

配电箱是接受和分配电能的装置。配电箱由开关、熔断器及电能表等电气设备组成。

3. 干线和支线

干线是从总配电箱到各分配电箱的线路。支线是指从分配电箱引至灯具及其他用电器的线路。

四、电气照明的常见故障与维护

(一)电气照明的常见故障

电气照明不正常运行极易被发现，如开灯不亮、电灯突然熄灭等，从电源配电箱，经过熔断器、开关线路，直到每个照明器都需要进行检查维修。照明装置故障大体可分为短路、漏电、断路、灯头和开关故障、线路燃烧。

1. 短路

(1)电气照明短路的形成原因。电气照明线路发生短路时，电流很大，若熔丝不及时熔断，可能烧毁电线或电气设备，甚至引起火灾。

造成电气照明短路的原因如下：

1)用电器的接线没有接好；

2)接线错误引起相线(火)与本线(地)直接相连；

3)接触不良导致接头之间直接短接；

4)接线柱松动引起连接；

5)在该用插头处直接将线头插入插孔，造成混线短路；

6)用电器内部绝缘损坏，致使导线碰金属外壳引起短路；

7)房屋失修漏水或室外灯具日久失修、橡皮垫失效漏水，造成灯头或开关受潮，绝缘不良，相通短路；

8)导线受外力损伤，在破损处相连接、同时接地。

(2)电气照明短路的检修。短路是电路常见的故障之一。电路发生短路时，电流不通过用电器而直接从一根导线通过另一根导线。在一般情况下，可根据短路发生的不同原因，查出整个电路哪些用电器连通或哪段导线发生短路，也可用校灯法检查并加以修理，以恢复供电。

2. 漏电

(1)漏电原因。

1)电线或电气设备的绝缘因外力损伤；

2)长期使用，使绝缘发生老化；

3)受到潮气侵袭或被污染导致绝缘不良而引起漏电。

此外，线头包扎安装得不妥当、触及建筑物也会引起类似的漏电现象。火线和地线之间漏电，可能是双根胶合电线的绝缘不好或电线和电气装置进水受潮所致；电气装置两个接线柱头之间的胶木烧坏也可导致漏电。

电气照明漏电时，不但浪费电力，而且可能引发起火、电击事故，更重要的可能会危及人身安全，漏电与短路仅是程度上的差别，严重的漏电会造成短路。

(2)漏电的检修。漏电不仅浪费电力，也容易引起触电事故，同时是短路故障的先兆。现在的建筑单元一般都装有漏电保护开关，当发生漏电出现跳闸时，一定要找出漏电部位和漏电原因，并立即进行检修。

漏电的检查，应先从灯头、管线盒、开关、插座等处着手。如果这几处都不漏电，则再检查电线，并着重检查电线连接处、电线穿墙处、电线转弯处、电线脱落处、双根电线胶合处、电线穿管损伤处等。

其检查方法如下：

1)分析是否确是漏电。可用摇表测其绝缘电阻或在总刀闸上接电流表检查。

2)如确是漏电，可继续用电流表判断是相线与零线间的漏电，还是相线与大地间的漏电，或者两者都有。当切断零线，电流表同样偏转时，则是相地之间漏电；如电流表指示为零，则是相零之间漏电；如电流表指示变小，则说明相地与相零均有漏电。

3)确定漏电范围。拉下各支路刀闸，如电流表指示不变，则表明是总线漏电；如电流表指示为零，则是分线漏电；如电流表指示变小，则是总线与分线均有漏电。

4)确定是某段线路漏电后，依次拉断该线路上用电设备的开关，仍以电流表指示的变化来判断是哪一支线漏电。若所有支线拉开仍表示有漏电，则是该段干线漏电。

5)在建筑单元内可直接用漏电开关是否跳闸来检查是哪一支线或哪一用电器漏电。

总的来说，当找到漏电点后一定要及时妥善处理。若检查结果只发现一两处漏电，则只要把漏电的电线、电气装置修好或换上新的就可以了；若发现多处漏电，并且电线的绝缘层全部变硬发脆，就要全部换新。

3. 断路

(1)断路原因。引起电气照明断路的原因，主要是导线断落、线头松脱、开关损坏、熔丝熔断以及导线受损伤而折断、铝导线连接头化学腐蚀、接线端子受振动松脱等。

(2)断路的检修。电气照明发生断路后应先找出故障原因。如果户内的电灯都不亮，而左右邻居家仍有电，应按下列步骤检查：

1）检查用户熔断器中的熔丝是否烧断，如果烧断，可能是电路负载太大，也可能是电路发生断路事故，应作进一步检查。

2）如果熔丝未断，则要用测电笔测试熔断器的上接线桩头是否有电。如果没有，应检查总开关里的熔丝是否烧断。

3）如果总开关里的熔丝也未断，则要用测电笔测试一下总开关的上接线桩头是否有电。

4）如果总开关的上接线桩头没有电，则可能是进户线脱落，也可能是供电侧的总断器的熔丝烧断或自动开关跳闸，应通知供电部门检修。

如果情况是个别电灯不亮，则按下列顺序检查：

1）检查灯泡里的灯丝是否烧断。

2）如果灯丝未断，应检查分路熔断器里的熔丝是否烧断。

3）如分路熔断器里的熔丝未断，则要用测电笔测试一下开关的接线桩头有没有电。

4）如开关的接线桩头有电，应检查灯头里的接线是否良好。如接线良好，则说明电路中某处的电线断了。一般而言，相线断路，表现是断线点之后的导线均无电；中性线断路，表现是断线后的导线均呈带电状态。处理方法是检查第一个不亮的灯位，定能查出原因。

4. 灯头和开关故障

（1）白炽灯的常见故障与检修方法。

1）白炽灯可能发生灯泡不亮、灯泡或明或暗、灯泡发出强烈白光之后马上烧坏、灯光一直暗淡等不正常现象。应分别查明原因：是灯丝熔断还是线路断路，是熔丝断裂还是电网电压不正常。

2）白炽灯的检修，应根据故障的可能原因，采取相对应的检修方法：更换灯泡，调换新线，调换熔丝，旋紧、加固。

（2）日光灯的常见故障与检修方法。

1）日光灯的故障现象：不能发光或发光困难；灯光抖动，灯管两头发光；灯光闪烁或灯光滚动；灯管两头发黑或生黑斑。

2）发生以上不正常现象的原因：电源电压低，线路压降大；启辉器损坏、松动；镇流器配用不当或已损坏；灯管老化。

3）针对日光灯的故障表现，采取相应的检修方法：升高电压，加粗导线；更换启辉器或电容；调换镇流器；调换新管。

（3）开关的常见故障及检修。扳动式开关里有弹性的铜片，作为静触点，这两块铜片往往因使用太久而各弯向外侧。发现这种现象时，可先拉下总开关，切断电源，再用小旋凿把铜片弯向内侧。

5. 线路燃烧

（1）线路燃烧的原因。线路燃烧是比较严重的用电事故，必须严加防范。引起线路燃烧的原因如下：

1)电线和电气装置因受潮而绝缘不好,引起严重的漏电事故。

2)电线和电气装置发生短路,而熔丝太粗,或盲目用铜丝、铁丝、铝丝代替,起不到保护作用。

3)一条电路里用电量太大,而熔丝又失去了保护作用。

(2)电气照明线路燃烧的检修方法。电路燃烧前会发出塑料、橡胶或胶木的焦臭味,这时就应停电检修,不可继续使用。一旦发生线路燃烧,应采取断电措施,绝不可盲目用水或用灭火器灭火。断电的方法可根据线路燃烧的情况而定,若是个别用电器发生燃烧,可先关开关,或拔去插头,停止使用该用电器,然后进行检查;操作时须用干燥的木板或凳子垫在脚下,使人体与大地绝缘。若电源切断后,火势仍不熄灭,才可用水或灭火器灭火,但其他未切断电源的电路仍应避免受潮。

(二)电气照明的维护

为了避免电气照明故障的发生,必须对电气照明加强维护。

1. 日常维护

要对配电箱、熔断器、开关线路及每个灯都进行日常检查和维护,维护时要断电操作,对异常现象及时进行处理。

2. 定期维护

要定期(半年或一个季度)对电气照明进行维护,具体内容如下:

(1)配电箱、灯座和插座等装置上的各种接线、接头是否松动,是否被擅自拆装过,线头是否接错;结构是否完整,操作是否灵活可靠,通电触片的接触是否良好,是否有被电弧灼伤的痕迹。

(2)带接地线的线路是否被拆除或接错,电源引线有无被擅自接长的情况,导线绝缘是否良好。

(3)灯泡的功率是否符合要求,是否被擅自换成大功率的灯泡。

(4)是否有被擅自加接灯座或插座的情况。

(5)导线绝缘是否损坏或老化,中间连接处有无松散现象,线路是否被移位。各级保护熔断器中的熔体是否被换粗。

任务小结

本任务主要介绍了照明基础知识,常用的电光源与灯具,照明供电系统,电气照明的常见故障与维护等内容。电气照明系统管理与维护是物业日常管理中的一项基本工作。电气照明是一门综合性技术,它涉及光学、电学、建筑学及生理学等方面的内容。"照明基础知识"包括电气照明的种类、照明的质量等内容。"常用的电光源与灯具"包括电光源、灯具的种类、选用等内容。"照明配电系统"包括照明配电系统的组成等内容。"电气照明的常见故障与维护"包括电气照明的常见故障、电气照明的维护等内容。

实践与训练

一、实训内容

1. 组织学生参观、考察学校（或某物业小区）的电气照明系统，注意安全。
2. 掌握一些简单的电气照明故障的排查和检修。

二、实训步骤

1. 观察电气照明系统的组成和工作原理。
2. 掌握学校照明系统管理与维护的方法和措施。
3. 根据考察资料撰写实训报告。

思考与讨论

1. 照明的种类有哪些？
2. 简述电光源的分类及选用。
3. 什么是应急照明？它包括哪些内容？
4. 电气照明短路的原因有哪些？
5. 电气照明故障主要有哪几种表现？如何检查和处理？

任务三　电梯的管理与维护

知识目标

1. 了解电梯的分类。
2. 理解电梯和自动扶梯的组成及其每部分的作用。
3. 掌握电梯和自动扶梯的管理与维护。

能力目标

1. 具有操作电梯的能力。
2. 具有评定电梯是否完好的能力。
3. 具有制定电梯管理制度、管理职责等的能力。

案例引导

电梯操作与管理不当

北京市某刀具厂有一台按钮选层自动门电梯，层门机械锁经常与轿厢门上的开门刀碰擦，一直未彻底修复，经常带病运行。有一天，电梯驾驶员脱岗，三名工人来乘梯从五楼至一楼。经过三楼时，电梯突然发生故障，停止运行。轿厢门打不开，呼叫又无人听到，三人当中有一人从安全窗爬了出去。盖好安全盖后，他一只脚踏在轿厢顶上，另一只脚踏在三楼层门边进行检查修理。突然电梯上升，将此工人轧在轿厢与三楼层门之间，使其当场死亡。

问题：
1. 此工人进行的电梯操作与维修有哪些不当之处？
2. 该厂对电梯的管理存在哪些问题？

知识准备

一、电梯的基本知识

电梯是指用电力拖动的轿厢沿铅垂方向或与铅垂方向倾斜角不大于 15°，在刚性井道之间运送乘客或货物的固定设备。电梯被广泛应用于住宅、办公楼、宾馆、商场、医院和工厂等场所。然而，由于电梯是较为复杂的机电结合体，技术含量很高，而且其运行的安全性直接关系到乘载者的人身安全，确保电梯运行安全就显得尤为重要。

(一) 电梯的分类

1. 按使用性质分类

电梯根据不同的用途分为客梯、货梯、客货电梯、观光电梯、消防电梯以及其他专用电梯。

(1) 客梯。客梯是为运送乘客而设计的电梯，主要用于宾馆、饭店、办公楼、大型商店等客流量大的场合。这类电梯为了提高运送效率，其运行速度比较快，自动化程度也比较高，轿厢的尺寸和结构形式多为宽度大于深度，以便乘客能畅通地进出，而且安全设施齐全，装潢美观。

(2) 货梯。货梯是为运送货物而设计的、通常有人看管的电梯，主要用于两层楼以上的车间和各类仓库等场合。这类电梯的装潢不太讲究，自动化程度和运行速度一般比较低，而载重量和轿厢尺寸的变化范围则比较大。

(3) 观光电梯。观光电梯是一种供乘客观光用的、轿厢壁透明的电梯，一般安装在大建筑物的外壁，供乘客观赏建筑物周围的外景。

(4) 病床电梯。病床电梯是为医院运送病床而设计的电梯，其特点是轿厢窄而深，要求前后贯通开门。

(5) 消防电梯。消防电梯是在火警情况下能使消防员进入使用的电梯，在非火警情况下可作为一般客梯或客货电梯使用。

消防电梯轿厢的有效面积应不小于 $1.4 \ m^2$，额定载重量不得低于 630 kg，厅门口宽度不得小于 0.8 m，并要求以额定速度从最低一个停站直驶运行到最高一个停站（中间不停层）的运行时间不得超过 60 s。

(6) 建筑施工电梯。建筑施工电梯指建筑施工与维修用的电梯。

(7) 自动扶梯。这类电梯用于商业大厦、火车站、飞机场，供顾客或乘客上、下楼用。

(8)自动人行道(自动步梯)。这类电梯用于档次规模要求很高的国际机场、火车站。

(9)特种电梯。其是指除上述常用的几种电梯外,为特殊环境、特殊条件、特殊要求设计的电梯,如防爆电梯、防腐电梯等。

2. 按行驶速度分类

电梯按行驶速度可分为高速电梯、中速电梯和低速电梯。

(1)高速电梯。速度大于 2 m/s 的电梯为高速电梯。

(2)中速电梯。速度为 1~2 m/s 的电梯为中速电梯。

(3)低速电梯。速度在 1 m/s 以下的电梯为低速电梯。

消防电梯的常用速度大于 2.5 m/s,客梯速度随层数增加而提高。目前,世界上已有 9 m/s 的超高速电梯投入使用。

3. 按驱动方式分类

(1)交流电梯。其是用交流感应电动机作为驱动力的电梯。根据拖动方式又可分为交流单速、交流双速、交流调压调速、交流变压变频调速电梯等。

(2)直流电梯。其是用直流电动机作为驱动力的电梯,有直流快速电梯和直流高速电梯两类。

(3)液压电梯。其是一般利用电动泵驱动液体流动,由柱塞使轿厢升降的电梯,有柱塞直顶式和柱塞侧顶式两类。

(4)齿轮齿条式电梯。其是将导轨加工成齿条,轿厢装上与齿条啮合的齿轮,电动机带动齿轮旋转使轿厢升降的电梯。

(5)螺杆式电梯。其将直顶式电梯的柱塞加工成矩形螺纹,再将带有推力轴承的大螺母安装于油缸顶部,通过螺杆旋转带动安装在轿厢上的螺母,使轿厢升降。

4. 按控制方式分类

根据控制方式不同,电梯可分为以下几类:

(1)手柄操纵控制电梯。手柄操纵控制电梯由司机操纵轿厢内的手动开关,一般为载货电梯。

(2)按钮控制电梯。按钮控制电梯通过操纵层门外侧按钮或轿厢内按钮发出指令,使电梯停靠、运行。

(3)信号控制电梯。信号控制电梯是由电梯司机操纵轿厢运行的电梯,它是能将层门外上、下召唤信号,轿厢内选层信号和其他各种专用信号加以综合分析判断的电梯,因此自动控制程度较高。

(4)集选控制电梯。集选控制电梯的自动控制程度更高,可将层门外上、下召唤信号,轿厢内选层信号和其他各种专用信号加以综合分析判断后,自动决定轿厢运行。该电梯一般均设"有/无司机"操纵转换开关,如果遇人流高峰或有特殊需要时,可转换为有司机操纵,而成为信号控制电梯;在其他情况下,正常行驶时,可转为无司机操纵。

(5)并联控制电梯。并联控制电梯是将 2~3 台电梯集中排列,共同接收层门外召唤信号,按规定顺序自动调度,确定其运行状态的电梯。一般一部为基梯,一部为自由梯,另一部为备用梯。基梯启动后，自由梯自动启动至基站等待，应答与其同方向的所有召唤，相反的方向由基梯应答。此种运行方式可节省乘客的候梯时间。

(6)群控制电梯。群控制电梯是多台电梯进行集中排列，并共用层门外按钮，按规定集中调度和控制的电梯。此种方式利用负载自动计量装置及计算机管理系统，根据不同时段客流量选择运行电梯，增加电梯的运输能力、提高效率、缩短乘客的候梯时间，适于配用在3台以上电梯的高层建筑中。

(7)智能控制电梯。智能控制电梯应用先进的计算机技术，根据厅外召唤，给梯群中每部电梯作试探性分配，以心理性等候时间最短为原则，避免乘客长时间等候和将厅外呼梯信号分配给满载较大的电梯而使乘客失望，提高了分配的准确性，保障了电梯的运行效率。

(二)电梯的基本结构

1. 电梯的组成

电梯是机电一体化产品。其机械部分好比人的躯体，电气部分相当于人的神经，控制部分相当于人的大脑。各部分通过控制部分调度，密切协同，使电梯可靠运行。目前使用的电梯绝大多数为电力拖动、钢丝绳曳引式结构。图4-21所示为曳引电梯的基本结构示意。

从电梯的空间位置使用看，电梯由4个部分组成：依附建筑物的机房、井道、运载乘客或货物的空间(轿厢)、乘客或货物出入轿厢的地点(层站)，即机房、井道、轿厢、层站。

从电梯各构件部分的功能上看，电梯可分为8个部分：曳引系统、导向系统、轿厢、门系统、重量平衡系统、电力拖动系统、电梯控制系统和电梯安全保护系统。

(1)曳引系统。现代电梯广泛采用曳引驱动方式，如图4-22所示。曳引机是曳引驱动的动力，钢丝绳挂在曳引机的驱动绳轮上，一端悬吊轿厢，另一端悬吊对重装置。曳引机转动时，由钢丝绳与驱动绳轮之间的摩擦力产生曳引力来驱使轿厢上下运动。为使井道中的轿厢与对重装置各自沿井道中导轨运行而不相蹭，曳引机上设置有导向轮使两者分开。轿厢与对重装置的重力使曳引钢丝绳压紧在驱动绳轮槽内产生摩擦力，电动机带动驱动绳轮转动，驱动曳引钢丝绳拖动轿厢和对重装置作相对运动，从而完成垂直运送任务。

1)曳引机。曳引机是轿厢升降的主拖动机械，一般由曳引电动机、电磁制动器、齿轮减速器(无齿轮曳引机)、驱动绳轮、底座等组成，通常有齿轮曳引机和无齿轮曳引机之分。

2)曳引钢丝绳。曳引钢丝绳两端分别连接轿厢和对重装置(或者两端固定在机房上)，承受着电梯的全部悬挂重量，在电梯运行中绕着驱动绳轮、导向轮或反绳轮作单向或交变弯曲，因此曳引钢丝绳应具有较大的安全系数。

3)导向轮。导向轮是将曳引钢丝绳引向装置对重或轿厢的钢丝绳轮，安装在曳引机架或承重梁上。

4)反绳轮。反绳轮是指设置在轿厢顶部和对重装置顶部位置的动滑轮以及设置在机房里的定滑轮，用以构成不同的曳引钢丝绳传动比，数量可以是一个、两个或更多。

5)制动器。制动器是安全装置，在正常断电或异常情况下均可实现停车。电磁制动器安装在电动机轴与蜗杆轴的连接处。

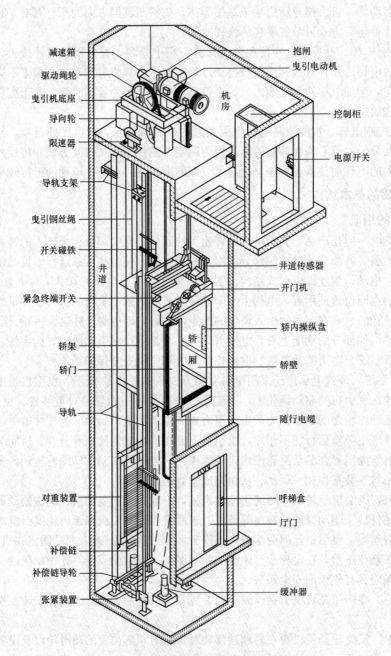

图 4-21 曳引电梯的基本结构示意

(2)导向系统。导轨和导靴是轿厢和对重装置的导向部分。

1)导轨。导轨是轿厢和对重装置借助导靴在导轨面上下运动的部件,电梯中大量使用的是T形导轨(还有L形、槽形等),具有通用性强和良好的抗弯性能。导轨长度一般为3~5 m,需用专门的连接板连接,不允许采用焊接和螺栓直接连接。

2)导靴。轿厢导靴被安装在轿厢上梁和轿底安全钳座的下面(与导轨接触处),每个轿厢4套;对重导靴安装在上、下横梁两侧端部,每个对重装置4套,通常有固定式滑动导靴、弹性滑动导靴之分。图4-23所示为导轨和导靴的配合示意。

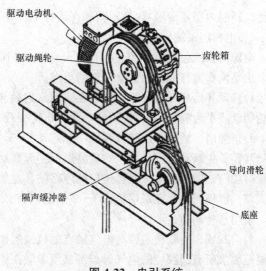

图4-22 曳引系统

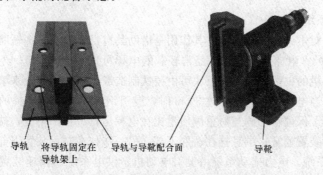

图4-23 导轨和导靴的配合示意

(3)轿厢。

1)轿厢的组成。轿厢一般由轿厢架和轿厢体组成,高度不小于2 m,宽度和深度由实际载重量而定,国标规定,客梯轿厢额定载重量约为350 kg/m^2(其他电梯有不同规定)。

轿厢架是固定和悬吊轿厢的框架,它是轿厢的主要承载构件,由上梁、立梁、下梁、拉条组成。

轿厢体由轿厢底、轿厢壁、轿厢顶、轿厢门组成。轿厢顶上强度应能支撑两个维修人员的重量;为了维修方便,轿厢顶还设有轿厢顶检修盒,包含系列开关;轿厢门一般是封闭门,可分为中分、双折中分、双折单方向旁开门。

2)轿厢内操纵箱通常设置以下功能:运行状态控制、定向启动、开/关门、选层、直驶、急停、报警(警钟按钮)、厅外召唤显示、检修控制、照明控制、风扇控制、超载指示灯和超载警钟、轿厢内层楼指示器(显示轿厢在运行中所处的楼层位置)、平层感应器。

(4)电梯门系统。

电梯门系统包括轿厢门、层门、开门机、门联锁、关门防夹装置。门区是电梯事故高发区,也是电梯监督检验和安全管理的重点。

1)自动开门机。自动开门机装在轿厢靠近轿厢门处,由电动机通过减速装置(齿轮传动或蜗轮传动或带齿胶带传动)带动曲柄摇杆机构去开、关轿厢门,再由轿厢门带动层门开关。

2)轿厢门。轿厢门是随着轿厢一起运动的门,通过轿厢门上的开门刀插入该层门门锁内,使门联锁首先断开电气开关,然后将层门一起联动着打开或关闭,是主动门。

3)层门。层门是电梯在各楼层的停靠站,也是供乘客或货物进出电梯轿厢通向各层大厅的出入口。可根据需要在每层楼设1~2个出入口。不设层站出入口的楼层在电梯工程中称为盲层,层门是被动门。

4)门联锁。门联锁是带有电气触点的机械门锁,是电梯中最重要的安全部件之一。电梯安全规范要求所有门联锁的电气触点都必须串联在控制电路内。只有在所有层的层门都关好后电梯才能启动运行。当轿厢到达某一层站并达到平层位置时,这一层的层门才能被轿厢门上的开门刀拨开。

(5)重量平衡系统。

1)对重装置。对重又称为平衡重,其作用是借助其自身重量来平衡轿厢重量加上轿厢额定载重量的40%~50%(电梯平衡系数,经常轻载的电梯可选0.4~0.45;经常重载的电梯可选0.5),以改善曳引机的曳引性能。对重块可由铸铁制造或用钢筋混凝土来填充。

2)补偿装置。当电梯提升高度超过30 m时,曳引钢丝绳和随行电缆的重量不能再忽略不计。补偿装置是为了保证轿厢侧与对重侧质量比在电梯运行过程中不变,减小曳引机的输出功率而设置的。补偿装置通常一端悬挂在轿厢下部,另一端挂在对重装置下部。

(6)电力拖动系统。电力拖动系统由曳引电动机、供电系统、调速装置、速度反馈装置构成,其作用是对电梯实行速度控制。

(7)电梯控制系统。

1)控制屏(柜)。控制屏(柜)安装在机房中,是对电梯实行电气控制的集中部件。在操纵装置的指令下,控制屏(柜)上的元件发挥预期作用,使电动机运转或停止、正转或反转、快速运转或慢速运转,以及达到预期的自动性能和安全动作。

2)选层装置(器)。选层装置(器)能起到指示和反馈轿厢位置、决定运行方向、发出加/减速信号等作用。选层装置(器)有多种形式,如机械选层器、电气选层器和电子(计算机)选层器。

3)召唤按钮盒。召唤按钮盒一般安装在厅门(层门)外离地面1.3~1.5 m右侧墙壁上,而集选、群控电梯是把召唤按钮盒装在两台电梯的中间位置。

4)层楼指示器。层楼指示器用以显示轿厢的运行方向和所处的层站。

5)随行电缆。轿厢内外所有电气开关、照明、信号控制线等都要与控制屏(柜)连接,轿厢内按钮也要与控制屏(柜)连接,所有这些信号都需要通过电梯随行电缆传输。随行电缆在轿厢底部固定牢靠并接入轿厢。

(8)电梯安全保护系统。电梯安全保护系统由机械安全装置和电气安全装置两大部分组成。其中部分机械安全装置需要电气方面的配合和联锁才能实现其安全功能。

1)超速(失控)保护装置。它由限速器和安全钳两部分组成,两者必须成对使用、联合动作才能发挥作用,是电梯中最重要的安全装置之一。

限速器是限制轿厢(或对重装置)速度的装置,安全钳则是使轿厢(或对重装置)停止运动的装置。在轿厢或对重装置故障而下落超速时,限速器先动作,断开安全钳电气安全开关,切断曳引机电源,之后拉起安全钳拉杆使安全钳钳头将轿厢卡在井道导轨上,使轿厢不致下坠,从而起到超速时的安全保护作用。

凡是由曳引钢丝绳悬挂的轿厢均需设安全钳。安全钳分为以下两种:瞬时式安全钳(用于低速电梯)、滑移式安全钳(用于高速电梯)。安全钳设在轿厢下横梁上,限速器通常安装在机房内或井道顶部。

2)终端保护装置(超越上、下极限工作位置的保护装置)。为防"冲顶""蹲底"现象,在井道中常设置减速开关、限位开关和极限开关。

①减速开关(强迫减速开关)。减速开关安装在电梯井道内顶层和底层附近,是第一道防线。

②限位开关(端站限位开关)。电梯有上、下限位开关各1个,安装在上、下减速开关后面。上限位开关动作后,如下面层楼有召唤,电梯能下行;下限位开关动作后,如上面层楼有召唤,电梯也能上行。

③极限开关(终端极限开关)。极限开关是电梯安全保护系统中最后一道电气安全的保护装置。它有机械式和电气式两种,机械式常用于慢速载货电梯,是非自动复位的;电气式常用于载客电梯(该开关动作后电梯不能再启动,排除故障后在电梯机房将此开关短路,慢车离开此位置之后才能使电梯恢复运行)。

国标规定:极限开关必须在轿厢或对重装置未触及缓冲器之前动作。

3)撞底(或冲顶)保护装置——缓冲器。缓冲器是电梯机械安全装置的最后一道措施。当电梯在井道下部运行时,由于断绳或其他故障,下限位开关不起作用,轿厢会向底坑掉落蹲底。这时,设置在底坑的缓冲器可以减缓轿厢与底坑之间的冲击,使轿厢停止运动。缓冲器有弹簧缓冲器和液压缓冲器两种,弹簧缓冲器是一种蓄能型缓冲器,常用于低速电梯;液压缓冲器是耗能型缓冲器,常用于快速与高速电梯。

4)电磁制动器。电磁制动器也称电磁抱闸,它得电松闸,失电抱闸,是电梯安全装置中最重要的一种。在轿厢超速、越位、超载溜车或其他原因造成坠落等危急情况下都需要电磁制动器动作。

5)平层感应装置。当轿厢按内或外指令运行到站进入平层区时,平层隔磁(或隔光)板即插入感应器,切断弹簧感应器磁回路(或遮挡电子光电感应器红外线光线),接通或断开有关控制电路,控制电梯自动平层。平层感应装置安装在轿厢顶上,平层隔磁(隔光)板安装在每层站平层位置附近井道壁上。

6)超载与称载装置。超载与称载装置是为了防止电梯发生超载事件,确保电梯运行的安全。当轿厢载员达到额定荷载的110%时,称重机构动作,切断电梯控制电路使电梯不关门、不运行;同时点亮超载信号灯,超载蜂鸣器响。常用超载装置类型有轿厢底式称重装置、轿厢顶式称重装置、机房称重式称重装置。

7)盘车手轮和松闸扳手。它们是结构简单但能在电梯困人情况下通过人工操作对乘客进行安全解救的重要工具。

8)安全窗。安全窗是当轿厢因故停在两个楼层中间且轿厢又无法移动而设置的紧急救助出入口。为防止启用安全窗时,电梯突然启动运行而造成人身伤害事故,安全窗具有打开即切断控制回路的功能。

9)限速钢丝绳张紧保护。其可防止电梯在超速保护装置失灵的情况下运行。

10)急停开关。在轿厢顶、底坑、机房处检修电梯时,关闭急停开关就可切断电源。在轿厢里遇到紧急情况时只要按下急停按钮或扳动急停开关,即可及时停车。急停开关可根据需要分别安装在轿厢操纵盘、轿厢顶操纵盒及底坑内和机房控制柜上。

11)过载短路及相序保护装置。其用于防止电动机因超载、电路短路或供电线路出现相序错误或缺相而被烧毁。当运行中出现以上情况时则可立即切断控制回路。

12)报警装置。报警装置是指轿厢内与外界联系的警铃、电话等安全保护装置。

2. 电梯的工作原理

载人电梯和运货电梯虽然具有不同的形式与结构,但主要组成部分的作用都是相同的。

(1)电梯的主要传动部分(升降机械电动机)带动曳引钢丝绳与悬吊装置,依靠对重装置和其他活动部件带动轿厢在井道内上下移动。

(2)电梯的轿厢两侧装有导靴,导靴从3个方向箍紧在导轨上,以使轿厢和对重装置在水平方向准确定位。一旦发生运行超速或曳引钢丝绳拉力减弱的情况,安装在轿厢上(有的在对重装置上)的安全钳启动,即会牢牢地把轿厢卡在导轨上,避免事故发生。如果轿厢和对重装置的控制系统发生故障时急速坠落,为了避免其与井道地面发生碰撞,在井坑下部设置了挡铁和弹簧式缓冲器,以缓和其着地时的冲击。

二、自动扶梯的基本知识

自动扶梯是一种可以连续运送乘客的装置。自动扶梯比直升电梯的运送能力大,能连续输送人员,可以逆转,停运时可作普通楼梯使用。自动扶梯的缺点:乘客停留时间长、能量损失大、造价高。

(一)自动扶梯的布置

自动扶梯的布置有平行排列、连续交叉排列、连贯排列和"X"交叉排列4种,如图4-24所示。

自动扶梯按其受载情况和使用时间长短可分为普通型和交通运输型两种。交通运输型自动扶梯每周运行时间约为 140 h，而且在任何 3 h 的时间间隔内，持续重载时不少于 0.5 h，其荷载应达到规定振动荷载的 100%。因此，必须要求自动扶梯经久耐用。

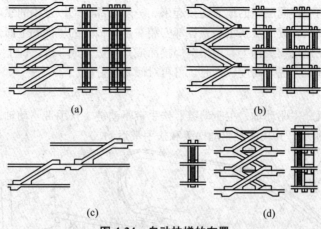

图 4-24　自动扶梯的布置
(a)平行排列；(b)连续交叉排列；(c)连贯排列；(d)"X"交叉排列

(二)自动扶梯的构造

自动扶梯的结构包括支承部分、驱动系统、运载系统、扶手系统、电气控制系统和安全保护系统等，如图 4-25 所示。

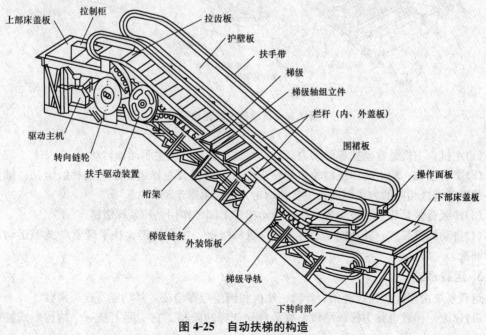

图 4-25　自动扶梯的构造

1. 金属桁架

金属桁架即自动扶梯的支承部分,其作用在于安装和支承自动扶梯的各个部件,承受各种荷载以及将建筑物两个不同层高的地面连接起来。一般端部驱动以及中间驱动自动扶梯的导轨系统、驱动装置、张紧装置以及扶手装置等都安装在金属桁架的里面和上面。

金属桁架架设在建筑物结构上,用型钢焊接而成,一般分成3段,即上水平段框架、倾斜段框架、下水平段框架。提升高度较大时,可再对倾斜段分段。

2. 驱动系统

驱动系统由主机、主驱动轴、主驱动链、扶手带驱动链、扶手带驱动轴、梯级链张紧装置等组成,如图4-26所示。其功能是驱动梯级和扶手带运动。

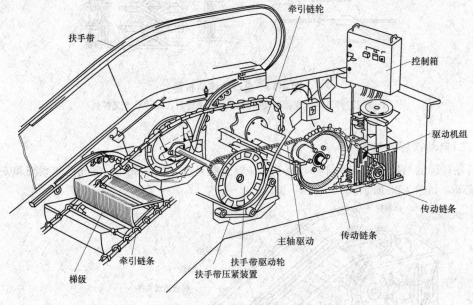

图4-26 自动扶梯的驱动系统

(1)主机。主机是自动扶梯的动力部分,通过主驱动链使主驱动轴转动。

(2)驱动主轴。轴上的梯级链轮带动梯级链条,使安装在梯级链条上的梯级运动;轴上的扶手带驱动链以相同的方式驱动扶手带驱动轮,使扶手带运动。

(3)梯级链张紧装置。该装置安装在自动扶梯下部,作用是拉紧梯级链。

(4)自动润滑装置。其功能是定时、定量对梯级链、主驱动链、扶手带驱动链等运动部件进行润滑。

3. 运载系统

运载系统由梯级、梯级链条、导轨、地板和梳齿板等组成,其功能是运送乘客。

(1)梯级。梯级也称为梯级踏板,就是自动扶梯的阶梯。它实际上是一个结构形式特殊的四轮小车,有两只主轮和两只辅轮。梯级是自动扶梯中数量最多的部件,一台扶梯质量的好坏主要取决于梯级的结构和质量。

(2)梯级链条。梯级链条是自动扶梯的牵引机构,将主机的动力传送给梯级,使梯级沿着导轨运动。一台自动扶梯一般有两根构成闭合环路的梯级链。梯级链的驱动装置一般设在上水平梯级区段的末端,也就是所谓的端部驱动式。

(3)导轨。导轨是梯级运动的导向,并起到支撑梯级及梯级链条的作用。其由支承梯级工作的工作导轨和使梯级回转的返回导轨、防止梯级在工作时脱轨的压轨及相应的支撑件组成。导轨不仅要满足结构设计要求,还应光滑、平整、耐磨,并满足一定精度要求。

(4)地板与梳齿板。地板为乘客在扶梯两端提供站立平台,同时又是机房的盖板。梳齿板位于梯级的出入口。梳齿板上的梳齿与梯级的齿槽咬合,保证梯级在回转时的安全性。

4. 扶手系统

扶手系统供梯级上的乘客作扶手用,特别是在出入扶梯的期间。它由扶手护栏、扶手驱动装置、扶手带等组成。

(1)扶手护栏。其作用是保护乘客和支撑扶手带,由围裙板、内盖板、护壁板、外盖板以及外装饰板组成,按结构可分为全透明无支撑式、半透明有支撑式及不透明有支撑式等。

(2)扶手驱动装置。常见的扶手驱动装置有两种结构形式:一种是传统使用的摩擦轮驱动形式;另一种是压滚驱动形式。

(3)扶手带。它是供人扶手的部件,与梯级同步运行。扶手带按胶带内部衬垫不同分为多层织物衬垫胶带、织物夹钢带胶带和织物夹钢丝绳胶带(我国生产的自动扶梯多用这种结构)。

5. 电气控制系统

电气控制系统主要由控制柜、控制按钮、开关等组成,实现对自动扶梯的运行控制。其有继电器控制、PLC控制和微机控制几种。

(1)控制柜。控制柜安装在自动扶梯的上部机房,负责向主机供电并控制自动扶梯运行。

(2)控制按钮、开关。其主要由钥匙开关、紧急停止按钮组成,安装在自动扶梯上、下端部。钥匙开关用于开关自动扶梯,急停按钮用于在紧急情况下使自动扶梯停止。

6. 安全保护系统

安全保护系统的功能是当自动扶梯处于不安全状态时,安全装置可使之停止。安全装置一般分为必备安全装置和辅助安全装置两类。

(1)必备安全装置。

1)工作制动器。工作制动器又称机电式制动器,是保证自动扶梯正常停车的装置。其在通电时释放打开,使自动扶梯正常运转;一旦断电立即制动,使自动扶梯停止运转。

2)紧急制动器。采用链条传动的自动扶梯应设紧急制动器,以防自动扶梯超速运转或链条断裂等意外情况发生,确保乘客安全。

3)牵引链条伸长或断裂保护装置。只要牵引链条因磨损或其他原因而变长,就会碰到此开关,从而切断电源使自动扶梯停止运转。

4)梯级塌陷保护装置。一般自动扶梯的梯级塌陷保护装置共有两套,分别装在梯路上、下曲线段处。若加固梯级损坏并下陷,梯级塌陷保护装置会使自动扶梯停止运转。

5)速度监控装置。速度监控装置的作用,就是当自动扶梯的运行速度超过额定速度或低于额定速度时及时切断电源。

6)梳齿板保护装置。其作用是一旦乘客的高跟鞋、伞尖或其他异物嵌入梳齿,梳齿板就要前移,当移到一定的距离,梳齿板下方的斜块就要撞击开关,从而切断电源。

7)扶手带入口防异物保护装置。扶手带的端部下方入口处是事故的易发处,若不加保护装置,就常会夹住异物或小孩的手,所以此处应安装防异物保护装置。

8)裙板保护装置。一旦异物进入裙板与梯级的间隙,裙板就会发生形变,C型钢就会随之移动,到达一定位置后,碰击开关,断开电源,使自动扶梯停车。

9)梯级间隙的照明装置。自动扶梯在运行过程中,在梯路的上、下水平区段与曲线区段的过渡处,梯级要形成阶梯或者阶梯消失。此时,若乘客的脚正好踏在两个阶梯之间,就会发生事故。为此,在上、下水平区段的梯级下面各安装一绿色荧光灯,可使乘客经过此处时看见绿色的荧光灯,及时调整在梯级上的站立位置,避免事故发生。

10)过载短路及相序保护装置。其在电动机因超载、电路短路或供电线路出现相序错误或缺相而被烧毁时可立即切断控制回路。

11)急停按钮。急停按钮是遇有紧急情况可立即停车的开关,紧急按钮要装在醒目而又容易操作的地方,一般为红色,但旁边也要装有钥匙开关,只有打开钥匙开关,才能按动急停按钮。

(2)辅助安全装置。

1)辅助制动器,其在结构上和功能上与工作制动器完全相同。

2)机械锁紧装置,其是运输过程中或长期不用时用于锁紧驱动机组的装置。

3)梯级上的黄色边框是乘客乘梯的警示标识。

4)裙板上的安全刷,其作用是防止异物落入裙板。

5)扶手带同步监控装置,其作用是监视扶手带与梯级的同步运行情况。

三、电梯管理

(一)电梯设备安全管理

高层建筑中的电梯设备给人们提供了方便、快捷和舒适的工作和生活环境,但如果使用与管理不当,则有可能危及乘梯人的生命安全,也会给物业服务企业造成重大的经济损失,因此为防止电梯因使用不当造成损坏或引起伤亡事故,必须加强电梯设备安全管理。电梯设备安全管理的主要内容包括电梯使用过程中的检查、安全教育、司梯人员安全操作管理、乘梯人员安全管理等。

1. 电梯使用过程中的检查

(1)日常检查。电梯的日常检查是电梯维护管理人员必须经常进行的检查工作,主要检查以下方面：

1）每周应对各层厅门、门锁进行检查，当电梯正常工作时，如有任一层厅门被开启则电梯应停止运行或不能启动。厅门关闭时用外力应不能将厅门扒开。

2）每周检查轿厢门的防护装置是否能够自动使轿厢门重新开启，当自动门在关闭过程中触及安全触板时，轿厢门应能自动打开。

3）对有消防专用功能的电梯，每周应对其功能进行检查。

4）每周检查轿厢内警铃、对讲系统、电话等紧急报警装置，与建筑物内的管理部门应能及时应答紧急呼救。

5）每周应检查备用电源的工作情况，正在运行的电梯如突然中断供电，备用电源应能使轿厢停靠在最近的楼层。

（2）季度检查。使用单位按季度对机房的主要设备进行一次全面的检查。检查内容主要包括曳引机运行时有无异常噪声、减速机是否漏油、减速箱及电动机的温升情况、工作制动器的可靠制动情况、限速器运转是否灵活可靠、控制柜内电气元件动作是否可靠、极限开关动作是否可靠等。

（3）年度检查。由使用单位组织的年度检查是针对电梯运行过程中的整机性能和安全设施进行的全面检查。整机性能检查主要包括乘坐舒适感、运行的噪声、振动、速度和平层准确度5个方面。安全设施检查主要包括超速保护、断相保护、缓冲装置等保护功能的检查，同时应进行电气设备的接地、接零的装置、设备耐压绝缘的检查。

（4）定期安全检查。定期安全检查是根据政府主管部门的规定，由负责电梯注册登记的有关部门或主管部门委派电梯注册或认证工程师进行的安全检查，检查的周期、内容由各地主管部门决定。对检查合格的电梯颁发使用许可证，证书注明安全有效期并应悬挂在轿厢内，超过期限的电梯应禁止使用。定期检查的主要部件有门厅锁闭装置、曳引钢丝绳、工作制动器、限速器、安全钳、缓冲器、报警装置等，对每一项检查内容均应出台试验及检验报告，合格后由主管部门存档并予以发证。

2. 安全教育

由电梯管理员负责对电梯机房值班人员、电梯司梯人员和乘梯人员实施安全教育，他们应树立安全第一的思想观念，熟知电梯设备的安全操作规程和乘梯安全规则。

3. 司梯人员安全操作管理

为了确保电梯的安全运行，司梯人员均应持证上岗，并应制定相应的司梯人员安全操作守则。

（1）保证电梯正常运行，坚持正常出勤，不得擅离岗位，提高服务质量。

（2）电梯不带病运行、不超载运行。

（3）操作人员操作时不吸烟、不闲谈。

（4）司梯操作规程如下：

1）每次开启厅门进入轿厢内，必须做试运行，确定正常时才能载人。

2) 电梯运行中发生故障时，立即按停止按钮和警铃，并及时要求修理。
3) 遇停电或电梯未平层时禁止乘客打开轿厢门，并及时联系外援。
4) 禁止运送超大、超重的物品。
5) 禁止在运行中打开厅门。
6) 工作完毕时，应将电梯停在基站并切断电源，关好厅门。

4. 乘梯人员安全管理

制作电梯乘梯人员安全使用电梯的警示牌，悬挂于乘客经过的显眼位置，并在显眼处张贴乘梯须知，警告乘梯人员安全使用电梯的常识，乘梯须知应做到言简意赅。

5. 电梯管理部门的职责

(1) 全面负责电梯安全使用、管理方面的工作。

(2) 建立健全电梯使用操作规程、作业规范以及管理电梯的各项规章制度，组织制定电梯中修、大修计划和单项大修计划，并督促检查实施情况。

(3) 搞好电梯的安全防护，设施要保持完好、可靠，确保电梯正常、安全运行。

(4) 负责对电梯特种作业人员的安全技术培训工作。

(5) 组织对电梯的技术状态作出鉴定，及时进行修改，消除隐患，对由电梯管理方面的缺陷造成的重大伤亡事故负全责。

(6) 搞好电梯安全评价，制定整改措施，并监督实施情况。

6. 电梯专职或兼职管理人员的岗位职责

(1) 收取控制电梯厅外自动开关门锁的钥匙、操纵箱上电梯工作状态转移开关的钥匙、操纵箱钥匙以及机房门锁的钥匙。

(2) 根据本单位的具体情况，确定司机和维修人员的人选并进行培训，保证每位司机和维修人员都要持证上岗。

(3) 收集和整理电梯的有关技术资料，包括井道及机房的土建资料，安装平面布置图，产品合格证书，电气控制说明书，电路原理图和安装接线图，易损件图册，安装说明书，使用维护说明书，电梯安装及验收规范，装箱单和备品备件明细表，安装验收试验和测试记录以及安装验收时移交的资料，国家有关电梯设计、制造、安装等方面的技术条件、规范和标准等，资料收集齐全后应登记建账，妥善保管。

(4) 收订并妥善保管电梯备品、备件、附件和工具。根据随机技术文件中的备品、备件、附件和工具明细表，清理校对随机发来的备品、备件、附件和专用工具，收集电梯安装后剩余的各安装材料，并登记建账，合理保管，除此之外，还应根据随机技术文件提供的技术资料编制备品、备件采购计划表。

(5) 根据本单位的具体情况和条件，建立电梯管理、使用、维护保养和修理制度。制定各工种岗位责任制、安全操作规程、管理规程、维保周期和内容，制定大修、中修计划，督促例行和定期维修计划的实施，并安排年检。

(6) 熟悉收集到的电梯技术资料，向有关人员了解电梯在安装、调试、验收时的情况并认真检查电梯的完好程度,参与、组织电梯应急救援或困人演习预案的实施。

(7)完成必要的准备工作,而且相关条件具备后可交付使用,否则应暂时封存,封存时间过长时,应按技术文件的要求妥当处理。

(8)负责电梯的整改,在整改通知单上签字并反馈有关部门和存档。

(二)电梯设备运行管理

电梯设备运行管理的主要内容包括电梯设备的运行巡视监控管理、电梯运行中出现异常情况的管理、电梯机房的管理和电梯档案的管理等。

1. 电梯设备的运行巡视监控管理

电梯设备的运行巡视监控管理,是由电梯机房值班人员实施的定时对电梯设备进行巡视、检查,发现问题及时处理的管理方式。电梯机房值班人员每日对电梯进行一次巡视,根据巡视情况填写《电梯设备巡视记录》,见表4-1。

表4-1 电梯设备巡视记录

巡视时间			
电梯编号			
序号	运行监控项目	检查结果	备注
1	机房温度、湿度		
2	曳引电动机温度、润滑油、紧固情况		
3	减速箱油位油色、联轴器紧固情况		
4	限速器、机械选层器运行情况		
5	控制柜的继电器工作情况		
6	工作制动器		
7	变压器、电抗器、电阻器		
8	对讲机、警铃、应急灯		
9	轿厢内照明、风扇		
10	厅外轿厢内指层灯及指令按钮		
11	厅门及轿厢门踏板清洁		
12	开关门有无异常		
13	井道底坑情况		
14	各种标示物及救援工具情况		
15	电梯运行舒适感		
电梯值班员:		负责人	

巡视中发现不良状况时，机房值班人员应及时采取措施进行调整。如果问题严重则及时报告公司工程部主管，协同主管进行解决。整修时应严格遵守电梯维修保养的相关规定。

2. 电梯运行中出现异常情况的管理

当电梯运行中出现异常情况时，司梯人员应保持清醒的头脑，以便寻求比较安全的解决方案。

（1）发生火灾时的处置。当楼层发生火灾时，电梯机房值班人员应立即设法按动"消防开关"，使电梯进入消防运行状态；电梯运行到基站后，疏导乘客迅速离开轿厢；电话通知工程部并拨打119电话报警。井道或轿厢内失火时，司梯人员应立即停梯并疏导乘客离开，切断电源后用干粉灭火器等灭火，同时电话通知工程部，若火势较猛应拨打119电话报警，以保证高层建筑内的人员和财产安全。

（2）电梯遭到水浸时的处置。电梯的坑道遭水浸时，应将电梯停于二层以上；当楼层发生水淹时，应将电梯停于水淹的上一层，然后断开电源总开关并立即组织人员堵水源，水源堵住后进行除湿处理，如热风吹干。用摇表测试绝缘电阻，当达到标准后，即可试梯。试梯正常后，才可投入使用。

（3）电梯困人救援的安全管理。规范电梯困人救援工作，以确保乘客的安全是电梯困人救援管理工作的目的。凡遇故障，司梯人员应首先通知电梯维修人员和管理人员，如电梯维修人员和管理人员5 min内仍未到达，工程部经过培训的救援人员可根据不同情况设法先行释放被困乘客。

1）电梯困人救援的程序。

①告知被困人员等待救援：当发生电梯困人事故时，电梯管理员或援救人员通过电梯对讲机喊话与被困人员取得联系，务必使其保持镇静，静心等待救援人员的援救。被困人员不可将身体任何部位伸出轿厢外。如果轿厢门属于半开闭状态，电梯管理员应设法将轿厢门完全关闭。

②准确判断轿厢位置，做好援救准备。根据楼层指示灯、PC显示、选层器横杆或打开厅门判断轿厢所在位置，然后设法援救乘客。

2）电梯困人救援的步骤。

①轿厢停于接近电梯口的位置时的援救步骤：关闭电梯机房电源开关，用专门外门锁钥匙开启外门，在轿厢顶用人力慢慢开启轿厢门，协助乘客离开轿厢，重新关好厅门。

②轿厢远离电梯口时的救援步骤：进入电梯机房，关闭该故障电梯的电源开关，拆除电动机尾轴端盖，按上旋柄座及旋柄，救援人员用力把住旋柄，另一救援人员手持制动释放杆，轻轻撬开制动，注意观察平层标志，使轿厢逐步移动至最接近厅门(0.5 m)为止。当确认刹车制动无误时，放开盘车手轮，然后按上述相同步骤救援。

遇到其他复杂情况时，应请电梯公司帮助救援。救援结束时，电梯管理员填写救援记录并存档。此项工作的目的是积累救援经验。

3. 电梯机房的管理

电梯机房值班人员在公司工程部电梯管理员的领导下工作，电梯管理员负责制定电梯机房的管理制度。电梯机房值班人员严格执行电梯机房管理制度。

(1)非电梯机房工作人员不准进入电梯机房，必须进入时应经过公司工程部经理的同意，在电梯机房人员的陪同下进入电梯机房，且要随时上锁。

(2)电梯机房应配足消防器材，禁放易燃、易爆物品。

(3)保持电梯机房清洁，每周打扫一次卫生。

(4)正常时，按时交接班，并签署《电梯设备巡视记录》。

(5)当遇到接班人员未到岗时，交班人员不得离岗，应请示工程部电梯管理员寻求帮助。

(6)电梯事故未处理完但已到交接班时间时，应由交班人员继续负责事故的处理，接班人员协助处理。

4. 电梯档案的管理

为了解电梯的整体状况，工程部以高层楼宇为单位建立电梯档案。电梯档案包括《电梯的原理图和安装图》《电梯设备巡视记录》《电梯设备维修记录》等内容。档案中的《电梯设备巡视记录》由电梯机房值班组长在每月月初整理成册，交工程部电梯管理员保管。

四、电梯常见故障和维修

(一)电梯常见故障

电梯常见故障一般分为3类：一类是由设计、安装、制造故障；一类是操作故障；另外一类是零部件损坏故障。

1. 设计、安装、制造故障

当电梯发生设计、安装、制造故障后，必须与制造厂家取得联系，由其技术和安装维修人员与本单位的维修人员共同商讨解决。

2. 操作故障

操作故障一般是由使用者不正当操作安全装置和开关引起的，必须防止这类故障发生。

3. 零部件损坏故障

零部件损坏故障是最常见的电梯故障，如机械部分传动装置相互摩擦、电器部分过热烧坏等。

在所有的故障中，由轿厢或厅站门口保护不当引起的电梯故障占大多数，为了尽量避免电梯故障对乘客造成伤害，相关人员应仔细做好维修检查工作，及时发现并消除故障隐患，做好修理工作，对陈旧的电梯和装有不可靠装置的电梯，应当坚决更换。

(二)电梯常见故障及排除方法

电梯常见故障及排除方法见表4-2。

表 4-2 电梯常见故障及排除方法

故障	产生原因	排除方法
关闭厅门、梯门，经底层启动，轿厢不能运行	1. 开关门锁电气触点松动，未能连接 2. 关门行程开关未接通	1. 调整门锁电气触点触头簧片，使之接触良好，或更换触头簧片 2. 调整行程开关的位置、角度，使之接触动作灵活，紧固行程开关，固定螺钉
厅门未关能选层开关	1. 门锁继电器动作不正常 2. 门锁连接线短路	1. 调整门锁继电器，更换门锁继电器 2. 检查门锁线路，排除短路点
关门夹人，安全触板失灵	1. 安全触板微开关被压死，不能动作 2. 安全触板接线短路 3. 安全触板传动机构损坏	1. 更换振动开关，使之断开灵活 2. 检查线路排除短路点 3. 检查调整传动机构触板拉链、转轴等，使之动作灵活
开关门速度明显降低	1. 开门机励磁线圈串联电阻阻值过小 2. 开门机皮带轮皮带打滑	1. 适当增大电阻值，进行试验，一般调至全电阻的 3/4 比较合适 2. 调整皮带轮偏心轴或开门机底座螺栓
开关门速度明显过快	开门机励磁线圈串联电阻阻值过大	适当减小电阻值
开关门明门扇跳动，振动过大	1. 吊门滚轮磨损或导轨偏斜 2. 吊门滚轮下的偏心轴挡轮间隙过大 3. 地坎门滑道积尘过多，卡有异物	1. 调整门导轨，更换吊门滚轮 2. 调整门导轨下的偏心轴挡轮间隙 3. 清扫地门滑道，排除卡阻异物
电梯运行中轿厢振动或晃动	1. 蜗轮副齿侧间隙增大，蜗杆推力轴承磨损 2. 曳引机地脚螺栓或挡板压板松动 3. 个别导轨架或导轨压板松动 4. 导轨接口不平滑，有"台阶"	1. 更换中心距调整垫及轴承盖处调整垫，或更换轴承 2. 检查紧固地脚螺栓和挡板、压板并进行校正 3. 在轿厢顶上检查导轨架及压道板紧固情况，并进行紧固 4. 用细齿锉刀按要求进行修光平整
电梯运行中在轿厢中听到摩擦响声	1. 轿厢滑动导靴尼龙衬磨损严重，其金属压板与导轨发生摩擦 2. 滑动导靴衬套油槽中卡入异物 3. 安全钳楔块与导轨间隙过小，有时摩擦导轨	1. 更换新的导靴尼龙衬，并调整导靴弹簧，使 4 只导靴压力一致 2. 清除卡住在导靴内的异物并进行清洗 3. 调整安全钳楔块与导轨间隙使之符合要求（2～3 mm 为宜）
电梯运行中轿厢在通过厅门时有碰撞摩擦声响	1. 开门刀与厅门地坎间隙过小或有摩擦 2. 开门刀与门锁滚轮相碰	1. 测量各层间隙并检查轿厢有无倾斜现象，必要时用砣块调平轿厢 2. 检查轿厢门倾斜度，必要时调整开门刀和门锁滚轮位置

续表

故障	产生原因	排除方法
限速器有时误动作或有打点响声	1. 限速器转动轴油路不畅、锈蚀或有磨损 2. 弹簧或压紧螺钉松动	1. 清洗限速器，畅通油路，对转动轴磨损者可用零号砂布细磨修饰 2. 螺钉松动可进行紧固，压簧松紧程度与限速器动作速度有关，应送电梯厂进行调整
预选层站不停车（选不上）	1. 内选层继电器失灵 2. 选层器上滑块接触不良或接不上，滑块碰坏	1. 检修更换 NXJ 继电器 2. 调整滑块距离，使之接触良好
未选层站停车	1. 快速保持回路接触不良 2. 有的层站换速碰块连接线与换速电源相碰或选层器上的层间信号隔离二极管击穿短路	1. 检查调整快速回路中的继电器接触器触点，使之动作灵活、接触良好 2. 调整滑块连接线或更换二极管
局部保险丝经常烧断	1. 该回路导线有接地点或电气元件有接地体 2. 有的继电器绝缘垫片击穿	1. 检查回路接地点，加强电气元件与接地体的绝缘 2. 加绝缘垫片绝缘或更换继电器
主保险丝经常烧断	1. 保险丝容量小，压片接松，接触不良 2. 有的接触器接触不良，有卡阻 3. 启动、制动电阻（电抗器）接头压片松动	1. 按额定电流更换保险丝，并压接紧固 2. 检查调整接触器，排除卡阻或更换接触器 3. 紧固接点，压紧压片
个别信号灯不亮	1. 灯丝烧断 2. 线路触点断开或接触不良	1. 核对电压，更换灯泡 2. 检查线路，紧固触点
呼梯按钮和选层按钮失灵或不复位	1. 按钮连接线有断开点或接触不良 2. 按钮块与边框有卡阻 3. 隔离二极管装反 4. 呼梯继电器或选层继电器失灵	1. 检查线路，紧固触点 2. 清除孔内毛刺，调整安装位置 3. 调整或更换二极管 4. 更换继电器
停梯断电后再使用，发现运行方向相反	内无相序保护装置，外线三相电源相序接反	将三相电源线中的任意两相互换
电梯启动和运行速度明显降低	1. 抱闸未完全打开或局部未张开 2. 三相电源有一相接触不良 3. 接触器接点接触不实 4. 电源电压低	1. 调整抱闸间隙 2. 检查三相电源线路、紧固各触点，使接触良好 3. 检修或更换接触器 4. 调整三相电压，使压降不超过 5%

续表

故障	产生原因	排除方法
轿厢或厅门有麻电感觉	1. 轿厢接地线断开或接触不良 2. 接零系统零线重复接地线断开 3. 轿厢上的线路接地漏电	1. 检查接地线,并测量接地电阻应不大于4Ω 2. 在零线上作好重复接地,成为保护接零系统 3. 检查线路绝缘,使其绝缘电阻值不低于每伏工作电压1 kΩ
平层误差过大（上行平层高,下行平层低）	抱闸弹簧过松,间隙大或不平	调整弹簧压力,并按规定调整抱闸间隙
平层误差过大（上行平层低,下行平层高）	抱闸弹簧过紧,间隙小或不平	调整弹簧压力,并按规定调整抱闸间隙。调整平层器与感应铁距离间隙
平层误差过大（上行平层高,下行平层也高）	对重装置质量（平衡轮）过大	按平衡系数计算,用电流表测量正、反方向电流值,调整对重砣块
平层误差过大（上行平层低,下行平层也低）	对重装置质量（平衡轮）过小	

五、自动扶梯管理与维护

自动扶梯乘客较多,因此必须加强自动扶梯管理与维护工作,自动扶梯可在保修期内找厂家维修,也可委托专门的保养公司维修,但同时必须培养自动扶梯专业技术维护人员做好强制性保养和检修工作。自动扶梯管理与维护主要有以下几个方面的工作。

1. 驱动装置的维护

驱动装置各部件的维修专业性很强,如发现异常响声、温升过快过高等异常现象,应找厂家或特约维修人员进行修理。

2. 曳引链条的维护

曳引链条是自动扶梯最大的受力部件,长期运行会使其受损严重,必须配备润滑系统进行润滑,主驱动轴和张紧轴一般用滚动轴承作为转动件,故也应对其实施润滑,如梯级主轮有脱胶、裂纹、破裂现象则必须停机,请厂家或特约维修人员更换。

3. 梯级的维护

自动扶梯出入口处 15 m 范围内应有使乘客清除鞋底杂物的设置,不允许乘客载货使用。踏板齿有折断时应及时更换,维修人员必须按照生产单位提供的文件进行检查,发现故障应及时排除。必要时应停机维修。

4. 安全保护装置的维护

各种安全保护装置在平时是不起作用的,但一旦发生故障必须能够立即起保护作用,故日常的保养显得格外重要。在例行检查时,必须保持各安全保护装置的卫生,逐个对安全保护装置机构进行检查,看其能否正常工作、电路反应是否正常。一旦发现故障,必须经专业人员进行故障处理后才可重新启动。

任务小结

本任务主要介绍了电梯的基本知识、自动扶梯的基本知识、电梯管理、电梯常见故障和维修、自动扶梯管理与维护五部分内容。电梯根据不同的用途分为客梯、货梯、客货电梯、消防电梯、观光电梯以及其他专用电梯。电梯按行驶速度可分为高速电梯、中速电梯和低速电梯。自动扶梯是一种可以连续运送乘客的装置。

实践与训练

一、实训内容

1. 考察校园、住宅小区、办公楼、商业楼电梯的运行情况。
2. 熟悉有关电梯管理与维护的各种规章制度。

二、实训步骤

1. 分小组组织学生参观电梯和电梯机房,要求对轿厢和电梯机房中设备的型号、参数、状态进行记录并拍照。
2. 拟写电梯相关(管理)制度,如电梯机房管理制度、电梯管理服务规则、电梯维修保养操作规程等。

思考与讨论

1. 根据控制方式不同,电梯可分为哪几类?
2. 电梯由哪几部分组成?
3. 电梯的保护系统由哪几部分组成?
4. 为防"冲顶""蹲底"现象,在井道中设置哪些开关?如何规定?
5. 自动扶梯运载系统由哪几部分组成?简述各个组成部分的主要功能。

6. 自动扶梯必备安全装置有哪些?
7. 电梯的日常检查包括哪些内容?
8. 电梯的常见故障有哪些?
9. 如何做好电梯的维修管理工作?
10. 自动扶梯管理与维护工作有哪些内容?

任务四　建筑防雷及安全用电的管理与维护

知识目标

1. 掌握建筑物防雷管理。
2. 熟悉电气设备保护措施。
3. 掌握安全用电管理。
4. 熟悉电气危害与触电急救。

能力目标

1. 能够结合实际，正确识别建筑防雷各组成部分。
2. 能够制定防雷保护的相应措施。
3. 能够掌握安全用电的注意事项。
4. 能够提高安全用电的意识。

案例引导

触电事故

2016年6月17日晚，浙江省杭州市富阳区新登镇一村民家发生了悲惨的一幕：53岁的村民江某在洗澡时，不慎触电倒地，丈夫江某发现后赶紧伸手去扶，结果也被电无情地夺走了生命。

鉴定结论：触电事故因一个临时插座而起。江某把电源插头插在浴室窗外一只临时活动的电源插座上，插座既没有接地线，也没有漏电保护装置，存在很大的安全隐患。致命的是电源插座内有一段20 mm长的外来铜导线，使电源的火线误搭到热水器插头的接地端上导致漏电，酿成惨剧。

问题：

1. 本案例事故发生的原因有哪些?
2. 我们从中要吸取什么教训?

知识准备

一、建筑防雷管理

(一)雷电的作用形式与危害

1. 雷电的形成

空气中不同的气团相遇后,凝成水滴或冰晶,形成积云,而积云在运动中分离出电荷,当其积聚到足够数量时,就形成带电雷云。在带有不同电荷的雷云之间,或在雷云及由其感应而产生的存在于建筑物等上面的不同电荷之间发生击穿放电,即雷电。

2. 雷电的作用形式

雷电对地放电时,其破坏作用表现为以下 4 种基本形式:

(1)直击雷。当天气炎热时,天空中往往存在大量雷云。当雷云飘近地面时,就会在附近地面特别突出的树木或建筑物上感应出异性电荷。电场强度达到一定值时,雷云就会通过这些物体与大地之间放电,这就是通常所说的雷击。这种直接击在建筑物或其他物体上的雷电叫作直击雷,直击雷使被击物体产生很高的电位,从而引起过电压和过电流,所以当雷云向地面放电时常常发生烧毁或劈倒树木、破坏建筑物的情况,甚至会引起火灾和爆炸,导致人畜伤亡。

(2)感应雷。感应雷是间接雷击,是雷电对设备、线路或其他物体的静电感应或电磁感应所引起的过电压,即雷电的第二次作用。在雷云放电后,云与大地的电场消失了,但聚集在屋顶上的电荷不能立即释放,因而屋顶对地面便有相当高的感应电压,造成屋内电线、金属管道和大型金属设备放电,引起建筑物内的易爆危险品爆炸或易燃物品燃烧。这里的感应电荷主要是由雷电流的强大电场和磁场变化产生的静电感应和电磁感应造成的,所以称为感应雷或感应过电压。

(3)雷电波侵入。雷电波侵入是感应雷的另一种表现,当输电线路或金属管路遭受直接雷击或发生感应雷时,雷电波便会沿着这些线路侵入室内,造成人员、电气设备和建筑物的伤害和破坏。据统计,雷电波侵入造成的雷害事故占所有雷害事故的 50%~70%。

(4)球形雷。对球形雷的形成研究,人们还没有完整的理论,通常认为球形雷是一个温度极高的、特别明亮的眩目发光球体,直径为 10~20 cm,甚至更大。球形雷通常在电闪后发生,以每秒几米的速度在空气中飘行,它能从烟囱、门、窗或孔洞进入建筑物内部造成破坏。

3. 雷电的危害

雷电有多方面的破坏作用,其危害一般分成直接破坏和间接破坏两种。直接破坏作用主要表现为雷电的热效应和机械效应;间接破坏作用主要表现为雷电产生的静电感应和电磁感应。

(1)直接破坏。

1)热效应危害。雷电流通过导体时,在极短时间内转换成大量热能,会造成物体燃烧、金属熔化,极易引起火灾、爆炸等事故。

2)机械效应危害。雷电的机械效应所产生的破坏作用主要表现为两种形式：

①雷电流流入树林或建筑构件时，在它们内部产生的内压力。

②雷电流流过金属物体时产生的电动力。

雷电流的温度很高，一般为 6 000 ℃～20 000 ℃，甚至高达数万摄氏度，当它通过树木或建筑物墙壁时，被击物体内部水分受热急剧汽化，或缝隙中分解出的气体剧烈膨胀，因此会在被击物体内部出现强大的机械力，从而使树木或建筑物遭受破坏，甚至爆裂成碎片。另外，当强大的雷电流通过电气线路、电气设备时也会产生巨大的电动力使其遭受破坏。

(2)间接破坏。

1)电气效应危害。雷电引起的过电压，会击毁电气设备和线路的绝缘，产生闪路放电，以致开关掉闸，造成线路停电；会干扰电子设备，使系统数据丢失，造成通信、计算机、控制调节等电子系统瘫痪。绝缘损坏还可能引起短路，导致火灾或爆炸事故；防雷装置泄放巨大的雷电流时，其本身的电位升高，发生雷电反击，同时雷电流流入地下，可能产生跨步电压，导致电击。

2)电磁效应危害。由于雷电流值大且变化迅速，在它的周围空间会产生强大且变化剧烈的磁场，处于这个变化磁场中的金属物体会感应出很高的电动势，使构成闭合回路的金属物体产生感应电路，产生发热现象。此热效应可能会使电气设备损坏，甚至引起火灾。

(二)建筑物的防雷等级

为了防止雷电对建筑物和建筑物内电气设备的破坏，必须对容易受到雷电袭击的建筑物提供防雷保护，保障建筑物内部人员的人身安全，保障建筑物不遭受破坏或烧毁，保障建筑物内部存放的危险物品不会损坏、燃烧和爆炸，保障电气设备和系统不受破坏。

根据发生雷电事故的可能性和造成的后果，防雷建筑物可划分为一级、二级、三级 3 类。

1. 一级防雷建筑物

(1)具有特别重要用途的建筑物：如国家级的会堂，办公、科研、教学建筑，档案馆，大型博展馆，特大型和大型的铁路旅客站，国际性航空港，通信枢组，国宾馆，大型旅游建筑，电视塔等。

(2)国家级重点文物保护的建筑物和构筑物。

(3)高度超过 100 m 的建筑物。

(4)房屋中有易燃、易爆物品的建筑物。

2. 二级防雷建筑物

(1)重要的或人员密集的大型建筑物，如部省级办公楼，省级会堂、博展、交通、通信、广播等建筑，以及大型商店、影剧院等。

(2)省级重点文物保护的建筑物和构筑物。

(3)19 层及以上的住宅建筑和高度超过 50 m 的其他民用建筑物。

(4)省级及以上大型计算机中心和装有重要电子设备的建筑物。

(5)存放与生产制造易燃、易爆物品的房屋。

3. 三级防雷建筑物

(1)预计雷击次数大于或等于 0.05 次时,或通过调查确认需要防雷的建筑物。

(2)在建筑群中最高或位于建筑群边缘高度超过 20 m 的建筑物。

(3)高度在 15 m 及以上的构筑物,在雷电活动较弱地区(年平均雷暴日不超过 15 天),其高度可为 20 m 及以上。

(4)历史上雷害事故严重地区或雷害事故较多地区的较重要建筑物。

在确定建筑物防雷等级时,除按上述规定外,在雷电活动频繁地区或强雷区可适当提高建筑物的防雷等级。

(三)防雷装置及接地

防雷装置一般由接闪器、引下线和接地装置 3 部分组成,如图 4-27 所示。

1. 接闪器

接闪器也称受雷装置,是接收雷电流的金属导体。接闪器的作用是使其上空电场局部加强,将附近的雷云放电诱导出来,通过引下线注入大地,从而使离接闪器一定距离内一定高度的建筑物免遭直接雷击。接闪器的基本形式有避雷针、避雷带、避雷网、防雷笼网 4 种。

(1)避雷针。避雷针一般采用镀锌圆钢或镀锌钢管制成,通常安装在电杆、构架或建筑物上,下端通过引下线与接地装置可靠连接。

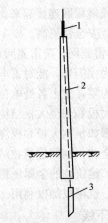

图 4-27 防雷装置结构示意
1—接闪器;2—引下线;3—接地装置

避雷针分为独立式避雷针和装在被保护物顶端的避雷针。避雷针的功能实质是引雷,它把雷电流引入地下,从而保护地面上的线路、设备和建筑物。装在被保护物顶端的避雷针一般用来保护较为突出但水平面积很小的构筑物,如工地上的塔式起重机、井字架与龙门架等高大建筑机械设备。为保证足够的雷电流流通量,其直径应不小于表 4-3 列出的数值。

表 4-3 避雷针接闪器最小直径

针型	最小直径	
	圆钢/mm	钢管/mm
针长在 1 m 以下	12	20
针长为 1~2 m	16	25
烟囱顶上的针	20	40

(2)避雷带。避雷带是另一种接闪器,水平敷设在建筑物顶部突出部位,如屋脊、屋檐、

女儿墙、山墙等位置，对建筑物易受雷击部位进行保护。避雷带一般采用镀锌圆钢或扁钢制成条形长带，尺寸不小于下列数值：圆钢直径为 8 mm，扁钢截面面积为 50 mm，扁钢厚度为 4 mm。

安装避雷带时，每隔 1 m 用支架固定在墙上或现浇混凝土的支座上。

(3)避雷网。避雷网相当于纵横交错的避雷带叠加在一起，它的原理与避雷带相同，其材料采用截面面积不小于 50 mm^2 的圆钢或扁钢，交叉点需要进行焊接。避雷网宜采用暗装，其距表层的厚度一般不大于 20 cm，有时也可利用建筑物的钢筋混凝土屋面板作为避雷网，钢筋混凝土板内的钢筋直径不小于 3 mm，并且连接良好，当屋面装有金属旗杆或金属柱时，均应与避雷带或避雷网连接起来。避雷网是接近全保护的一种方法，它还起到使建筑物不受感应雷击的作用，安全性更高。

(4)防雷笼网。防雷笼网是笼罩着整个建筑物的金属笼，它利用建筑结构配筋所形成的笼状结构作为接闪器，能对雷电起到均压和屏蔽作用。接闪时，笼网上出现高电位，笼内空间的电场强度为零，笼上各处电位相等，形成一个等电位体，使笼内人身和设备都处于保护之中。对于预制大板和现浇大板结构的建筑，网格较小，是理想的笼网，而框架结构建筑则属于大格笼网，虽不如预制大板和现浇大板笼网严密，但一般民用建筑的柱间距离都在 75 m 以内，所以也是安全的。利用建筑物结构配筋形成的笼网来保护建筑，既经济又不影响建筑物的美观。

另外，建筑物的金属屋顶也是接闪器，它好像网格更密的避雷网。屋面上的金属栏杆相当于避雷带，也可以加以利用。

2. 引下线

引下线又称引流器，接闪器通过引下线与接地装置相连。引下线的作用是将接闪器"接"来的雷电流引入大地，它应能保证让雷电流顺利通过而不被熔化。引下线一般采用圆钢或扁钢制成，其截面面积不得小于 48 mm^2，在易遭受腐蚀的部位，其截面应适当加大。为避免腐蚀加剧，最好不要采用胶线作引下线。

3. 接地装置

接地装置包括接地体和接地线两部分，是防雷装置的重要组成部分。无论是工作接地还是保护接地，都是经过接地装置与大地连接的。其主要作用是向大地均匀地泄放电流，使防雷装置对地电压不至于过高。

(1)接地体。接地体是指人为埋入地下与土壤直接接触的金属导体，一般分为自然接地体和人工接地体。

自然接地体是指兼作接地用的直接与大地接触的各种金属体，例如利用建筑物基础内的钢筋构成的接地系统。有条件时应首先利用自然接地体，它具有接地电阻较小、稳定可靠、节约材料和安装维护费等优点。

人工接地体是专门作为接地用的接地体，安装时需要配合土建施工进行，在基础开挖时，应同时挖好接地沟，并将人工接地体按设计要求埋设好。

(2)接地线。接地线是连接接地体和引下线或电气设备接地部分的金属导体，分为自然接地线和人工接地线两种类型。

自然接地线可利用建筑物的金属结构,例如梁、柱、桩等混凝土结构内的钢筋等。利用自然接地线应保证全长管路有可靠的电气通路;利用电气配线钢管作接地线时,管壁厚度不应小于 3.5 mm;用螺栓或铆钉连接的部位必须焊接跨接线;利用串联金属构件作接地线时,其构件之间应以截面面积不小于 100 m² 的钢材焊接,不得用蛇皮管、管道保温层的金属外皮或金属网作接地线。

人工接地线材料一般采用扁钢和圆钢,但移动式电气设备、采用钢质导线在安装上有困难的电气设备可采用有色金属作为人工接地线,绝对禁止使用裸铝导线作为接地线,采用扁钢作为地下接地线时,其截面尺寸不应小于 25 mm×4 mm;采用圆钢作为接地线时,其直径不应小于 10 mm。人工接地线不仅要有一定机械强度,而且接电线截面应满足热稳定的要求。

(四)防雷设施管理与维护

1. 防雷设施管理

防雷设施管理主要包括根据国家的防雷标准安装好防雷器具和管理好防雷器具两方面内容,以保证雷雨季节防雷器具正常工作,这里主要介绍变(配)电站防雷的管理与维护。

(1)变(配)电站防雷器具的安装。变(配)电站属于一级防雷建筑物,按照规定应装避雷装置。为防止雷电波沿导线传入变(配)电站,应在高压进线和低压出线上安装阀式避雷器。阀式避雷器在正常电压时呈现很高的电阻,对电路工作无影响;当遇到雷电的高压时则呈现低阻,通过引下线和接地体将雷电流引入大地。

(2)变(配)电站防雷器具的管理。变(配)电站防雷器具的管理较简单。每年 4 月份雷雨季节前由变(配)电室的值班电工进行一次避雷针、避雷器和接地体装置的试验、测量和维修,以保证防雷器具良好运行。

2. 防雷设施维护

防雷设施维护包括外观检查和接地电阻的测量两个方面。

(1)外观检查。外观检查可每年进行一次,对检查出的不同问题,应采用不同的修缮办法,如加固补强、调整、涂刷保护漆膜、局部更换等,雷雨后应注意对防雷保护装置进行巡视,发现问题及时处理,以保证它能正常工作。

外观检查的主要内容包括接闪器、引下线等各部分的连接是否可靠,有没有受机械损伤、腐蚀、锈蚀等,支撑是否牢固。

1)接闪器与引下线和接地体的连接必须牢固可靠,接地电阻值应符合规定的要求,一般应不大于 10 Ω。

2)每年雷雨季节到来之前,应对整个系统进行检查和维护,提前做好防雷准备。在大雷雨后,要及时对系统进行检查,察看是否因雷击某些连接点松脱和断开。

3)检查时如发现引下线受到严重腐蚀,其腐蚀面积超过截面面积的 30% 时,应及时更换;同样,如发现接头松脱,也要立即紧固。在雷雨季节,任何对故障排除的拖延都可能导致严重的后果。

4)高层建筑每年在雷雨季节到来前要经指定的防雷检测中心对防雷设备进行检测,不合格的应进行整改,直至合格为止。

(2)接地电阻的测量。接地电阻的测量主要是流散电阻的测量,一般采用接地电阻测量仪(又称接地摇表),接地电阻测量仪由手摇发电机、电流互感器、滑线变阻器及检流计等组成,其中3个端钮者仅用于流散电阻的测量,4个端钮者既可用于流散电阻的测量,也可用于土壤电阻率的测量。测量时需临时打入地中两个辅助接地棒,它们与被测接地体三者之间保持一定的距离(一般为20 m),且需把电位接地棒插在被测地极与电流接地棒的中间。

二、电气设备保护措施

(一)接地保护

接地保护是指将正常情况下不带电,而在绝缘材料损坏后或其他情况下可能带电的电器金属部分(与带电部分绝缘的金属结构部分),用导线与接地体可靠连接起来的一种保护接线方式。接地保护是为防止电气装置的金属外壳、配电装置的构架和线路杆塔等带电危及人身和设备安全而进行的接地。

电气设备采用接地保护措施后,设备外壳已通过导线与大地有良好的接触,则当人体触及带电的外壳时,人体相当于接地电阻的一条并联支路。由于人体电阻远远大于接地电阻,所以通过人体的电流很小,避免了触电事故。

接地保护适用于中性点不接地的供电系统,根据规定在电压低于1 000 V而中性点不接地的电力网中,或电压高于1 000 V的电力网中均须采用接地保护。

(二)接零保护

接零保护是指在正常情况下把电气设备中与带电部分绝缘的金属结构部件用导线与电系统的零线连接起来。接零保护一般与熔断器、保护装置等配合用于变压器中性点直接接地的系统中。人们日常生活中常用三相四线制中性点直接接地的供电方式。电气设备采用接零保护后,当电气设备绝缘损坏或发生相线碰壳时,因为电气设备的金属外壳已直接接到低压电网中的零线上,所以故障电流经过接零导线与配电变压器零线构成闭合回路,碰壳故障变成单相短路,因金属导线阻抗小,这一短路电流在瞬间增大,足以使保护装置或熔断器迅速动作(熔断)而切断漏电设备电源,即使人体触及电气设备的外壳(构架)也不会触电。

在三相四线制电力系统中,不允许对某些设备采取接零保护,对另外一些设备采取接地保护而不接零,正确的做法是采取重复接地保护装置,就是将零线上的一处或多处通过接地装置与大地再次连接,通常是把用电设备的金属外壳同时接地和接零,还应该注意零线回路中不允许装设熔断器和开关。

(三)漏电保护

漏电是指由于电气线路、设备的绝缘层损坏,绝缘层的绝缘等级不达标或安装错误等原因导致电气线路、设备带电的现象。

漏电所带来的危害如下：

(1)损坏电气设备。漏电会引起电气线路产生过压、过流、过热现象，从而可能损坏电气设备。

(2)危及人身安全。当导线的绝缘层损坏时，其与电气设备(如电动机、家用电器等)的外壳相接触会导致金属外壳带电。当人体接触外壳时，便会遭到电击，损害身体，甚至危及生命。

(3)引起火灾。漏电往往会产生电弧或过热现象，从而引发电气火灾。这是漏电最为严重的后果，漏电已成为目前电气火灾防范的重点对象。

为了防止漏电引发故障和触电事故，必须采取漏电保护措施，通常的做法是在线路中装设漏电保护器，漏电保护器的作用是在发生触电时能够及时准确地向保护装置发出信息，使之有选择地切断电源，同时，漏电保护器往往有短路、过载保护等功能。

三、安全用电管理

在供配电系统中，必须特别注意安全用电。用电设备使用不当，可能造成人身触电事故、火灾、爆炸等严重后果，给国家、社会和个人带来极大的损失。安全用电管理具体包括以下几项工作。

(一)加强安全教育

电能可以造福人类，但如果使用和管理不当，则会给人们带来极大的危害，因此必须加强安全教育，使供电设备使用人员和设备管理人员树立"安全第一"的观点，普及安全用电常识，按规定使用安全用具，力争供用电过程无事故发生，防患于未然。

(二)严格执行安全工作操作

国家颁布和现场制定的安全操作规程是确保安全用电管理工作顺利进行的基本依据，只有严格执行安全操作规程，才能确保用电设备管理工作的安全。供电设施的安全操作管理就是规范供电设施的操作程序，保证供电设施操作过程中的安全。变(配)电室的值班人员必须有强烈的安全意识，熟悉安全用电的基本知识，掌握安全注意事项，按照操作规程操作电气设备。

1. 安全操作注意事项

(1)严禁带电工作。紧急情况下带电作业时，必须有监护人，有足够的工作场地和充足的光线，必须戴绝缘手套、穿绝缘鞋进行操作。

(2)操作高压设备时，必须使用安全用具，如使用操作杆、棒，戴绝缘手套，穿绝缘鞋。操作低压设备时戴绝缘手套、穿绝缘鞋，同时注意不要正向面对操作设备。

(3)自动开关跳闸后，必须查明原因，排除故障后再恢复供电，必要时可以试合闸几次。变(配)电室倒闸操作时，必须一人操作一人监护。

(4)电流互感器二次侧不得开路，电压互感器二次侧不得短路，不能用摇表测带电设备的绝缘电阻。

(5)应对各种电气设备设立安全标志牌：变(配)电室门前应设"非工作人员不得入内"标志牌；处在施工中的供电设备，开关上应悬挂"禁止合闸，有人工作"标志牌；高压设备工作地点和施工设备上应悬挂"止步，高压危险"标志牌。在施工工地与带电体作业时，人体与带电体的安全距离不得小于表 4-4 所示的规定值。

表 4-4 人体与带电体的安全距离

电压等级/kV	10	35	66	110	220	330
安全距离/m	0.4	0.6	0.7	1.0	1.9	2.6

2. 变(配)电室设备安全操作规程

变(配)电室设备的操作应按照《电业安全工作规程(发电厂和变电所电气部分)》(DL 408—1991)的规定进行，倒闸操作必须根据上级变(配)电站调度员或值班负责人的命令，经受令人复诵无误后执行，并填写操作表。变(配)电室设备安全操作规程的主要内容如下：

(1)停电操作规程。变(配)电站停电时，一般应从负荷侧的开关拉起，依次拉到电源侧开关，以保证每个开关断开的电流最小，较安全，有高压断路器、高压隔离开关、低压断路器、低压刀开关的电路中停电时，一定要按照断路器→负荷侧隔离开关(刀开关)→母线侧隔离开关(刀开关)的拉闸次序操作。

(2)送电操作规程。变(配)电站送电时一般应从电源侧的开关合起，依次到负荷侧的开关。有高压断路器、高压隔离开关、低压断路器、低压刀开关的电路中送电时，一定要按照母线侧隔离开关(刀开关)→负荷侧隔离开关(刀开关)→断路器的合闸次序操作。

(3)配电柜及变压器维修前的安全操作规程。断开控制配电柜的断路器和前面的隔离开关，然后验电，确认无电时挂上三相短路接地线，当和临近带电体的距离小于 6 cm 时，设置绝缘隔板。在停电开关处挂警示牌。

(4)变压器维修前的安全操作规程。为确保在无电状态下对变压器进行维修，必须先拉开负荷侧的开关，再拉开高压侧的开关。用验电器验电，确认无电后，在变压器两侧挂上三相接地线，在高低压开关处挂上"有人工作，请勿合闸"标志牌，才能开始工作。

(5)变(配)电室为重点防雷区域，应设置防雷装置，并做好检查。

3. 供电设备过负荷安全管理

供电设备过负荷是指用户的用电功率超过了供电系统的额定功率时的运行状态。在这种情况下，开关电器、变压器、线路都有被烧坏的危险。

近年来，随着人们生活水平的不断提高，微波炉、空调等大功率用电设备进入普通家庭，使居民用电功率大幅增加，原有住宅的供电设计容量已经不能满足现在的需要，保险丝熔断、导线烧坏、电表烧坏等造成的停电事故时有发生，因此，物业服务企业应该高度重视供电设备过负荷的问题。

通常解决过负荷问题的办法有以下两种：

(1)改造增容：即换线、换变压器、换开关设备、增加供电容量，这种方法需要耗费大量的资金。

(2)加强用电管理：物业服务企业要限制沿街的商业店铺从居民住宅私接电线，居民安装大功率电器要申请接入低压电网，经批准后方能接入，以此限制供电系统的过负荷，通过加强管理来保证居民基本的家用电器的正常使用。

(三)安全用电常识

(1)不得私自拉电线，超负荷用电，私用电炉。

(2)装拆电线和电气设备时，应请电工实施，避免发生短路和触电事故。

(3)电线上不能晒衣服，以防电线上绝缘破损，漏电伤人。

(4)不得在架空线路和室外变(配)电装置附近放风筝，以免造成短路或接地故障。

(5)不得攀登电杆和变(配)电装置的构架。

(6)所有可能触及的设备外露可导电部分必须接地。移动电器的插座一般应采用带保护接地插孔的插座。

(7)导线断落在地上时，不可走近。对落地的高压线，应离开落地点9～10 m或更远并及时报告供电部门前往处理。

(8)失火电气设备可能带电，灭火时要注意防止触电，最好尽快断开电源；失火电气设备可能有大量的油，容易爆炸，使火势蔓延。带电灭火的措施和注意事项如下：

1)采用二氧化碳、四氯化碳等灭火剂，这些灭火剂均不导电。使用时，要求通风，有条件时戴上防毒面具。

2)不能用一般泡沫灭火器灭火，因其灭火剂具有一定的导电性。

3)可用干砂覆盖进行带电灭火，但只能在小面积着火时采用。

4)带电灭火时，应采取防触电的可靠措施。

四、电气危害与触电急救

(一)电气危害

电气危害有两个方面：一方面是对系统自身的危害，如短路、过电压、绝缘老化等；另一方面是对用电设备、环境和人员的危害，如触电、电气火灾、电压异常升高造成用电设备损坏等。

触电可分为电击和电伤。电击是指电流通过人体内部，造成人体内部组织、器官损坏，以致死亡的现象。电击伤害发生在人体内部，人体表皮往往没有痕迹。

电伤是指电流的热效应、化学效应等对人体造成的伤害。它是对人体外部组织造成的局部伤害，而且往往在肌体上留下伤疤。

(二)电对人体的危害因素

电危及人体生命安全的直接因素是电流，而不是电压，电流对人体的电击伤害的严重程度与通过人体电流的大小、频率、持续时间、途径和人体的健康情况有关。现就其主要因素分述如下。

1. 电流的大小

通过人体的电流越大，人体的生理反应也越大。根据人体反应，可将电流划分为3级。

(1)感知电流。感知电流是引起人感觉的最小电流，又称感知阈。此时人感觉轻微颤抖刺痛，可以自己摆脱电源，感知阈大致为工频交流电 1 mA。感知阈与电流的持续时间无关。

(2)摆脱电流。通过人体的电流逐渐增大，人体反应增大，人感到强烈刺痛、肌肉收缩，但是由于理智人还是可以摆脱带电体的，此时的电流称为摆脱电流。当通过人体的电流大于摆脱电流时，受电击者自救的可能性很小，摆脱电流主要取决于接触面积、电极形状和尺寸及个人的生理特点，因此不同人的摆脱电流也不同。摆脱电流一般取 10 mA。

(3)致命电流。通过人体的电流能引起心室颤动或导致呼吸窒息面临死亡时的电流称为致命电流。人体心脏在正常情况下，有节奏地收缩与扩张，可以把新鲜血液送到全身，当通过人体的电流达到一定大小时，心脏的正常工作受到破坏，由每分钟数十次的搏动变为每分钟数百次的细微颤动——心室颤动。此时，心脏不能再压送血液，血液循环终止，若在短时间内不摆脱电源，不设法恢复心脏的正常工作，人将会死亡。

引起心室颤动与人体通过的电流大小有关，还与电流持续时间有关。一般认为 30 mA 以下是安全电流。

2. 人体的电阻

人体的电阻大小与触电电流通过的途径有关，主要由皮肤电阻和人体内电阻组成。

(1)皮肤电阻可视为由半绝缘层和许多小的导电体(毛孔)构成，为容性电阻，当接触电压小于 50 V 时，其阻值相对较大；当接触电压超过 50 V 时，皮肤电阻将大大减小，以至于完全被击穿后电阻可忽略不计。

(2)人体内电阻由人体的脂肪、骨骼、神经、肌肉等组织及器官构成，大部分为阻性的，不同的电流通路有不同的内电阻。

据测量，人体表皮 0.05~0.2 mm 厚的角质层电阻最大，为 1 000~10 000 Ω，其次是脂肪、骨骼、神经、肌肉等。但是，若皮肤潮湿、出汗、有损伤或带有导电性粉尘，人体的电阻会减小到 800~1 000 Ω。所以在考虑电气安全问题时，人体的电阻只能按 800~1 000 Ω 计算。

3. 安全电压

安全电压是不会使人直接死亡或致残的电压。人体的电阻由人体内电阻和皮肤电阻两部分组成，人体内电阻约为 5 000 Ω，与接触电压无关，皮肤电阻随皮肤表面的干湿、洁污状态和接触电压而变，从触电安全的角度考虑，人体的电阻一般下限为 17 000 Ω。由于我国安全电流取 30 mA，如人体的电阻取 17 000 Ω，则人体允许持续接触的安全电压为

$$U_{50g} = 30 \text{ mA} \times 1\,700 \text{ Ω} = 51\,000 \text{ mV} \approx 50 \text{ V}$$

50 V 为一般正常环境条件下允许持续接触的安全电压，见表 4-5。

表 4-5 安全电压

安全电压(交流有效值)/V		选用举例
额定值	空载上限值	
42	50	在有触电危险的场所使用的手持式电动工具等
36	43	在矿井、多导电粉尘等场所使用的行灯等
24	29	
12	15	可供某些具有人体可能偶然触及的带电体设备选用
6	9	

4. 触电时间

人的心脏在每一收缩扩张周期中,有 $0.1\sim0.2$ s 的易损伤期。当电流在这一瞬间通过时,引起心室颤动的可能性最大,危险性也最大。

通过电流的时间越长,能量积累越多,引起心室颤动所需的电流就越小;触电时间越长,越易造成心室颤动,生命危险性越大。

5. 电流途径及电流频率

电流途径有从人体的左手到右手、左手到脚,右手到脚等,其中电流经左手到脚的流通是最不利的一种情况,因为这一通道的电流最易损伤心脏。电流通过心脏会引起心室颤动,通过神经中枢会引起中枢神经失调,这些都会直接导致死亡。电流通过脊髓,还会导致半身瘫痪。

电流频率不同,对人体的伤害也就不同。据测试,$15\sim100$ Hz 的交流电流对人体的伤害最严重。由于人体皮肤的电阻是容性的,所以与频率成反比,随着频率增高,交流电的感知、摆脱阈值都会增大。虽然频率增高对人体伤害程度有所减轻,但高频高压还是有致命的危险。

6. 人体状况

人体不同,对电流的敏感程度也不一样。一般情况下,儿童比成年人敏感,女性比男性敏感。若人患有心脏病,则触电后死亡的可能性更大。

(三)触电方式

按人体触及带电体的方式和电流通过人体的途径不同,触电可分为以下 3 种情况。

1. 单相触电

单相触电即人体的某一部位接触带电设备的一相,而另一部位与大地或零线接触引起的触电。图 4-28(a)所示为电源中线接地的触电电流途径,图 4-28(b)所示为电源中线不接地时的触电电流途径。

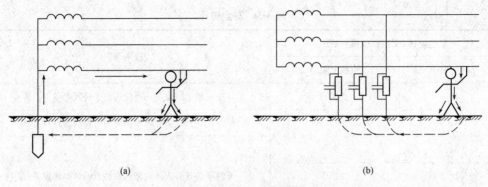

图 4-28 触电电流途径

(a)电源中线接地的情况；(b)电源中线不接地的情况

2. 两相触电

两相触电是指人体同时接触两相带电体而引起的触电，如图 4-29 所示，此时加在人体的电压为线电压，电流直接以人体为回路，触电电流可达 380 mA，远远大于人体所能承受的极限电流 30 mA。

3. 跨步电压触电

当有电流流入电网接地点或防雷接地点时，电流在接地点周围的土壤中产生电压降，接地点的电位往往很高，距接地点越远，则电位逐渐下降。通常把地面上相距 0.8 m 的两处的电位差叫作跨步电压，如图 4-30 所示，当人走近接地点附近时，两脚踩在不同的电位上就会承受跨步电压(两脚之间的电位差)。步距越大，跨步电压越大，跨步电压的大小还与接地电流的大小、人距离接地点远近、土壤的电阻率等有关。在雷雨时，当强大的雷电流通过接地体时，接地点的电位很高，因此在高压设备接地点周围应使用护栏围起来，这不只是防止人体触及带电体，也是防止人被跨步电压袭击。人体万一误入危险区，将会感到两脚发麻，这时千万不能大步跑，而应单脚跳出接地区，一般 10 m 以外没有危险。

图 4-29 两相触电

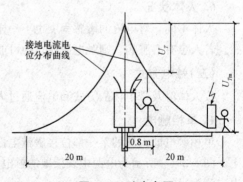

图 4-30 跨步电压

(四)触电急救处理方法

现场急救对抢救触电者非常重要,如现场急救及时、方法得当,呈"假死"状态的人就可以获救,据国外资料记载,触电后 1 min 开始救治者,90%有良好效果;触电后 6 min 开始救治者,10%有良好效果;触电后 12 min 开始救治者,救活的可能性就很小,因此触电急救应争分夺秒,不能等待医务人员,为了做到及时施救,平时要了解触电急救常识,还应对与电气设备有关的人员进行必要的触电急救训练。

1. 脱离电源

发现有人触电时,应尽快使触电人脱离电源,脱离电源的方法有如下几种:

(1)如果电源的闸刀开关就在附近,应迅速断开开关,一般的电灯开关、拉线开关只控制单线,而且不一定控制的是相线(俗称火线),所以拉开这种开关并不保险,还应该断开闸刀开关。

(2)如果闸刀开关距离触电地点很远,则应迅速用绝缘良好的电工钳或有干燥木把的器具(如刀等)把电线砍断或用干燥的木棒、竹竿、木条等物迅速将电线拨离触电者。拨线时应特别注意安全,能拨的不要挑,以防电线甩在别人身上。

(3)若现场附近无任何合适的绝缘物可利用,而触电人的衣服又是干的,则救护人员可用包有干燥毛巾或衣服的一只手去拉触电者的衣服,使其脱离电源。若救护人员未穿鞋或穿湿鞋,则不宜采用这种抢救方法。

以上抢救方法不适用于高压触电情况,发现高压触电应及时通知有关部门切断高压电源开关。

2. 对症救治

当触电人脱离了电源以后,应迅速根据具体情况对症救治,同时向医务部门呼救。

(1)如果触电人的伤害情况并不严重,神志还清醒,只是有些心慌,四肢发麻,全身无力,或虽曾一度昏迷,但未失去知觉,只要使之就地安静休息 1~2 h,不要走动,并作仔细观察即可。

(2)如果触电人的伤害情况较严重,无知觉、无呼吸,但心脏有跳动(头部触电的人易出现这种症状),应采用口对口人工呼吸法抢救。如果触电人有呼吸,但心脏停止跳动,则应采用人工胸外心脏按压法抢救。

(3)如果触电人的伤害情况很严重,心跳和呼吸都已停止,则需同时进行口对口人工呼吸法和人工胸外心脏按压法抢救。如果现场仅有一人抢救,可交替使用这两种办法,先进行口对口吹气两次,再作心脏按压 15 次,如此循环连续操作。

3. 人工呼吸法

(1)迅速解开触电人的衣服,清除口内物,有舌后坠时用钳将舌拉出。

(2)触电人需仰卧,头尽量后仰。

(3)立即进行口对口人工呼吸。方法是:触电人仰卧,抢救人一手托起触电人下颌,使其头部后仰,以解除舌下坠所致的呼吸道梗阻,保持呼吸道通畅;另一手捏紧触电人的鼻孔,以免吹气时气体从鼻逸出。然后抢救人深吸一口气,对准触电人的口用力吹入,直至触电人的胸部略有鼓起。之后，抢救人头稍侧转，并立即放松捏鼻孔的手，任触电人自行呼吸（图 4-31），如此反复进行，成人每分钟吸气 12～16 次，吹气时间宜短，约占一次呼吸时间的 1/3。吹气若无反应，则需检查呼吸道是否通畅，吹气是否得当。如果触电人牙关紧闭，抢救人可改用口对鼻吹气，其方法与口对口人工呼吸法基本相同。

4. 人工胸外心脏按压法

对心跳骤停在 1 min 左右者，可拳击其胸骨中段一次，并马上进行不间断的胸外心脏按压。人工胸外心脏按压法如下：

(1) 触电人应仰卧在硬板上，如是软床应加垫木板。

(2) 抢救人用一手掌根部放于触电人胸骨下 2/3 处，另一手重叠压在上面，两臂伸直，依靠抢救人身体重力向触电人脊柱方向作垂直而有节律的挤压，挤压用力须适度，略带冲击性；使胸骨下陷 4 cm 后，随即放松，使胸骨复原，以利心脏舒张（图 4-32）。按压次数为每分钟 60～80 次，直至心跳恢复，按压时必须用手掌根部加压于胸骨下半段，对准脊柱挤压；不应将手掌平放，不应压心前区；按压与放松时间应大致相等。心脏按压时应同时施行有效的人工呼吸。

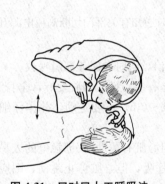

图 4-31 口对口人工呼吸法

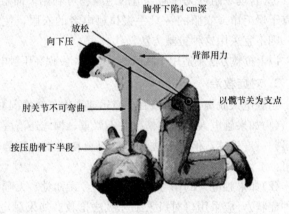

图 4-32 人工胸外心脏按压方法

📖 任务小结

本任务主要介绍了建筑防雷管理、电气设备保护措施、安全用电管理、电气危害与触电急救等内容。"建筑防雷管理"包括雷电的形成及作用形式、雷电的危害、建筑物的防雷等级、防雷装置及接地、防雷设施管理与维护等内容。"电气设备保护措施"包括接地保护、接零保护、漏电保护等内容。"安全用电管理"包括安全教育、安全操作、安全用电常识等知识。"电气危害与触电急救"包括电气危害、电对人体的危害因素、触电方式、触电急救等内容。

实践与训练

一、实训内容

1. 观察教学楼的防雷措施。
2. 认真学习触电急救方法。

二、实训步骤

1. 参观教学楼的防雷措施,对防雷设施进行简单的外观检查。
2. 掌握急救的方法并示范。
3. 撰写实训报告。

思考与讨论

1. 雷电的危害有哪些?
2. 建筑物的防雷等级分为哪几类?
3. 接地装置包括哪几部分?其作用是什么?
4. 常用的电气设备保护措施有哪些?
5. 漏电保护器的作用是什么?
6. 安全用电应掌握哪些常识?
7. 触电急救的步骤有哪些?

任务五 建筑弱电系统的管理与维护

知识目标

1. 了解广播音响系统与有线电视系统。
2. 熟悉电话通信系统与计算机网络系统。
3. 熟悉安保系统。
4. 掌握建筑弱电系统管理与维护。

能力目标

1. 能够制定广播音响系统与有线电视系统的日常管理制度。
2. 根据电话通信系统与计算机网络系统,能对电话通信系统与计算机网络系统进行有效的管理与维护。

3. 能够对安保系统进行有效的管理与维护。
4. 能够独立对建筑弱电系统进行维修管理。

案例引导

小区监控系统损坏造成财产安全未得到保护

某小区业主吴某回家后发现家里物品被盗，财物损失数万元，他立即告知小区物业并报警。数月后，公安机关仍未查清具体作案人员，致使吴某家中失窃的财产未能得到赔偿。之后，吴某便找到小区物业负责人，要求小区的物业服务公司承担赔偿责任，但物业服务公司认为公司并无过错，无须承担赔偿责任。双方协商无果，吴某将物业服务公司诉至法院，要求法院判决物业服务公司赔偿其家中被盗的财物损失，理由是物业服务公司在提供安保物业服务的过程中存在严重过错，如小区监控录像部分损坏，没有及时维修，致使部分区域没有电子监控系统等。吴某认为，自己交了物业管理费，财产却没有得到保护，现在因为没有得到这些服务导致财产被盗，应当由物业服务公司赔偿自己的财物损失。物业服务公司辩称，部分区域监控没有及时维修，是因为业委会尚未同意更换维修，没有向其支付相应的维修费用，致使该工作尚未落实。吴某家中的财产是第三人盗窃所致，与物业服务公司无关，物业服务公司无须承担赔偿责任。法院经审理认为，被告作为物业服务公司，有义务为业主提供相应的安全保障服务，并且被告没有落实其与业主签订的《物业服务合同》约定的安保措施，存在严重的服务瑕疵，导致犯罪分子进入原告家中进行盗窃的可能性增加，致使原告的财产受损，被告存在过错，对原告的损失应承担相应的赔偿责任，承担的份额以损失财产的20%为宜。

问题：
1. 该物业服务公司对设备设施的日常管理存在哪些问题？
2. 为了避免发生类似的问题，该物业服务公司应采取什么措施进行防范？

知识准备

一、广播音响系统

广播音响系统是指建筑物(群)自成体系的独立有线广播系统，是一种宣传和通信工具。广播音响系统也叫扩声系统，是对音频(音乐、语音)信号进行处理、放大传输与扩音的电声设备的系统集成。通过广播音响系统可以播送报告、通知、背景音乐、文娱节目等。

(一)广播音响系统的分类

建筑物的广播音响系统主要包括公共广播、厅堂扩声、专用会议、室外扩声、室内扩声和流动演出等系统。

1. 公共广播系统

公共广播系统是对公共场所进行广播扩音的系统，简称 PA 系统。它广泛应用于生活小区、学校、机关、团体、车站、机场、码头、商场宾馆等公共场所。这是一种有线广播系统，它包括背景音乐和紧急广播功能，两者通常结合在一起，平时播放背景音乐或其他节目，出现火灾等紧急事故时，转换为紧急广播。这种系统中的广播用的话筒与向公众广播的扬声器一般不处于同一房间内，故没有声反馈的问题，并以定压式为其典型传输方式。

2. 厅堂扩声系统

厅堂扩声系统使用专业音响设备，并要求有大功率的扬声器系统和功放，由于传声器与扩声用的扬声器同处于一个厅堂内，故存在声反馈乃至啸叫的问题，且因其距离较近，所以该系统一般采用低阻直接传输方式。

3. 专用会议系统

专用会议系统是为了解决某些特殊问题而诞生的专用系统，也是近几年发展起来的全新的扩声系统，一般包括会议讨论系统、表决系统、同声传译系统，广泛应用于会议中心、宾馆、大型集团等场所。

4. 室外扩声系统

室外扩声系统是专门用于室外广场、公园、运动场等地进行扩声广播的系统。它以语言广播功能为主，兼有音乐和其他扩声功能。

5. 室内扩声系统

室内扩声系统是专门用于室内扩声的系统，用于影剧院、歌舞厅、卡拉 OK 厅、体育馆等。它是一种对音质要求较高、专业性很强的系统，也是目前应用最为广泛的一种系统。

6. 流动演出系统

流动演出系统是一种便于搬运、安装、调试和使用的扩声系统，主要用于大型场地的文艺演出。其投资规模大，性能指标高。

(二)广播音响系统的组成

广播音响系统由节目源设备、信号放大设备、信号处理设备、传输线路和扬声器系统等部分组成。

1. 节目源设备

节目源设备是指提供或产生语音或音乐信号的设备。常见的节目源有无线电广播传声器、普通唱片、激光唱片(CD)、磁带、U 盘和移动硬盘等；常用的节目源设备有广播接收机、电唱机、CD 机、VCD 机、DVD 机、录音卡座、电子乐器等。

2. 信号放大和处理设备

信号放大和处理设备包括调音台、前置放大器、功率放大器和各种控制器及音响加工设备。信号的放大是指电压放大和功率放大；调音台和前置放大器的功能是完成信号的选择和前置放大，担负对重放声音的音色、音量和音响效果进行各种调整和控制的任务。

3. 传输线路

传输线路是扩声信号传输的媒介。其作用是通过电线、电缆将功率放大设备输出的信号馈送到各扬声器终端。

4. 扬声器系统

扬声器系统也称为音响系统,其作用是将电信号转变为声音信号,它是决定扩声系统音质的关键部件之一,也是整个扩声系统重点考虑的部分之一。

二、有线电视系统

(一)有线电视系统的分类

有线电视系统分为共用天线电视系统(CATV)和有线电视邻频系统两大类。共用天线电视系统是以接收开路信号为主的小型系统,功能较少,其传输距离一般在1 km以内,适用于一栋或几栋楼宇。

有线电视邻频系统由于采用了自动电平控制技术,干线放大器的输出电平是稳定的,传输距离可达15 km以上,适用于大、中、小各种系统。

在城市中,有线电视系统今后的发展方向为有线电视邻频系统,但是在资金缺乏地区,共用天线电视系统仍然占有优势。

(二)有线电视系统的组成

有线电视系统由信号源、前端系统、信号传输分配网络和用户终端4部分组成。

1. 信号源

信号源是有线电视系统电视节目的来源,包括电视接收天线、调频广播接收天线、卫星地面接收设备、微波接收设备、自办节目设备等。其主要作用是对开路信号、闭路信号、自办节目信号进行接收和处理。

开路信号是指无线传输的信号,包括电视台无线发射的电视信号、微波信号、卫星电视信号、调频广播信号等;闭路信号是指有线传输的电视信号;自办节目信号是指共用天线电视系统自备的节目源,如DVD、VCD、CD、摄录像机等。

2. 前端系统

前端系统是指处于信号源之后和干线系统之前的部分。前端系统的主要作用是对从信号源送来的信号进行滤波、变频、放大、调制和混合等。由于共用天线电视系统的规模不同,前端系统的组成也不尽相同,包括滤波器、天线放大器、调制解调器、频道变换器及其混合。

3. 信号传输分配网络

信号传输分配网络分无源和有源两类。无源信号传输分配网络只有分配器、分支器和传输电缆等无源器件,可连接的用户较少。有源信号传输分配网络增加了线路放大器,所连接的用户数增多。

(1)分配器的功能是将一路输入信号的能量均等地分配给两个或多个输出的器件,一般有二分配器、三分配器、四分配器 3 种。分配器的输出端不能开路或短路，否则会造成输入端严重失配，同时会影响其他输出端。

(2)分配系统中各元件之间均用馈线连接，它是提供信号传输的通路，分为主干线、干线及分支线等。主干线接在前端与信号传输分配网络之间；干线用于信号传输分配网络中信号的传输；分支线用于信号传输分配网络与用户终端的连接。

(3)分支器是串在干线中，从干线耦合部分信号能量，然后分一路或多路输出。

(4)线路放大器多采用全频道放大器，以补偿用户增多、线路增长后的信号损失。

4. 用户终端

用户终端是指共用天线电视系统供给电视机电视信号的接线器，又称为用户接线盒。其分为暗盒与明盒两种。

(三)有线电视系统的主要设备

1. 接收天线

接收天线的作用如下：

(1)选择信号。在空间多个电磁波中，有选择地接收指定的电视射频信号。

(2)放大信号。对接收的电视射频信号进行放大，提高电视接收机的灵敏度，改善接收效果。

(3)抑制干扰。对指定的电视射频信号进行有效的接收，对其他无用的干扰信号进行有效的抑制。

(4)改善接收的方向性。电视台发射的电视射频信号是按水平方向极化的，而且近似光波的传播性质，方向性强，这就要求接收机必须用接收天线对准发射天线的方向才能实现最佳接收。

2. 放大器

放大器是对共用天线电视系统传输的信号进行放大，以保证用户端信号电平在一定范围的一种部件。其作用是放大信号和稳定信号输出电平。

3. 调制器

调制器是一种把 AV(音频和视频)信号调制到高频信号上去的一种部件。它的主要作用有两个：一是将自办节目中的摄像机、录像机、VCD、DVD、卫星接收机、微波中继等设备输出的视频信号与音频信号加载到高频载波上去，以便传输；二是把共用天线电视系统开路接收的高频与特高频信号经过解调和调制，使之符合邻频传输的要求。

4. 混合器

混合器是将两路或多路不同频道的电视射频信号混合成一路输出的部件。其作用是把多路射频信号混合成一路，共用一根电缆传输，以便实现多路复用；对干扰信号进行滤波，提高系统的抗干扰能力，把无源滤波器的输入端与输出端互换，构成分波器。

5. 解调器

解调器是一种从射频信号中取出图像和伴音信号的部件，主要用在大、中型共用天线电视系统的前端系统，从开始接收的射频信号中取出音、视频信号，然后与调制器配对，把音、视频信号重新调制到符合邻频传输要求的频道上，以便充分利用频道资源。

三、电话通信系统

(一)电话通信系统的组成

电话通信系统是智能建筑内信息传输网的基本组成部分。传统的电话通信系统仅限于电话、电报等音频和低速数据通信业务，一般都采用音频电缆敷设。

通信的目的是实现某一地区内任意两个终端用户间的信息交换。要达到这一目的，必须处理好信号的发送和接收、信号的传输及信号的交换3个问题。

电话通信系统由用户终端设备、传输系统和交换设备3部分组成，如图4-33所示。

图4-33 电话通信系统的组成示意

1. 用户终端设备

用户终端设备用来完成信号的发送和接收，主要设备有电话机、传真机及计算机终端等。

2. 传输系统

传输系统按传输媒介分为有线传输和无线传输。

(1)有线传输的传输媒介包括明线、电缆、光缆等。有线传输按传输信息工作方式又分为模拟传输和数字传输两种。

1)模拟传输是将信息转换成与之相应大小的电流模拟量进行传输，如普通电话。

2)数字传输则是将信息按数字编码方式转换成数字信号进行传输，数字传输具有抗干扰能力强、保密性高及电路集成化等优点，如程控电话交换机。

在有线传输的电话通信系统中，传输线路有用户线和中继线之分。用户线是指用户与交换机之间的线路。两台交换机之间的线路称为中继线。

(2)无线传输的传输媒介包括短波、微波中继和卫星通信等。

3. 交换设备

交换设备是实现一个呼叫终端(用户)和它所要求的另一个或多个终端(用户)之间的接续或非连接传输线路的设备和系统，是构成通信网中节点的主要设备。

交换设备按其使用场合可分为用于公用电话网的大型交换机(如市话交换机和长途交换机)和企事业单位内部进行电话交换的专用交换机(通常又称为小总机或用户交换机)两类。

专用交换机一般容量不大，单位内部用户通话可不必绕经市话局，从而减轻市话局的话务负荷，缩短了用户线的距离。专用交换机有通用型和专用型之分。

通用型交换机适用于以话音业务为主的单位；专用型交换机适用于各种不同特点的单位，如宾馆型交换机，有长途电话即时计费、留言、客房状态、请勿打扰、叫醒服务及综合话音等功能。

此外，还有办公室自动化型、银行型及专网型等用户交换机。

(二)电话通信及其原理

电话通信使声能与电能相互转换。两个用户要进行通信，最简单的方式就是将两部电话机用一对传输线路连接起来。典型的线路包括窄带语音信号线路和多路复用信号线路两种。

(1)典型的窄带语音信号是带宽为300～4 000 Hz的模拟信号。为了能够提高传输速度和传输质量，语音信号在发送端设备中需要经过抽样、量化和编码等处理，变成数字信号后，经过传输线路送到接收端设备。在接收端将收到的数字编码信号还原成模拟语音信号。

(2)为了有效地利用通信线路，在数据通信系统或计算机网络系统中，一个信道同时传输多路信号，称为多路复用技术。采用多路复用技术可大大节省电缆的安装和维护费用。多路复用通常分为频分多路复用和时分多路复用。

1)频分多路复用(FDM)将传输频带分成多个部分，每部分均可作为一个独立的传输信道使用。在一对传输线路上可有多对话路信息传送，每一对话路所占用的只是其中的一个频段，信道之间不相互干扰。频分多路复用又称载波通信，它是模拟通信的主要手段。

2)时分多路复用(TDM)把一个传输通道按时间进行分割，每个时间间隔传输一部分话路的信息。把多话路设备接到一条公共的通道上，按一定的次序轮流给各个设备分配一段使用通道的时间，当轮到某个设备时，这个设备与通道接通，执行操作，与此同时，其他设备与通道的联系均被切断，等指定的使用时间间隔一到，则通过时分多路转换开关把通道连接到下一个要连接的设备上去，时分多路复用也称为时间分割通信，它是数字电话多路通信的主要方法。

四、计算机网络系统

(一)计算机网络系统的组成

计算机网络系统主要由网络硬件系统和网络软件系统组成。

1. 网络硬件系统

组成局域网的网络硬件系统包括服务器、网络工作站、网络交换互联设备、防火墙及外部设备等。

(1)服务器即个人计算机(PC)。服务器应具有较高的性能，包括速度较快、内存及硬盘容量较大等。

(2)网络工作站。网络工作站是指能使用户在网络环境上进行工作的计算机(客户机)。网络工作站的作用是让用户在网络环境下工作，并运行由网络上文件服务器提供的各种应用软件。

(3)网络交换互联设备。其包括网络适配器、调制解调器、网络传输介质、中继器、集线器、网桥、路由器和网关等。

(4)防火墙。防火墙是指在内联网和互联网之间构筑的一道屏障,用以保护内联网中的信息、资源等不受来自互联网中非法用户的侵犯。

(5)外部设备。外部设备是指可被网络用户共享的、常用的硬件资源,如大型激光打印机、绘图设备及大容量存储系统等。

2. 网络软件系统

网络软件系统可分为网络系统软件和网络应用软件。

(1)网络系统软件是指控制及管理网络运行和网络资源使用的软件,它为用户提供访问网络和操作网络的人机接口;在网络系统软件中最重要的是网络操作系统,网络操作系统往往决定了网络的性能、功能、类型等。

(2)网络应用软件是利用应用软件开发平台开发出来的,是为某一个应用目的而开发的软件,如Java、ASP、Perl/CGI、SQL及其他专业应用软件。

(二)计算机网络系统的功能

现在的计算机网络系统功能多且强大,其主要功能如下。

1. 信息的快速传递和集中处理

信息的快速传递和集中处理是指计算机网络系统可以将地理位置分散的各个单位或部门通过计算机网络连接起来相互交换信息,并可对来自各方的信息进行集中处理,以便对各单位或部门进行控制和管理。

2. 资源共享

网络上的用户可以共享网络上的软、硬件资源和数据资源。

3. 综合信息服务

通过计算机网络向全社会提供各种经济信息、科技情报和咨询等服务,并可传输数字、声音及图形图像等多种信息。

4. 提高计算机的可靠性

在计算机网络系统中,各计算机以及一些软件资源可互为后备,故障机的任务可由其他计算机代为完成,极大地提高了计算机系统的可靠性。

5. 均衡负荷和分布处理

当某个主机的负荷过重时,可以将某些作业通过网络送到其他主机处理,可提高设备的利用率。对于综合性的大问题,可以将作业分解后交给不同的计算机进行处理,达到均衡使用网络资源、实现分布式处理的目的。

(三)计算机网络的分类

计算机网络可分为广域网、局域网和城域网3类。

1. 广域网

广域网又称为远程网。广域网一般利用电信或公用事业部门现有的公用或专用通信线路作为传输媒介，由多个部门或多个国家联合组建。其特点是覆盖范围很广，可覆盖几个城市、一个国家，甚至全球。

1969年美国国防部高级研究计划署组织研究开发的APPA网是较早出现的广域网之一，它已成为全球最大的广域网，即互联网。

2. 局域网

局域网是在局部范围内使用的计算机网络，其特点是覆盖的地理范围有限，规模较小，网内计算机及有关设备通常局限于一个单位、一幢大楼甚至一个办公室内。局域网组建方便，建网时间短，成本低，使用灵活，经济与社会效益显著。

3. 城域网

城域网通常覆盖一个城市或地区，介于广域网和局域网之间，它是在局域网的基础上发展起来的一类新型网络。随着计算机网络用户的日益增多和应用领域的不断拓宽，一般局域网已显得力不从心，新的应用要求把多个局域网互相连接起来，构成一个覆盖范围更大并支持高速传输和综合业务服务的、适于大城市使用的计算机网络，这样就形成了城域网。

五、安保系统

(一)安保系统的作用

安保系统的作用是提供外部侵入保护、区域保护和目标保护3个层次的保护。

(1)外部侵入保护。外部入侵保护是防止无关人员从外部侵入建筑物，具体来说是防止外人从窗户、门、天窗或通风管道等侵入建筑物。

(2)区域保护。区域保护是指如果犯罪分子突破了第一道防线，进入楼内，安保系统将探测得到的信息发往控制中心，进行报警，由控制中心根据实际情况作出相应处理决定。

(3)目标保护。目标保护是针对具体的物体的安保系统，保护的目标有保险柜、重要文件、重要场所等。

(二)安保系统的组成

安保系统主要由出入口控制系统、闭路电视监控系统、电子巡更系统、停车场管理系统、入侵报警系统、楼宇对讲系统等组成。

1. 出入口控制系统

出入口控制系统也叫门禁管理系统，它对建筑物正常出入通道进行管理，控制人员出入，控制人员在楼内或相关区域的行动。常见的出入口控制方式有以下3种：

(1)在需要了解其通行状态的门上安装门磁开关，如办公室门、营业大厅门等。

(2)在需要监视和控制的门上(如楼梯间通道门、防火门等)，除了安装门磁开关以外还要安装电动门锁。

(3)在需要监视、控制和身份识别的门或有通道门的高保安区(如金库门、主要设备控制中心机房、配电室等),除了安装门磁开关、电动门锁之外,还要安装磁卡识别器或密码键盘等出入口控制装置,采用计算机多重任务处理,对各通道的位置、通行对象及通行时间等进行实时控制或设定程序控制,并将所有的活动用打印机或计算机记录,为管理人员提供系统运转的详细记录。

2. 闭路电视监控系统

闭路电视监控系统是一种先进的、防范能力极强的安全系统。它的主要功能是通过遥控摄像机及其辅助设备,监视被控场所且把监测到的图像、声音内容传输到监控中心。

闭路电视监控系统按功能可以分为摄像、传输、显示与记录和控制4个部分:

(1)摄像部分安装在现场,包括摄像机、镜头、防护罩、支架和电动云台,它对被摄体进行摄像并将其转换成电信号。

(2)传输部分是把现场摄像机发出的电信号传送到控制中心,一般包括线缆、调制与解调设备及线路驱动设备等。

(3)显示与记录部分把从现场传来的电信号转换成图像在监视设备上显示,如有必要,将用录像机把图像录下来,所以它包含的主要设备是监视器和录像机。

(4)控制部分负责所有设备的控制与图像信号的处理。

3. 电子巡更系统

电子巡更系统是小区安保系统的重要补充,通过对小区内各区域及重要部位的安全巡视,可以实现不留任何死角的小区防范。保安巡更人员携带巡更记录器按指定的路线和时间到达巡更点并进行记录,并将记录信息传送到管理中心。管理人员可调阅打印各保安巡更人员的工作情况,加强对保安人员的管理,实现人防和技防的结合。如果在指定的时间内,信号没有发到中央控制中心,或不按规定的次序出现信号,认为系统出现异常。有了电子巡更系统后,如果保安人员出现问题或危险,会很快被察觉,从而增强了安全性。电子巡更系统一般分为在线巡更系统和离线巡更系统两种。

(1)在线巡更系统。在线巡更系统一般与入侵报警系统设备共用的方式实现,可由入侵报警系统中的警报接收机与控制主机编程确定巡更路线,每条路线上有数量不等的巡更点。巡更点可以是读卡机或门锁,保安巡更人员经过时,通过刷卡、按钮及开锁等作为巡更信号,从而将保安巡更人员到达的时间、动作等记录到系统中。通过查阅巡更记录,可对巡更质量进行考核,从而有效地防止漏巡、随意减少巡更点、变更巡更时间等行为。监控中心也可通过对讲系统或内部通信方式与保安巡更人员建立联系,随时查询。在线巡更系统采用感应识别的巡更手持机及非接触感应器。

(2)离线巡更系统。顾名思义,离线巡更系统无须布线,只要将巡更点安装在巡逻位置,保安巡更人员手持巡更器到每一个巡更点采集信息后,将信息通过数据线传输给计算机,就可以显示整个巡更过程(如需要,再由打印机打印,即可形成一份完整的巡更考察报告)。离线巡更系统的优点是无须布线,安装简单,易携带,操作方便,性能可靠;不受温度、湿度、范围的影响，系统扩容、线路变更容易且价格低，不宜被破坏；系统安装维护方便，适用于任何巡更领域。相对于在线巡更系统，离线巡更系统的缺点是不能实时管理，如有对讲机，可避免这一缺点，并可真正实现实时报警，同时，根据产品的可拍照功能，能在第一时间留下事故图片，三点合一，保证及时安全地处理突发事故。

4. 停车场管理系统

建筑物的停车场管理系统能够满足住户对车辆管理的需要，避免车辆被盗、被破坏，避免车辆乱停放，同时可以加强对外来车辆的管理。

现代化的停车场管理系统将机械技术、电子计算机技术、自动控制技术和智能卡技术有机地结合起来，通过计算机管理，实现了对车辆进出记录的管理并能自动储存，图像对比识别技术有效地防止了车辆被换、被盗；车位管理有效地提高了停车场的利用率；收费系统能自动核算收费，有效地解决了管理中费用流失或乱收费的现象。

5. 入侵报警系统

入侵报警系统具有对设防区域的非法入侵、盗窃、破坏和抢劫等进行实时有效的探测和报警及报警复核功能。

(1)入侵报警系统的组成。入侵报警系统负责建筑内外各个点、线、面和区域的侦测任务，由探测器、区域控制器和报警控制中心3个部分组成。系统分3个层次，最底层是探测和执行设备，负责探测非法入侵，有异常情况时发出声光报警，同时向区域控制器发送信息；区域控制器负责下层设备的管理，同时向控制中心传送自己所负责区域内的报警情况，一个区域控制器、声光报警设备等就可以组成一个简单的报警系统。

(2)入侵报警系统探测器的分类。常见的入侵报警系统探测器有以下几种：

1)开关探测器。常用的开关包括微动开关、磁簧开关两种。开关一般装在门窗上，线路的连接可分常开和常闭两种。其中，常开式处于开路状态，当门、窗被推开时，开关就闭合，使电路导通，启动警报。这种方式的优点是平时开关不耗电，可以使用电池为电源；缺点是如果电线被剪断或接触不良，开关将会失效。常闭式则相反。

2)振动探测器。振动探测器主要用于铁门、窗户等通道和防止重要物品被人移动的地方，以机械惯性式和压电效应式两种形式为主。

机械惯性式振动探测器的工作原理是利用软簧片终端的重锤受到振动产生惯性摆动，振幅足够大时，碰到旁边的另一金属片而引起报警。

压电效应式振动探测器的工作原理是利用压电材料因振动产生机械变形而产生电特性的变化，检测电路根据其特性的变化来判断振动的大小。

由于机械惯性式振动探测器容易锈蚀，且体积较大，其已逐渐由压电效应式振动探测器代替。

3)玻璃破碎探测器。它使用压电式拾声器并将其安装在面对玻璃的位置上，由于它只对$10\sim15$ kHz 的玻璃破碎高频声音进行有效的检测，因此对行驶车辆或风吹门窗时产生的振动信号不会产生响应。目前的双探测技术特点是需要同时探测到破碎时产生的振荡和音频声响，才会产生报警信号,因此不会受室内移动物体的影响而产生误报。这增加了入侵报警系统的可靠性,适合昼夜 24 h 防范,一般应用于玻璃门窗的防护。

4)热感式红外线探测器。它又称为被动式立体红外线探测器,是利用人体的温度所辐射的红外线波长(约 10 μm)来探测人体,故也称为人体探测器。

6. 楼宇对讲系统

楼宇对讲系统是为来访客人与住户之间提供双向通话或可视通话,并由住户遥控防盗门的开关或向保安管理中心进行紧急报警的一种安保系统,又称为访客对讲系统。

楼宇对讲系统按功能分为单对讲系统和可视对讲系统两种。

(1)单对讲系统。单对讲系统一般由电控防盗安全门、对讲系统、控制系统和电源等组成。多数基本功能型对讲系统只有一台设于安全大门口的门口机,而一部分多功能型对讲系统,除门口机外,还连有一台设于物管中心的管理员机(也称为主机)。在主机和门口机中,一般装有放大语音信号的放大电路和一个微处理机。

(2)可视对讲系统。可视对讲系统适用于单元式的公寓和经济条件比较富裕的家庭,它由视频系统、音频系统和可控防盗安全门等组成。视频系统的摄像机可以是彩色的也可以是黑白的,最好选用低照度摄像机或外加灯光照明;摄像机的安装要求隐蔽且防破坏。户主从监视器的屏幕上看到访客的形象并且与其通话,以决定是否打开可控防盗安全门。

六、建筑弱电系统管理与维护

(一)广播音响系统管理与维护

1. 广播音响系统管理

为使广播音响系统能发挥其宣传效力,便于统一管理,应制订相应的管理制度。其管理制度主要包括以下内容:

(1)非工作人员未经许可,不得擅自进入广播室。工作人员离开广播室时,应随手锁门,妥善保管钥匙,不得交给非工作人员。

(2)对播音系统实行专人管理,非本部门专业人员严禁随意操作,一旦发现将按违纪处理,若有损坏,按原价赔偿。播音系统应定期养护、维修。

(3)播音系统的选曲、播放应由公司统一决定,不得随意更改,不得将非公司的 CD、卡带带入公司播放,也不得将公司的 CD、卡带带离。不得将与播放无关的其他音像资料带入广播室。

(4)两班的交接须留交班表,记录播音状况及有无 CD、卡带损坏的情况。

(5)播音系统免费为顾客提供寻物、寻人启事,广播前应由顾客填写详尽的内容存档保留。

(6)工作人员须经过培训并熟练掌握设备操作技能,严守岗位,提前审查播放的节目,播放期间不得擅自离开,对播放节目内容和质量做好实时监听。

(7)播放内容出现意外时,须立即采取有效措施,中断播出,并及时向有关领导报告。

(8)广播员每次播出后及时做好有关记录。

(9)保持环境整洁、美观,将播放控制台、播放设备等放入专用机柜,连接线缆应规范、安全并经常进行安全检查,切实做好防盗、防火和防漏电等工作,防患于未然。

2. 广播音响系统维护

广播音响系统(广播室)的维护工作主要包括以下几点要求:

(1)对广播音响系统要做好运行维护、管理工作,并根据运行情况提出设备更新、技术改造和大修计划。

(2)维护人员对发生的故障进行及时有效的处理,并进行认真分析,总结经验教训,制订防范措施,并向上级部门报告。

(3)组织部门运行、维护人员的岗位考核,提高上岗人员的技术水平和处理故障的实际能力。

(4)负责部门资产的管理,负责技术资料、图纸、技术文件的收集、整理、保存等管理工作。

(5)设备如有损坏应及时送修。

(二)有线电视系统管理与维护

(1)保证系统选用器件的质量。电子器件的质量对系统影响很大。例如,放大器的噪声系数是限制其灵敏度的主要因素,所以一般要求天线放大器的噪声系数为 5~8 dB,线路放大器的噪声系数为 8~12 dB。

(2)保证输出端正常。系统组成和传输网络要合理,线路和电子器件的敷设要牢固,特别是接触点不能有松动和虚焊,输出端不能短路。

(3)调试用户端电平及信噪比。要使用户能获得 4 级电视图像,一般应有 60 dB 的信号电平才合理,否则图像质量变坏,并会产生雪花干扰,但信号太强也会使图像质量下降,一般彩电控制在 75 dB 左右。噪声是反映各种内外干扰电压的总称。如果噪声过大,电视图像会有网状白线、黑线;画面会出现翻滚扭曲和重影等问题,同时伴音质量也会大为降低。因此,在共用天线电视系统中,信噪比一般不应低于 43 dB。

(4)交调与互调指数要符合规定。交调与互调都反映信号对电视图像的干扰。交调的干扰反映在画面上是有一条白而光的条带水平移动。互调干扰则是出现网纹或斜纹的干扰图像。我国规定交调指数 CM>49 dB,互调指数 IM>54 dB。

(5)保证定期维护。经常对线路巡检,对天线分配器、放大器、分支器等重要器件定期进行调试,保证参数正确和合理。

(三)计算机网络系统管理与维护

计算机网络系统管理与维护主要包括物理安全、访问控制、传输安全和计算机病毒的预防。

1. 物理安全

(1)埋设电缆应有一定的深度和明显的标志，在电缆外面还要有可靠的保护层，以避免电缆因洪水、火灾等灾害而损坏。

(2)放置服务器的场所应该干燥，温度适宜。

(3)办公室的终端或工作站的接线盒必须在墙上，以免踩断电缆。

2. 访问控制

访问控制可以从以下3个方面进行：

(1)网络用户注册。网络用户注册是网络安全系统的最外层防线，只有具有网络注册权的用户才可以通过这一层安全性检查，在注册过程中，系统会检查用户名及口令的合法性，不合法的用户将被拒绝进入。

(2)网络用户访问资源的权限。网络管理系统可以显示用户的应用类型及所需的网络资源，为网络用户制定访问资源的权限。一般来说，网络资源包括网络服务器的文件系统、网络服务器及外部通信设备。用户权限主要体现在用户对所有系统资源的可用程度上。

(3)文件属性。对于文件属性进行设置可保证文档的安全，这种安全措施尤其对共享文件特别有用。如果文件属性是"只读"，不论用户访问资源的权限如何，用户对该文件只能读，不能编辑、更名或删除。因此，文件属性的安全性优于用户权限。

3. 传输安全

对于传输安全要注意防止信息的泄漏和破坏。防止信息的泄漏和破坏的主要途径是采用密码技术，在发送站先进行信息加密，再由接收站解密，不掌握解密技术就不知道信息的真正内容，同时由于伪造信息者不知道如何正确加密，因此假信息很容易被识别出来。

4. 计算机病毒的预防

计算机病毒是指某些人编制的或者在计算机程序中插入的，能够破坏计算机功能或者破坏数据，影响计算机使用并且能够自我复制的一组计算机指令或者程序代码。

计算机病毒是威胁计算机网络系统安全的大敌，应受到高度重视。防杀病毒应该从多方面进行。

(1)使用正版操作系统，防止利用系统漏洞传播的病毒有机可乘；确定系统登录密码已设定为强密码；关闭不必要的共享或将共享资源设为"只读"状态；留意病毒和安全警告信息，做好相应的预防措施。

(2)选择安装优秀的反病毒软件。优秀的反病毒软件可以自动连接到互联网上，并且只要软件厂商发现了一种新的威胁就会添加新的病毒探测代码，反病毒软件能够主动实时升级更新病毒库。

(3)定期扫描，定期更新。通常，反病毒软件都能够被设置成在计算机每次启动时扫描系统或者在定期计划的基础上运行。

(4)不轻易打开附件中的文档文件。对他人发送过来的电子邮件及相关附件的文档，首先要用"另存为"命令("Save As")保存到本地硬盘，待用查杀计算机病毒软件检查无毒后才可以打开使用。

(5)不轻易执行附件中的可执行程序。它们极有可能带有计算机病毒或黑客程序，轻易运行很可能带来不可预测的结果，对于任意电子邮件中的可执行程序附件都必须检查，确定无异常后才可使用。

(6)不直接运行附件。对于文件扩展名比较特殊的附件，或者带有脚本文件（如，"*.VBS""*.SHS"等）的附件，不要直接打开，一般可以删除包含这些附件的电子邮件，以保证计算机网络系统不受计算机病毒的侵害。

(四)安保系统管理与维护

1. 入口控制系统管理与维护

确保出入口对象识别装置、控制及信息处理系统、报警装置、楼宇对讲电控防盗门等工作正常。管理与维护工作要做到以下几点：

(1)门磁开关调整间隙应符合要求。
(2)电动门锁功能应有效，工作正常。
(3)对讲电话分机应话音清楚、功能有效。
(4)读卡器应清洁、功能有效，指纹、掌纹等识别器应清洁、功能正常，门开关状态良好。
(5)确保电动门锁机械和电动机正常。
(6)出入口数据处理设备应齐全有效。

2. 闭路电视监控系统管理与维护

(1)摄像机应清洁，确认监控方位和原设计方案一致。
(2)室内外防护罩应清洁、牢固，进线口密封应良好。
(3)监视器应清洁，散热应正常，确认图像质量和原设计方案一致。
(4)云台应清洁、牢固，上、下、左、右控制应灵活有效；镜头的调整、控制应灵活有效。
(5)硬盘录像机控制、预览、录像、回放以及图像质量应符合设计要求；视频和报警联动应齐全有效；硬盘录像机感染计算机病毒时应杀毒、升级；硬盘录像机机器内应清洁、除尘，确认散热风扇工作正常；硬盘录像机时钟应定期校验，时间误差小于 60 s。
(6)图像传输、编解码设备应及时进行检查、调试。
(7)在维修过程中应不影响系统的正常运行。

3. 电子巡更系统管理与维护

(1)电子巡查信息钮应牢固。
(2)巡更棒时间验证应正常，时间误差小于 60 s。
(3)保安巡逻按钮应清洁、牢固。
(4)巡更管理软件应齐全有效，数据传输应齐全有效。
(5)确保巡更设置功能、记录打印功能、管理功能等工作正常。

4. 停车场管理系统管理与维护

确保识别功能、控制功能、报警功能、计费功能等工作正常。管理与维护工作应做到以下几点：

(1)收费显示屏保持清洁，时间误差小于60 s。

(2)自动道闸起落应平稳、无振动。

(3)卡读写系统应齐全有效。

(4)临时卡计费器应齐全有效。

(5)管理主机应齐全有效。

(6)数据通信应齐全有效。

5. 楼宇对讲系统管理与维护

(1)楼宇对讲系统主机应功能有效，时间误差小于60 s。

(2)对讲电话分机应话音清楚、功能有效。

(3)可视对讲摄像机图像应清晰，可视对讲机功能应有效。

(4)电动门锁功能应有效，防拆功能应有效。

(5)门开关状态良好，确保电动门锁机械和电动机正常。

任务小结

本任务主要介绍了广播音响系统、有线电视系统、安保系统、电话通信系统与计算机网络系统以及建筑弱电系统管理与维护。

实践与训练

一、实训内容

1. 调查学校广播站的广播音响系统资料。
2. 调查学校网络中心的计算机网络系统资料。

二、实训步骤

1. 分小组进行资料的收集及整理。
2. 从网上查找与本任务内容相关的设计方案，打印后各小组相互评议。

思考与讨论

1. 有线电视系统分为哪几类？其适用范围是什么？
2. 接收天线的作用有哪些？

3. 安保系统由哪些系统组成？
4. 电话通信系统由哪些部分组成？各部分的作用是什么？
5. 广播音响系统的维护工作主要包括哪些要求？
6. 出入口控制系统的管理与维护工作要做到哪几点？
7. 计算机网络系统的功能有哪些？
8. 计算机网络系统的组成是什么？

模块五　物业设备设施风险和突发事件管理

📖 学习要求

1. 掌握物业设备设施风险管理。
2. 掌握物业设备设施突发事件管理。

任务一　物业设备设施风险管理

📋 知识目标

1. 了解物业设备设施风险管理。
2. 掌握风险处理的方法。

📁 能力目标

1. 能够识别物业设备设施风险。
2. 能够合理规避各类风险。

📝 案例引导

未对健身器材尽心维护导致安全事故

2016年9月28晚,上海浦东南汇区某小区业主张某在小区健身区内用上肢牵引器健身,因钢丝绳突然断裂,致其失去重心,摔倒在地,由于后脑直接着地,当即失去知觉,终因脑干功能衰竭于10月1日死亡。

物业服务公司说,在开发商购进健身器材后,其已检验了产品合格证,日后的维护、保养是生产商的责任。物业服务公司不是专业公司,平时对健身器材的管理只能凭肉眼判断是否存在安全隐患,其已尽了物管之责。

生产商说其产品是合格产品,已根据合同约定每3个月巡视保养一次,已尽到售后服务义务,牵引器选用的钢丝绳可承担15 t质量,从断裂情况来判断,是非正常磨损,若属正常磨损则愿承担责任。

【案例分析】

法院判决，物业服务公司是小区管理者，对小区内健身设施负有维护管理之责，受害人因设施原因倒地死亡。物业服务公司对此负有疏于维护管理之责，没有尽到一个管理企业的义务，对此应承担相应的民事赔偿责任。生产商在对健身设施维护中未尽心尽责，事故恰发生于其对健身设施进行巡视维护后的当日。后法院判决生产商与物业服务公司共同承担40多万元的赔偿责任。

知识准备

一、物业设备设施风险管理的基本概念

(一)风险

风险意味着未来损失的不确定性，或者理解为损失的大小和发生的可能性。风险具有客观性、普遍性、必然性、可识别性、可控性、损失性、不确定性和社会性等特征。

(二)风险管理

风险管理是指对影响企业目标实现的各种不确定性事件进行识别和评估，并采取应对措施将其影响控制在可接受范围内的过程。它是以观察实验、经验积累为基础，以科学分析为手段，以制度建设为保证的科学方法。

(三)物业设备设施风险

物业设备设施风险是指在物业设备设施使用及管理过程中，企业内部或者企业外部的各种因素所导致的应由物业服务企业承担的意外损失。物业设备设施风险按不同标准一般有如下分类：

(1)按损失对象分类：人身风险、财产风险、责任风险。

(2)按损失产生的原因分类：自然风险、人为风险(行为风险、技术风险、经济风险)。

(3)按风险控制的程度分类：可控风险、不可控风险。

(4)按产生风险的原因分类：静态风险、动态风险。

现代建筑的规模化、使用功能综合化、高层化以及管理智能化，使物业设备设施管理在各种不确定性因素影响下风险日趋增大，这些风险主要是项目建造中存在的"固有瑕疵"、管理不当以及自然灾害等因素造成。物业服务企业面对风险或突发事件时应能做到合理防范、应对及时、处置得当，争取把风险损失降低到最低限度。

二、物业设备设施风险管理的实施

物业设备设施风险管理一般可以按以下简要步骤进行：风险识别→风险评估→风险处理→风险监控。

(一)风险识别

风险识别主要指识别物业设备设施管理中的风险因素及其来源。

(1)风险的来源。风险按其来源分为内在风险和外在风险。内在风险是指能加以控制和影响的风险;外在风险是指超出管控能力和影响力之外的风险,如政府行为等。

另外,人们通常所接触到的风险有技术风险,指新技术应用和技术进步使物业设备设施管理发生损失的可能性;市场风险,指由于市场价格的不确定性导致损失的可能性;财产风险,指与企业或个人有关的财产面临可能的破坏、损毁以及被盗窃的风险;责任风险,指承担法律责任后对受损一方进行补偿而使自己蒙受损失的可能性;信用风险,指由于有关行为主体不能做到重合同、守信用而导致损失的可能性。

(2)风险识别方法。对于风险识别方法,一般可利用已有的经验进行类推比较;也可以利用鱼骨图识别出风险因素(鱼骨图又称因果图,此处不作详细介绍,如需要了解可参阅其他书籍)。利用鱼骨图识别风险因素时应从以下 5 个方面分析:

1)人。人的技术水平、管理能力、组织能力、作业能力、控制能力、身体素质及职业道德等都会对物业设备设施风险产生不同程度的影响。人的不安全因素如不按操作规程进行设备操作、不按要求设置警示标牌、违规焊接、不按规定参加培训、带病上岗、酒后作业、刻意破坏、私拉乱接电线等。

2)材料。这里材料泛指构成各类物业设备设施的材料、构配件、半成品等。材料风险主要体现为选用是否合理、产品是否合格、材质是否经过检验、保管使用是否得当等。这些都将直接影响物业设备设施的使用功能和使用安全。

3)机械设备。机械设备可分为两类:一是指构成工程实体及配套的设备和各类机具,如电梯、水泵、通风空调设备等;二是指维修及改造过程中使用的各类机具设备,包括垂直与横向运输设备、各类操作工具、各种施工安全设施、各类测量仪器和计量器具等,简称施工机具设备。机械设备的性能和操作方便性等,都可能存在一定的风险,如安装质量造成的电梯导轨垂直度误差过大、设备选型功率过小(或过大)、化粪池井盖松动不严实等。

4)方法。对于物业设备设施管理,作业方法包括技术方案和组织方案。运行操作是否正确,维护保养方案、更改造方案是否科学合理,都可能形成相应风险。如对新材料、新工艺、新方法的应用不恰当,致使某大厦地下室吊顶里的热水供应管道接头脱落而发生跑水后造成较大经济损失。

5)环境。环境因素包括工程作业环境如防护设施、通风照明等;工程管理环境如组织体制及管理制度等;工程技术环境如水文、气象等;周边环境如项目临近的地下排水管线的情况等。

(二)风险评估

风险评估是确定风险因素发生的可能性与影响程度。

风险评估的方法通常有定量、定性之分。在风险出现的可能性或影响程度难以精确定义时,应采取定性分析的方法,即对所有风险因素发生的可能性与影响程度分别进行等级上的划分。但如果可以通过各种技术使风险出现的可能及影响程度量化，那么就能更准确地区分出各种项目风险的轻重程度，从而对其采取有针对性的应对方案。

(三)风险处理

风险处理就是对风险进行控制。

风险处理的方法主要有风险回避、风险降低、风险分散、风险转移和风险自留。

(1)风险回避：是指主动放弃或拒绝实施可能导致风险损失的方案。风险回避可完全避免特定的风险损失，但回避风险的同时也放弃了获得收益的机会。

(2)风险降低：有两方面的含义：一是降低风险发生的概率；二是降低事件发生后的损失。

(3)风险分散：是指增加承受风险的单位以减轻总体风险的压力，从而使管理者减少风险损失。但采取这种方法的同时，也有可能将利润分散。

(4)风险转移：是指为了避免承担风险损失，有意识地将损失转嫁给另外的单位或个人承担，如通过购买财产一切险、机器损坏险等险种来转移风险。

(5)风险自留：是指项目组织者自己承担风险损失，有时主动自留，有时被动自留。对于承担风险所需资金，可以通过事先建立内部意外损失基金的方法得到解决。

对于以上所述的风险处理方法，实践中管理者可以联合使用，也可以单独使用，风险管理者要对具体问题具体分析，不可盲目使用。

(四)风险监控

风险监控是对风险识别、评估、处理全过程的控制和监督。

在风险管理过程中根据已制定的风险处理预案对风险事件作出回应。当变故发生时，需要重复进行风险识别、风险评估以及风险处理的一整套基本措施。还要在风险处理措施付诸实施之后进行监督，以便考核风险管理的结果是否与预期相同。进行监督时要找出细化和改进风险管理计划的机会，并反馈给有关决策者。

在物业设备设施管理实践中，物业服务企业应针对可能存在的风险做好以下基本防范措施：

(1)抓好企业制度建设，建立健全岗位责任制，严格执行各项安全管理制度，制定各类风险应急预案。

(2)抓好员工教育培训，提高全员风险防范意识。

(3)开展风险宣传教育，规范物业使用人的使用行为。在实践中要逐步培养物业使用人的风险意识，依靠"业主公约"规范其使用行为。发现使用人违规又无法制止时，应及时向政府相关主管部门报告。

(4)认真细致地做好物业承接查验工作，争取把建造过程中存在的问题消除在使用之前。

(5)引入市场化的风险分担机制。对于较大的危害风险，在资源允许的情况下，可采用外包或购买财产损失险、公共责任险等方式降低或转移风险。

任务小结

本任务主要介绍了物业设备设施风险管理的基本概念及其实施。

实践与训练

一、实训内容
1. 掌握怎样识别风险、评估风险和处理风险。
2. 掌握物业服务企业可能存在的风险,做好防范措施。

二、实训步骤
1. 学生分组,按抽到的风险问题进行分析和处理。
2. 描述处理内容,策划处理过程,分享处理结果。
3. 每组将完成的过程做成PPT,演示讲解,教师点评。

思考与讨论

1. 什么是风险?
2. 简述物业设备设施风险的分类。
3. 简述风险的识别方法。
4. 简述风险的评估方法。
5. 风险的处理方法有哪些?
6. 风险的基本防范措施有哪些?

任务二　物业设备设施突发事件处理

知识目标

1. 掌握物业设备设施突发事件处理。
2. 掌握物业设备设施突发事件的应急管理程序。

能力目标

1. 学习突发事件的处理内容,能够制定应急预案。

2. 掌握电梯停电解困应急救援处理程序、电梯突发情况的处理方法。
3. 掌握水浸，停电和电力故障，煤气、燃气泄漏的应急管理。

案例引导

面对供水问题的主动应对

某小区一至三层采用的是一次供水，由于市政供水水压低，导致三层以上水压不足，热水器经常无法使用，断水现象也时有发生，物业服务公司每天都接到业主投诉，甚至谩骂、威胁。

为了摆脱被动应付的局面，物业服务公司主动采取了以下几项措施：
(1)张贴公告，承诺业主一定在近期内予以解决；
(2)给开发商发公函，提出整改意见；
(3)安排保卫人员在停水期间为一些上了年纪或行动不便的业主送水上门。
通过不懈努力，供水问题得到了逐步缓解和改善。

知识准备

一、物业设备设施突发事件处理基本知识

物业设备设施管理中风险因素很多，如不能及时处理就有可能演变成为突发的、有负面影响的事件或灾难。

(一)突发事件的含义

突发事件是指在物业服务过程中突然发生的，有可能对物业使用人、物业服务企业、公众或环境产生危害，需要采取必要、果断措施处理的事件。

(二)突发事件的特性

(1)具有极大的偶然性和突发性。
(2)发生原因及发展变化具有复杂性。
(3)可能演变成极大危害。
(4)损失和危害可以用科学的手段予以降低。

(三)突发事件的处理原则

(1)按照预先制订的应急预案处理，尽可能地控制事态的扩大和蔓延，把损失和危害降低到最低限度。
(2)以保证人员安全为第一，保障财产安全为第二。
(3)处理突发事件的人员应及时果断，不消极回避。
(4)处理突发事件应有统一现场指挥调度。
(5)应随突发事件发展过程的变化灵活掌握预案的实施。

(6)处理突发事件应以不造成新的更大损失为前提。

(四)突发事件的处理要求

(1)突发事件发生后，物业服务企业相关部门领导人及相关人员应及时到达事件现场。

(2)有领导、有组织地实施对应应急预案。

(3)加强突发事件处理中，相关组织部门及人员间的沟通与联络。

(4)涉及公共利益的紧急事件，应由专人向外界发布信息，避免外界干扰并影响突发事件的正常处理。

(5)对重大突发事件，应注意保护现场以利相关部门调查。

(6)突发事件处理完毕后，应进行总结、分析、改进，以提高物业服务企业处理突发事件的能力。

(7)将突发事件的发生、处理过程及产生的后果，向相关上级组织报告。

(五)应急预案的编制

物业设备设施管理的典型应急预案主要有：停水故障应急预案；浸水、漏水应急预案；停电故障应急预案；监控、防盗系统故障应急预案；煤气、燃气泄漏应急预案；火警、火灾应急预案；电梯关人应急预案；自然灾害(地震、暴雨、大风、雷击、流行性疾病等)应急预案等。

应急预案编制的核心内容一般包括：对紧急情况或事故及其后果进行预测、辨识和评估；制订应急救援各方面的详细职责并落实责任人；制订应急处理中的组织措施和技术措施；调集应急处理中可用的人员、设备、设施、物质、经费和其他资源，包括社会和外部资源等；制订在紧急情况或事故发生时保护生命、财产和环境安全的措施；进行现场恢复；进行应急培训和演练；其他，如明确法律法规的要求等。

二、电梯突发事件的应急处理

在物业设备设施管理中有时会发生电梯困人等紧急情况，物业设备设施管理人员应做好类似的突发事件的处理工作。

电梯属于特种设备、危险性较大的机电类产品。电梯在使用过程中会出现故障，发生电梯困人等现象，《特种设备安全监察条例》明确规定：电梯轿厢滞留人员两个小时以上属于一般事故。因此，电梯使用单位、电梯维修保养单位必须加强管理，做好防范工作，减少电梯使用故障率，确保电梯运行安全。

(一)电梯突发事件的应急管理制度

在做好内部管理工作的过程中，使用单位必须建立各种完善的管理制度和安全技术档案。

1. 管理制度

管理制度主要包括以下几个方面：

(1)安全使用承诺和内部安全责任状签订制度。

(2)相关责任人员的职责。

(3)安全操作规程(含故障状态救援操作规程)。

(4)现场安全管理制度(含日常检查制度、维护保养制度、交接班制度、电梯钥匙使用保管制度等)。

(5)使用登记、定期报检和配合现场检验制度。

(6)接受安全检查制度。

(7)事故报告处理制度。

(8)作业人员培训考核制度。

(9)突发事件或事故的应急预案及定期演习制度。

(10)安全技术档案管理制度。

2. 安全技术档案

安全技术档案至少包含以下内容：

(1)特种设备使用登记表，以及停用、过户、变更、启用等相关手续。

(2)设备及其零部件、安全附件的出厂设计文件、产品质量证明文件、使用维护说明等随机文件。

(3)安装、改造、重大维修的有关资料、报告等。

(4)日常使用状况、维修保养和日常检查记录。

(5)安装、改造、重大维修监督检验报告与定期检验报告。

(6)设备运行故障与事故的记录。

(二)电梯停电解困应急救援

1. 接警处理

(1)在接到电梯困人报修电话时，初步了解电梯困人情况和电梯轿厢停靠的层站，并设法安慰被困乘客。

(2)救援人员(至少两人)赶到现场，在指定地方取出电梯控制柜钥匙以及救援专用三角钥匙。

2. 初步判断轿厢位置

救援人员首先在一楼将层门打开，根据对重装置的位置或轿厢位置判断电梯在哪一层；然后救援人员迅速赶到电梯适当楼层，使用三角钥匙打开厅门，观察轿厢是否在此位置，如不在此位置则慢慢打开厅门，观察轿厢所处位置；根据目测，初步判断轿厢所处楼层及位置(注意报出轿厢所在位置)。

3. 判断轿厢位置

(1)救援人员迅速赶到电梯控制柜楼层，打开控制柜，用对讲机告诉轿厢内被困乘客不要惊慌。救援人员施救时不要靠近轿厢门，电梯移动时不要惊慌，不要强行撬门，等平层后再开门救助。

(2)切断电梯主电源，上电源锁并挂告示牌。

(3)根据电梯控制柜内门区绿色指示灯,判断电梯是否平层。若指示灯亮,说明电梯已平层;若指示灯未亮,则需要手动平层。

4. 手动平层操作

(1)使用抱闸释放手柄打开抱闸。注意间接松闸,尽量减少冲击,使轿厢保持平稳,避免轿厢内乘客惊慌,观察电梯轿厢是否移动。

(2)注意门区绿色指示灯,灯亮时,表示电梯已平层。

(3)电梯平层后,确认松闸扳手复位且轿厢可靠停止(注意报出轿厢所在楼层)。

(4)用对讲机通知轿厢内被困乘客马上将开门营救,锁闭控制柜;人员离开并挂告示牌。

5. 开门救援

(1)救援人员前往轿厢所处楼层,到达后在厅门外向被困人员喊话,以确认轿厢已到达该层,并再次告诫被困人员不要将身体靠在轿厢门上。

(2)正确使用三角钥匙开启厅门。开启厅门前,先确认厅门口地面是否平整清洁,防止打滑摔倒,注意保持身体平稳,不要向前倾。使用三角钥匙时,必须严格遵守"一慢、二看、三操作"的原则。"一慢":用三角钥匙开门时动作必须缓慢,开启的宽度不能太大,以 10 cm 左右为准;"二看",看轿厢是否停在本层;"三操作",当明确轿厢在本层时方可全部开启厅门,在使用三角钥匙时用力必须均匀,不得用力过猛,防止将厅门三角锁损坏)。

(3)协助乘客离开轿厢,当人员全部离开后,关闭轿厢门和厅门。

注:按《特种设备安全监察条例》的要求,从乘客被困到成功救出全部被困乘客的时间应控制在两个小时之内。

6. 后续处理

(1)做好相关过程记录。

(2)通知保养单位对电梯进行全面检查,确认正常后方可继续使用电梯。

(三)电梯突发情况的处理方法

1. 电梯突然停电时的处理方法

(1)迅速检查电梯是否困人。

(2)如果电梯困人,迅速启动电梯困人应急救援程序。

(3)在完成检查或救人后,要在电梯厅门口设置告示牌。

(4)在电梯厅门口布置人员,协助乘客处理有关事宜。

2. 电梯突然停止时的处理方法

(1)通知电梯维修人员。

(2)迅速检查电梯是否困人。

(3)如果电梯困人,迅速启动电梯困人应急救援程序。

(4)在完成检查或救人后,在电梯厅门口布置人员,协助乘客处理有关事宜。

3. 电梯进水时的处理方法(分两种情况)

(1)电梯已经进水,且停在某层不动。

1)迅速检查电梯是否困人,同时通知维修人员。
2)如果电梯困人,迅速启动电梯困人应急救援程序。
3)到机房关闭电源。
4)将电梯通过手动的方式升到比进水层高的地方。
5)阻止水继续进入电梯,清洁厅门口的积水。
6)在电梯厅门口设置告示牌,等待修理。
7)在电梯厅门口布置人员,协助乘客处理有关事宜。
(2)电梯刚进水,还能运行。
1)迅速将电梯开至电梯使用最高楼层,并关掉急停开关。
2)到机房切断电源,通知维修人员。
3)阻止水继续进入电梯,切断水源。
4)在电梯厅门口设置告示牌,等待维修人员检查或修理。
5)在电梯厅门口布置人员,协助乘客处理有关事宜。

4. 台风、暴雨季节电梯的管理

(1)检查楼梯口所有的窗户是否完好、关闭。
(2)将多余的电梯开到顶层,停止使用,并关闭电源。
(3)检查机房门窗及顶层是否渗水,如果渗水,要迅速通知房屋维修人员。
(4)如果只有一台电梯,安全管理人员加强巡逻次数,如果发现某处渗水,可能影响电梯的正常使用,要将此电梯停止使用,并关闭电源。

5. 火灾情况下的电梯管理

(1)按下一层电梯厅门口的消防按钮,电梯会自动停到一层,打开门并停止使用。
(2)如果发现电梯消防按钮失灵,则用钥匙将一层的电梯电源锁从 ON 的位置调到 OFF 的位置,电梯也会自动停到一层,打开操纵箱盖,按下"停止"按钮。
(3)告诫乘客发生火灾时不要使用电梯。

6. 地震情况下的电梯管理

(1)如果有预报,提前将电梯停止在一层。
(2)如果没有预报,发生地震时,就近将电梯停止使用。
(3)告诫乘客发生地震时不要使用电梯。

三、火灾的应急处理

(一)火灾的应急处理流程

物业服务企业应时刻以预防火灾为己任,一旦发生火灾应积极应对,以便把损失降到最低限度。

火灾的应急处理流程如图 5-1 所示。

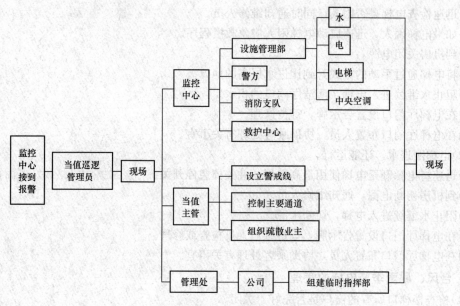

图 5-1 火灾的应急处理流程

(1)当监控中心接到消防设备报警或管理员当值报警时,立即通知当值巡逻管理员赶赴现场核实。

(2)当值巡逻管理员到达现场后及时将火灾情况反馈给监控中心,报清单元、机房、公共走道、设备夹层、燃烧物、火势大小及伤员情况等,并仔细、全面地检查现场。若火警成立,立即通知当值主管及监控中心并使用该楼层的灭火器材先投入灭火工作,并帮助火灾现场人员做好自救工作。

(3)监控中心视情况通知各方采取紧急措施。报警时应报清小区名称、门牌号码、所处路口、燃烧物性质及面积、电话号码、报警人姓名。外岗人员负责指导消防队由最近通道进场并根据其需要介绍小区、火警情况,配合做好灭火工作。

(4)当值主管接到报警后调配人手赶赴现场增援并做好如下工作:

1)设立警戒线,做好火场警戒工作,严禁业主及无关人员进入小区。

2)若某区域着火,保留监控中心和大堂、大门人员,其余岗位人员立即到达现场,由主管带领,选用有针对性的灭火器材,运用已掌握的消防技能投入扑救工作。

3)通知业主可使用对讲系统通报,让其他人员从消防通道疏散(对行动不便者管理员做登记,统一使用消防电梯疏散);在疏散路线上设立岗位,引导和护送业主快速、有序地离开;同时,派有关人员检查疏散情况,查看楼层中是否仍有人员逗留,必须逐层检查,确认无人后方可离开。

(5)接警后,立即通知管理处及公司并成立临时救火指挥部,配合消防人员进行救火工作;

各部须严格执行各项命令(如迫降电梯、启动和开关各类消防设施设备等);灭火器材若无法控制火势,应接装消防栓、水枪,通知总控制室人员启动消防泵进行扑救。

(6)设施管理部接报后,应做好如下工作:

1)派电工切断电源。

2)派管道工控制水泵房。

3)派人至电梯机房控制电梯。

4)派人对大堂空调机视情况控制或关闭。

(7)后续处理。

1)火灾扑灭后做好现场保护工作并配合调查失火原因,统计火灾损失,并做好书面报告逐级上报。

2)将扑救情况、结果和善后处理情况做好书面报告逐级上报。

(二)消防警钟鸣号时的处理

当消防警钟鸣号时,相关人员应立即到消防控制处检查下列控制板。

1. 消防喉辘

如属消防喉辘警钟,火警钟玻璃按手会使消防显示板显示所属该层的固定消防泵开动,离火场最近的工作人员接到通知后应立即到该层查看是否有火警。如属意外打破火警钟玻璃按手,则应到消防控制室把控制钥匙插上,使警钟停止,再到消防泵房关上电掣电源,另外通知工程部更换损坏的玻璃。

2. 感应烟雾头

如属感应烟雾头警钟,须立即到现场检查是否发生火警。如确是发生火警,则报告当班同事火警地点、位置,当班同事须在物业出口等待消防车抵达,带领消防员到火情发生现场。

如属其他原因引起感应烟雾头警钟误鸣,须立即通知警钟控制中心,及时将警钟停止,但不要还原灯号,留待消防车到场检查收队后才能还原。若灯号不能还原,需要更换时,须致电警钟控制中心挂牌,待换妥还原后才能除牌。

3. 消防洒水管路系统

如属消防洒水自动喷淋系统警钟,须立即到现场检查是否发生火警。如确是发生火警,则报告当班同事火警地点、位置,当班同事须在物业出口等待消防车抵达,带领消防员到火情发生现场。

如属其他原因引起消防洒水管路系统误鸣,须立即通知控制中心,及时将警报停止。

(三)高层建筑火灾的扑救

高层建筑具有楼高、层数多、人员密度大、出口相对较小等特点,给火灾的营救工作带来一定困难。为此,物业管理人员应掌握一些针对高层建筑火灾的救助方法。

扑救高层建筑火灾、抢救和疏散人员是一项重要而艰巨的任务,消防人员要针对不同情况采取不同方法,及时进行疏散抢救,以减少甚至避免人员伤亡及财产损失。

1. 利用建筑物内已有的设施进行疏散

要尽量利用建筑物内已有的设施进行安全疏散，这是争取疏散时间、提高疏散效率的重要方法。例如，利用消防电梯进行疏散；利用室内的防烟楼梯、普通楼梯、封闭楼梯进行疏散；利用室内的疏散阳台、疏散通廊、室内设置的缓降器、救生袋等进行疏散；利用擦窗工作机进行疏散。

2. 因情而异，采取不同的疏散方法

针对不同部位、不同情况，应采取不同的人员疏散方法：

(1) 当某一楼层某一部位起火，且燃烧范围不大时，应先通知着火楼层及其上一层和下一层的人员疏散。若火势已经开始蔓延，则应适时地用广播通知着火层以上各楼层。不应一有火警就通知全楼，以防造成楼内人员惊慌混乱、对撞拥挤，影响疏散。

(2) 当某一防火分区着火，着火楼层的大火已将楼梯间封住，致使着火层的人员无法由楼梯向下疏散时，可先将人员疏散到屋顶，从相邻未着火楼梯向地面疏散。

(3) 当某一房间内起火，且门已被封住，室内人员不能疏散时，若该房间有阳台或室外走廊，则房内人员可从阳台或室外走廊转移到相邻未起火的房间，再绕道到疏散楼梯间疏散。如不能疏散，则用沾湿的棉被封住门，在窗口发出救助信号，等待消防人员救助。

(4) 当建筑物内设有避难层时，人员可向避难层疏散。特别是老人、幼童等应先疏散到避难层，再转移到安全地点。

(5) 当被困人员较多时，应调集民用或军用直升机营救。直升机在没有停机坪的建筑物上可以通过施放软梯营救屋顶被困人员，或将消防人员用软梯运送到屋顶参与救援，或将绳索、救生袋、缓降器、防护装具等运送到屋顶以便抢救被困人员。

(6) 当高层建筑发生火灾，楼内住有不同民族、不同国籍、使用不同语言的人员时，应分别使用相应的语言广播，告诉人们哪一层楼的哪一个部位着火，以及安全疏散的路线、方法等。播音员在广播时，语调要镇静，内容简明扼要，以免楼内人员惊慌失措，导致跳楼事故的发生。

3. 疏散和保护物资

在火场上除了抢救人员之外，疏散和保护物资也是一项急迫的工作。抢救物资要根据物资的重要程度和具体情况采取有针对性的措施。

疏散物资的工作应由火场指挥部或火场指挥员组织、指挥，并请失火单位的工程技术人员参加，以确定疏散物资的方法、先后顺序、疏散路线及疏散出来的物资存放地点。将参与疏散物资的人员编成组、队，确定负责人，确保物资安全疏散工作顺利进行。

对处于楼层内的贵重物资，当电梯、楼梯等出入口失去疏散能力时，可采用安全绳疏散。具体操作方法是将绳子一端拴在楼内牢固的部位上，另一端由楼下的人员牵拉成斜线后把捆扎好的物资挂在安全绳上，让其自动下滑到地面。

需要疏散的物资因火势迅猛，来不及全部疏散到安全地带时，可先将物资放在靠近未失火处的区域内，如邻近的房间、走廊、通道等，然后往安全地带疏散，以节约遣散物资的时间。

对于难以疏散的物资要采取以下措施加以保护：

(1)对于易燃液体,可喷射泡沫予以覆盖。

(2)对于固定的大型机器设备,用喷射雾状水流、设置水幕等方法冷却以防止着火;不能用水冷却的,可用不燃或难燃材料予以遮盖。

(3)对于忌水渍、烟熏、灰尘污染的物资,如香烟、粮食、书籍、家用电器等应用篷布等进行遮盖。

四、水浸的应急处理

在物业管理的日常过程中,有时会遇到水浸的事故。做好类似的突发事件准备工作,建立完善的工作程序,才能在突发事件发生时及时予以解决。

如发现物业有漏水现象,物业管理人员必须立即赶赴现场了解情况,并采取以下措施:

(1)检查漏水的准确位置及所属水质,如冲厕水、工业用水或排水等,并在能力允许的情况下,立即设法制止漏水,如关上水掣等。若不能制止,应立即通知工程人员、管理处经理及中央控制中心,寻求支援。在支援人员到达前须尽量控制漏水,防止其范围扩散。

(2)观察四周环境,看漏水是否影响各种设备,如电力变压器、升降机、电线槽等。

(3)利用沙包及其他可用的物件堆箱,防止漏水渗入升降机等设备,并须将升降机立即升上最高楼层,以免被水浸湿而使机件受损。

(4)利用现有设备工具,设法清理现场。

(5)如漏水可能影响日常操作、保养及申报保险金等问题,须拍照以作日后存档及证明。

(6)通知清洁部清理现场积水,检查受影响范围,通知受影响住户。

(7)做好水浸处理记录,以备查阅。

物业管理人员日常巡查时,应留意渠道是否有淤泥、杂物或塑料袋,一旦发现应及时加以清理,以免堵塞。如该地区或建筑物曾经有水浸记录,平日必须准备足够的沙包,以备在雨季或出现较大的漏水时使用。

五、停电和电力故障的应急处理

(一)计划停电

计划停电的处理流程如图 5-2 所示。

(1)管理处在收到供电部门发出的停电通知后,应在停电日前 3 天在显眼处张贴通告,通知住户。通知应详细写明停电日期、恢复供电日期、是否暂停电梯及暂停时间,通知各住户在停电期间将所有电器关闭等。

(2)管理处通知设施管理部准备做好突发故障的应对措施并配合设施管理部进行设备养护工作。

(3)管理处安排员工在停电前将电梯升上顶层后关闭,以免停电时电梯困人。

(4)管理处准备备用物资,如电筒,但切勿点燃蜡烛,并在停电日前检修通道应急照明灯是否完好。

(5)在停电期间加强安保工作,以免不法分子有机可乘;电力恢复时,检查小区各设备是否正常运作;停电时应将所有电器插座拔掉(若电梯困人,按该预案处理)。

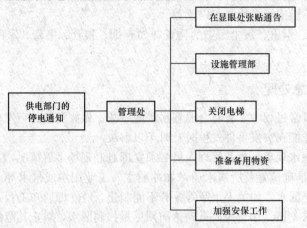

图 5-2　计划停电的处理流程

(二)住户投诉其单元停电

住户投诉其单元停电的处理流程如图 5-3 所示。

图 5-3　住户投诉其单元停电的处理流程

(1)管理处接报后至现场查看,向业主解释其单元停电并非小区供电出现问题。
(2)通知设施管理部至现场检查故障原因,排除一般问题。
(3)若原因杂难,设施管理部不能修理时,应立即聘用专业水电公司处理,尽力为住户解决问题。

(三)电力突然中断

电力突然中断的处理流程如图 5-4 所示。
(1)管理处接报后立即致电供电公司,查询是否供电局出问题,如是则应按计划停电的处理流程处理。
(2)通知当值巡逻管理员,到停电现场查看正确位置,及时反馈给监控中心。
(3)通知设施管理部查看停电区域的停电原因并进行抢修;在电力恢复后,到现场检查受影响的公共电器、设备是否已恢复正常,同时详细巡楼一次,确保各项设备已恢复正常。
(4)接报后在显眼处张贴停电通知,告知住户,以安定住户。
(5)接报后,加强安保工作。

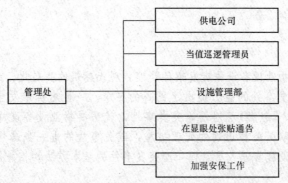

图 5-4　电力突然中断的处理流程

1）检查客货升降机内是否困人。
2）派管理员前往停电现场巡逻及查看各项公共电器是否受停电影响，避免住户及房客受惊恐及发生意外，同时避免不法之徒乘虚而入，使住户业主财物受损。
3）事后查明有关停电原因，以书面报告公司上级。

六、煤气、燃气泄漏事故的应急处理

煤气、燃气泄漏有可能引起严重后果，所以，对煤气、燃气泄漏事故应谨慎处理。煤气、燃气泄漏事故的处理流程如下：

(1)立即通知当值巡逻管理员(不少于两名)前往事发现场了解情况。
(2)立即通知管理处，上报主管部门。
(3)到达事发现场后应注意以下事项：
1）调查人员关闭随身一切电器(如手机、对讲机等)，如需电筒照明应在到达现场前打开，且调查时严禁吸烟或点火。
2）如需乘电梯应将电梯停在距现场两层的位置，然后步行前往现场。
3）到达现场后，将现场及附近的门、窗立即尽量打开，并疏散现场人士。如需进房内检查，不可按门铃，只可用手敲门。
4）到达现场后，不可开关任何电气设备(如电灯、电视机等)，应先打开门窗。
5）在安全及可能的情况下，将燃气灶具及总闸关上；设置路障，避免闲杂人等进入事发现场。
6）若发现有人昏迷，不可在现场使用电话或对讲机联络，直至安全处方可使用。
7）调查人员切不可修理或协助住户修理可能漏气的煤气装置。
8）调查人员应顾及自身安全，若在调查过程中吸入气体而感不适，应立即离开现场并求助。
9）若未发现任何气味，应立即通知主管和管理处进行核实。
10）若未能进入现场而不能确定是否有气体泄漏，应立即通知管理处采取相应救急措施。若未能进入现场但能确定气体泄漏，应立即向警方求助，并疏散附近的住户。

任务小结

本任务主要介绍物业设备设施突发事件处理。现代建筑的高层化、大型化以及功能化，对物业服务企业处理突发事件的能力提出了更高的要求。一旦建筑中发生电梯困人、火灾、水浸、停电和电力故障、煤（燃）气泄漏等突发事件，就需要物业设备设施管理人员迅速作出反应，在第一时间内采取必要和正确的处理措施，避免事故的进一步恶化，将损失降到最低限度。因此，物业设备设施管理人员掌握处理突发事件的基本方法和相关知识十分必要。

实践与训练

一、实训内容

1. 模拟物业服务企业遇到的突发事件。
2. 拟写物业服务企业的突发事件应急预案。

二、实训步骤

1. 分组就物业服务企业所遇突发事件应该有的处理过程进行讨论，互相进行点评。
2. 书写实训报告和心得体会。

思考与讨论

1. 突发事件有哪些特征？
2. 简述突发事件的处理原则。
3. 应急预案编制的核心内容有哪些？
4. 遇到电梯困人时物业服务人员应该如何处理？
5. 遇到火警时，物业服务企业应该如何处理？
6. 发生水浸事件，物业服务企业应该如何处理？
7. 遇到停电、电力故障时，物业服务企业应该如何应对？
8. 简述发生煤气、燃气泄漏事故的处理对策。

项目三 物业客户服务和投诉、纠纷处理

本项目重点介绍在物业客户服务过程中、怎样做好物业客服服务工作、如何提高物业管理服务的质量、投诉和纠纷的概念、受理投诉后的处理方法、物业设备设施致人损害纠纷的处理方式。

模块六 物业服务与物业客户服务

学习要求

1. 了解物业、物业服务、物业客户服务的概念。
2. 掌握物业客户服务的构成与内容。
3. 了解物业管理服务发展的现状。
4. 掌握提高物业管理服务质量的相关措施。

任务一 物业服务与物业客户服务概述

知识目标

1. 了解物业、物业服务、物业客户服务的概念。
2. 掌握物业客户的构成与内容。
3. 掌握影响物业客户服务的因素。

能力目标

具有掌握并应用物业客户服务的相关知识的能力。

📝 **案例引导**

物业客户服务的处理方式和方法

某日，某大厦 6 楼一住户洗菜池下水管堵塞，该住户打电话委托物业管理处维修班疏通。维修人员及时赶到现场，由于下水管堵塞严重，在 6 楼疏通不开，又转到 5 楼，从下水管检查孔反向往上清疏。经过 3 个多小时的努力，管道彻底疏通了。疏通中从下水管里掏出不少沙子、白灰和油漆块，证明堵塞是该住户装修造成的。但是当维修人员收取 40 元维修费用时，该住户以维修未使用任何材料为由，拒不交费，并振振有词地说，自己装修完刚入住，别的楼房都有一年保修期，他也应当住满一年后再交费。

问题：1. 物业管理处管理员将如何处理此事？
　　　2. 处理此事的具体措施有哪些？

【案例处理】

1. 将情况反映到管理处，主管领导上门做工作。首先，征询该住户对维修人员文明用语、工作态度、维修质量的意见，他均表示满意。

2. 耐心地给他解释入伙与入住、公用部分与自用部分的区别，依据有关法规向其说明大厦已入伙多年，早就不存在保修期，室内维修发生的包括人工费在内的所有费用，都要由业主承担，并在核对这次疏通下水管工作量的基础上，进一步申明对维修费已给予了相当的优惠。

这位住户觉得主管领导说得有理有据、合情合理，消除了误解，便愉快地交付了维修费用。

📖 **知识准备**

一、物业服务

(一) 物业和物业服务的概念

1. 物业的概念

"物业"一词译自英语 property 或 estate，其含义为财产、资产、地产、房地产、产业等。该词自 20 世纪 80 年代引入，现已形成了一个完整的概念，即物业是指已经建成并投入使用的各类房屋及与之配套的设备设施和场地。物业可大可小，一个单元住宅可以是物业，一座大厦也可以作为一项物业，同一建筑物还可按权属的不同分割为若干物业。

2. 物业的分类

物业有多种业态，如办公楼宇、商业大厦、住宅小区、别墅、工业园区、酒店、厂房仓库等，其服务类型可大致分为以下几类：

(1) 商业物业：有时也称为投资性物业，是指那些通过经营可以获取持续增长回报或者可以持续升值的物业，这类物业又可大致分为商服物业和办公物业。商服物业是指各种供商业、服务业使用的建筑场所，包括购物广场、百货商店、超市、专卖店、连锁店、宾馆、酒店、仓储、休闲康乐场所等。办公物业是从事生产、经营、咨询、服务等行业的管理人员（白领）办公的场所，它属于生产经营资料的范畴。这类物业按照发展变化过程可分为传统办公楼、现代写字楼和智能化办公建筑等，办公物业按照档次又可划分为甲级写字楼、乙级写字楼和丙级写字楼。商业物业市场的繁荣与当地的整体社会经济状况相关，特别是与工商贸易、金融保险、顾问咨询、旅游等行业的发展密切相关。这类物业由于涉及物业流通与管理的资金数量巨大，所以常以机构（单位）投资为主，物业的使用者多用所有者提供的空间进行经营活动，并用部分经营所得支付物业租金。

（2）工业物业：是指为人类的生产活动提供使用空间的房屋，包括轻、重工业厂房和近年发展起来的高新技术产业用房以及相关的研究与发展用房及仓库等。工业物业有的用于出售，也有的用于出租。一般来说，重工业厂房由于其设计需要符合特定的工艺流程要求和设备安装需要，通常只适合特定的用户使用，因此不容易转手交易。高新技术产业（如电子、计算机、精密仪器制造等行业）用房则有较强的适应性。轻工业厂房介于上述两者之间。

（3）政府物业：随着机关后勤管理社会化的实施，机关单位后勤管理工作转交物业服务企业进行管理，随着后勤社会化规模的扩大，政府物业逐步成为主流物业形式。由于政府物业的特殊性，其对工作人员的综合素质要求较高，尤其在人员的保密意识上尤为重视。政府物业除居住物业包含的服务内容外，还涉及餐饮、会议、客房及康体等多种综合类的服务。

（4）其他用途物业：上述种类以外的物业称为其他用途物业，有时也称为特殊物业。这类物业包括赛马场、高尔夫球场、汽车加油站、飞机场、车站、码头、高速公路、桥梁、隧道等物业。特殊物业经营的内容通常要得到政府的许可。特殊物业的市场交易很少，对这类物业的投资多属长期投资，投资者靠日常经营活动的收益来回收投资，赚取投资收益。这类物业的土地使用权出让的年限，国家规定最高为50年。

3. 物业服务的概念及内容

物业服务是指业主和物业服务企业通过物业服务合同约定的公共性服务。物业服务合同的标的是物业服务企业提供的公共性物业服务，物业服务的对象是物业区域内的全体业主，对每个业主来讲，依据物业服务合同享受的服务应是统一的，所以，在物业服务合同中明确规定公共性服务的具体内容和要求主要包括以下几个方面：

（1）常规性的公共服务，主要包括以下内容：

1）房屋建筑本体的管理；

2）房屋设备设施的管理；

3）清洁卫生服务；

4）绿化养护服务；

5）秩序维护服务；

6）消防服务；

7）车辆道路服务；

8）客户服务。

以上内容主要是提供业主或非业主使用人的入住服务,处理客户投诉,负责接待、咨询、来访等工作,有效地与客户沟通物业相关内容,让客户更加了解物业相关工作,以便日后相关工作的开展。

(2)非公共性的延伸服务。

1)非公共性的延伸服务是物业公共性服务范围的延伸,是物业服务企业为满足物业区域内业主和非业主使用人更多、更高的需求,利用物业辅助设施或物业服务的有利条件而提供的公共性服务以外的服务,一般包括针对性的专项服务和委托性的特约服务,其目的是尽可能满足业主和非业主使用人的需求。

2)针对性的专项服务。这是为了满足物业区域内一些人的特殊需求而提供的各项服务。其特点是物业服务企业事先设立服务项目,并将服务的内容、质量、收费予以公布,供有需要的业主和非业主使用人自行选择。物业服务企业应根据所管区物业的基本情况和业主与非业主使用人的需求以及自身的能力,开展全方位、多层次的专项服务,并随时调整。表6-1中的示例仅供参考,物业服务企业可以根据实际情况和需要选择服务项目,也可自己创新服务项目。

表6-1 针对性的专项服务示例

类别	具体项目
餐饮类	快餐厅、茶厅、酒吧、饮食店
商业类	超市、药店、菜场、便利店、美容美发店、干洗店
娱乐类	音像店、书店、报刊亭、儿童活动室
教育类	托儿所、小学、中学、老年大学
维修类	家用电器、自行车、汽车和各类生活用品的维修服务
体育类	游泳池、健身房、网球场、台球房、小型体育活动、比赛
家政类	代请保姆(钟点工)、定送报刊、预约上门清洁、购物
商务类	商务中心、代购机(车、船)票
金融类	与有关部门合作,开办保险、储蓄、邮政等业务
房地产中介类	房地产评估、公证、买卖、物业租赁等

3)委托性的特约服务。这是为了满足物业区域内业主和非业主使用人的个别需求而提供的特别服务,是专项服务的补充和完善,通常在物业服务合同中未要求,在专项服务中也未设立,物业服务企业应在不违反现行法律法规的情况下,力所能及地满足其需求。这种服务具有临时性、不固定性和选择性。

(二)物业服务的特性

物业服务的全过程要突出"服务"二字,为满足业主和非业主使用人的需求,营造舒适的工作和生活环境,提供全方位、多功能的服务。因此,物业服务具有以下几个特性:

(1)物业服务的公共性；
(2)物业服务的综合性；
(3)物业服务行为的约定性；
(4)物业服务时间的长期性；
(5)物业服务内容的多样性；
(6)物业服务过程的整体性；
(7)物业服务的受益主体的差异性。

(三)物业服务的作用

(1)为业主和非业主使用人创造一个安全、舒适、优美、文明的工作和生活环境。
(2)延长物业的使用寿命，使物业保值和增值。
(3)拓宽劳动就业领域，增加就业机会。
(4)有利于提高城市现代化、专业化、社会化的水平。

二、客户服务

在现代市场的激烈竞争下，产品的差异和价格战的效果越来越不明显，核心产品和有形产品的竞争优势已经不能对客户产生决定性的影响。目前的竞争是外延产品的竞争，这才是企业获得竞争优势、赢得市场的关键，而客户服务是外延产品中的重要方面，只有充分发挥客户服务的优势才能在竞争中取胜，推动企业的发展与进步。

(一)客户服务的概念和理念

"客户服务"的概念和理念，在欧美资本主义国家出现于19世纪末20世纪初，在我国则出现于20世纪90年代中期。它是随着卖方市场的终结和买房市场的产生而诞生的。"客户服务"的理念是市场运作日益精细化、多元化的产物。广义上讲，任何能提高客户满意程度的项目，都属于客户服务的范畴。

客户服务是一种了解和创造客户需求，以使客户满意为目的的企业全员、全过程参与的一种经营行为和管理方式。客户服务管理的核心理念就是：企业全部的经营活动都要从满足客户的需要出发，以提供满足客户需要的产品或服务作为企业的责任和义务，以客户满意作为企业的经营目的。

(二)客户服务的基本内涵

客户服务的基本内涵如下：
(1)客户永远是对的；
(2)视客户为亲友；
(3)把客户视为企业的主宰；
(4)强化现代化服务理念，提升服务品位；
(5)正确处理好服务与经营的关系。

三、物业客户服务

(一)物业客户服务的概念

物业客户服务是指物业服务企业为提高其服务的质量，与客户发生的相互活动。物业客户服务提供的是服务，是无形的产品。物业服务企业凭借对业主的服务获取业主的满意度和忠诚度，以此获得业主的报酬而实现自己的目的。

(二)物业客户服务的核心

服务是宗旨，管理是手段，客户满意是物业服务企业最终追求的目标。

(三)物业客户服务的要素

(1)主动：见面问好、热心助人、工作投入、尽职尽责。
(2)亲切：微笑友善、不急不躁、易地而处、感同身受。
(3)诚信：尊重对方、耐心聆听、言行一致、信守承诺。
(4)专业：服务规范、技术精湛、认真细致、一次到位。
(5)素养：制服整齐、仪容整洁、岗位礼仪、牢记在心。

(四)物业客户服务的构成

1. 主体

主体是指直接参与或直接影响服务交换的各类行为主体，即具有资质的物业服务企业和专业的服务企业。

2. 客体

客体是用于交换或出售的对象，即物业服务。

3. 服务环境

服务环境是指保证服务交换的各类法律法规和物业项目的周边环境。

(五)物业客户服务的主要内容

(1)提供业主(客户)入住服务。
(2)建立相关档案，确定服务标准。
(3)接待业主(客户)日常来电、来信和来访，处理业主(客户)投诉。
(4)在物业服务区域内提供各种服务活动。

(六)影响物业客户服务的因素

(1)物业项目的周边环境，如清洁度、气氛、气味、灯光、维护保养等。
(2)物业硬件产品，包括物业项目的设施、安防系统、园艺、服务项目、与服务有关的政策及程序等。
(3)物业软件服务，包括工作人员的友善程度、留心程度、态度、诚信、投入程度、言行举止等。

以上因素都会影响客户对物业服务的内心认可度与满意程度,在物业服务内容中,因物业设施设备管理不善、工作人员的认真负责度欠缺,业主对设备内容的知识了解不够,尤其容易产生物业服务方面的纠纷。

(七)物业客户服务的具体措施

(1)树立"客户满意"的企业价值观。
(2)切实提高物业服务人员的职业素质。
(3)将规范化和个性化服务相结合。
(4)预防性和补救性服务并重。
(5)全方位拓宽沟通渠道。

任务小结

随着社会的发展和进步,业主对物业服务企业的服务水平越来越重视,要求也越来越高,物业客户服务作为物业管理中的核心环节更是不容忽视。本任务主要介绍了物业以及物业的分类,介绍了物业客户服务的概念、构成、核心以及要素,还重点介绍了物业客户服务的影响因素等内容。

实践与训练

一、实训内容

1. 了解物业、物业服务与物业客户服务的关系。
2. 掌握物业客户服务的构成与分类。
3. 掌握物业客户服务的影响因素。

二、实训步骤

1. 学生分组,结合居住小区,实地走访物业服务企业。
2. 了解走访企业的物业客户服务的相关工作。
3. 根据自己对物业客户服务工作的理解,结合对走访企业调查的内容,每组将调查结果做成PPT演示讲解,教师点评。

思考与讨论

1. 简述物业的概念。
2. 简述物业的分类。
3. 简述物业客户服务的概念及内容。
4. 简述物业客户服务的核心。

5. 物业客户服务的要素有哪些？
6. 简述物业客户服务的构成。
7. 物业客户服务的影响因素有哪些？

任务二　提高物业管理服务质量

知识目标

1. 了解物业管理服务发展的现状。
2. 掌握提高物业管理服务质量的相关措施。

能力目标

能运用相关知识，提高物业管理服务质量。

案例引导

业主不在家未进行维修导致业主投诉

2018年1月2日，18栋三、四楼业主向管理处反映家中有线电视无信号。工程技术人员因四楼业主不在家未进行维修导致业主投诉。

【案例处理】

管理处服务中心接到投诉后，向业主作出解释（有线广播电视站前两天才把信号送到该栋楼房），并立即向工程部派发"内部工作联系单"，要求工程部尽快接通此处有线电视信号。

工程部接到派工单后，马上安排工程技术人员对该栋楼房的有线电视总接线盒进行检修，对松动线头进行紧固。随后，工程技术人员对三楼业主家的有线电视信号进行检查确认，到四楼业主家检查时，因业主不在家就离开了（在业主家未检查有线电视接线分盒），然后向服务中心返回"内部工作联系单"。服务中心对三楼业主进行报修电话回访确认，但四楼业主不在家而未得到证实。

1月4号，四楼业主发现有线电视还没有信号，直接投诉至管理处经理处。管理处经理接到业主投诉，立即安排工程技术人员对该有线电视进行检查，对松动线头进行紧固，确认电视信号已到达。事后该业主向小区业主委员会反映此事，业主委员会对管理处此事的处理态度极不满意，并提出批评。

【案例点评】

该事件是极其平常的日常报修，由管理处工程技术人员工作责任心不强，敷衍了事，同时因服务中心对业主报修未全面进行跟踪回访引起。管理处各分部之间在日常工作中要主动沟通,多联系,互相提醒,只有这样才能更好地服务业主(住、用户),提高企业的总体服务质量,减少投诉。

知识准备

在竞争环境日益激烈的背景下,业主在物业管理服务方面的要求不断提高,只有对物业管理服务进行有效加强,才能促进物业管理服务工作得到更好发展,基于此,提高物业管理服务质量显得至关重要。

一、物业管理服务发展现状

(一)业主和物业间的矛盾

物业管理服务中,通常会产生较多纷争,主要表现为对物业服务管理的投诉。一方面,业主认为物业服务企业并不具备较高的服务精神,往往以管理者角色对小区、业主予以管制,甚至没有按照合同内容进行服务;另一方面,当物业服务企业处理问题时,业主认为其处理能力较差,不仅会浪费较长时间,而且会带来较大经济损失,致使业主和物业服务公司间的矛盾不断加剧。

(二)物业费收取问题

当前,物业服务基本根据房屋买卖合同进行收费,且收费标准按照小区规模、服务不同发生变化,即普通小区、高档小区间物业费用存在差异。换言之,住宅物业管理是微利行业,大部分企业为了提高其口碑,很少对物业管理的收费予以重视,使其出现严重亏损状态。另外,随意攀比现象的存在,使业主认为物业费的收取呈现"收费高、服务低"现状,从而拒交任何物业费,导致双方矛盾加深。

(三)人员素质较低

首先,物业管理相对比较普遍,但是部分物业服务企业仍然是将小区内部清扫、设施维修作为重点,加之从节约成本的角度考虑,其从业人员普遍缺少较高的专业素质与技术能力,并未经过物业相关培训,基于此,物业管理服务很难达到业主要求,其服务质量无法得到保障。其次,转行人员较多,其并非物业管理专业人才,通常缺少园林规划和管理等知识内容,最终阻碍管理工作的开展。最后,基层从业者的学历偏低,且综合素质水平较差,很难胜任物业管理工作,从而造成物业管理服务水平下降。

(四)管理缺少规范性

物业服务企业进行物业管理服务时,规范化方面的问题较多,且服务标准尚未健全,甚至出现同家企业服务标准各不相同的情况,很难在细节方面给予更多精力,在提升服务质量的过程中,仅将其停留于表面,不仅会对客户造成危害,而且会对企业形象带来较大不利影响。

二、提高物业管理服务质量的相关措施

1. 全员的质量管理

物业管理服务质量的优劣,是物业管理各个部门、各个环节全部工作的综合反映,涉及物

业管理住区内的全体员工和全体住户。因此，只有将小区的全体服务人员与住户的积极性和创造性充分调动起来，不断提高人的素质，牢固树立"质量第一"的思想，人人关心物业管理服务质量，参与质量管理，才能保证服务的有效实施。

2. 全过程的质量管理

物业管理服务工作的全过程，包括对物业小区进行管理的服务前、中、后 3 个阶段。为此，一是必须把物业管理服务的重点从事后把关转移到事前预防上来，防患于未然；二是必须树立为客户服务的思想，使物业管理服务工作中的每一个环节的质量，经得起客户的检验，才能不断满足客户的需求。

3. 全方位的质量管理

实行物业管理服务全方位的质量管理，以让住户完全满意，就应提出超出住户期望、高于其他物业管理竞争对手或竞争对手想不到、不愿做的超值承诺或服务，并及时足值甚至超值兑现对住户的承诺。在此基础上，再根据住户对物业环境、服务项目的需求变化推出新的、更高的承诺，吸引更多的住户，以形成对全企业发展有利的良性循环，使住户的满意度和忠诚度不断得到强化。

4. 加强物业管理服务控制与检测

全面提高物业管理服务质量的水平，必须从基础工作抓起，从物业管理服务过程的质量责任制中的质量管理抓起，从住户对服务的质量信息反馈和及时处理各种质量投诉问题等方面抓起，对服务的过程和信息进行有效的统计、分类、检测、整改才能保证质量管理的顺利进行。

5. 加强物业管理服务质量意识培训

质量教育的目的在于不断增强企业全体员工的质量意识，使之掌握和运用质量管理的方法和技术，并将所有物业管理服务规章制度、工作流程融入质量体系，确保物业管理工作可以有章可循，防止人为因素导致工作问题的发生，进而更好地达到物业管理服务目标。要使每位员工牢固地树立"质量第一"的意识，认识到自己在提高整个物业管理服务质量提升中的责任，从而自觉提高业务管理水平和服务操作技术水平，严格遵守纪律和操作规程，不断提高自身的工作质量。同时通过文化活动、宣传栏等对客户进行物业管理意识的教育，只有双向齐行，才能收到良好效果。

6. 建立和健全物业管理质量责任制度

物业管理服务质量责任制是企业各部门、各岗位和员工在质量管理工作中为保证服务质量和工作质量所承担的任务、责任和权利。建立服务质量责任制可以把同质量职能有关的各项具体工作同全体员工的积极性结合起来、组织起来，形成一个严密的质量体系，更好地保证服务质量的提高。

7. 实行"情感化"管理

企业管理层应指导并鼓励服务人员根据业主的具体要求，为业主提供固化的、个性化的、多样化的服务，满足业主具体的、特殊的需要。在对业主进行情感管理的过程中，注意从根本上确保业主的主人翁地位，完善民主参与、决策机制和民主监督机制，为广大业主提供"参政议政"的渠道，关系到整个小区发展的大事要由业主大会及其常委会决定。加强民主管理，充分发挥业主代表大会的作用，真正使业主感到"有主可做、有事可定、有家可当"。

8. 运用物业管理 TCS 战略，推行优质服务

运用业主完全满意战略（TCS 战略）进行物业管理服务全方面质量评价，主要由以下 5 部分的满意指标所组成：

(1) 服务理念满意：包括物业服务企业的服务宗旨满意、服务管理哲学满意、服务价值观满意等。

(2) 服务行为满意：包括物业服务企业的服务、经营、管理等行为机制满意，行为规则满意，行为模式满意等。

(3) 服务过程视听满意：包括物业服务企业的名称满意、标志满意、标准色满意、标准字体满意以及物业管理服务的应用系统满意等。

(4) 服务产品满意：包括物业质量满意、物业功能满意、物业外观造型创新满意、服务特色满意、物业管理服务价格满意等。

(5) 服务满意：包括物业管理服务的全过程满意、物业管理服务保障体系满意、对住区舒适安全的满意、住户情绪反应的满意、对整个住区环境的满意。

提高住户满意度的途径有很多，如提高物业的内在质量、提高物业富有创意的其他附加值，为此必须做到主动服务、及时服务、满意服务、等偿服务、成本服务、有偿服务、超值服务。实现 TCS 战略，可根据物业管理服务项目管理全过程的需要建立起各种职能性小组，即各种 TCS 小组。通过季度评价、企业交流并通过 TCS 战略的组织活动来激发企业员工的工作热情，激励士气。

9. 进行智能化管理，加大物业管理服务的科技含量

物业服务企业应充分利用自动化设施，加大管理智能化的科技含量，更有效地实施各方面的管理服务，如在保安防盗方面，利用可视对讲控制、紧急报警、电子巡逻系统、边界防卫、防灾报警等方式，提供更全面、快捷、稳妥的服务；在物业管理服务方面，利用电子抄表、自动化停车场管理、自动化公共照明、电子通告及广告、背景音乐及语音广播、公共设备的自动监控、自动化的文档系统等，使物业管理服务达到更有系统、更体贴、更便捷的效果；在物业管理网络信息方面，通过增加上网速度、使用专用电子邮箱、提供视频等手段，以及进行综合布线或有线电视网改造，物业管理服务的范围可以从地区性拓展至无地域界限，可提供比以前更多的服务及娱乐。

10. 及时解决投诉相关问题

只有对业主意见进行认真分析，虚心接受每项意见和批评，确保问题可以得到及时解决，才能够提升服务水平，同时提高竞争力与美誉度。当业主投诉之后，还应该安排处理能力较高的工作人员作出相关决策，确保问题可以得到灵活处理，降低投诉回访率。在对投诉回访相关信息进行处理时，需要通过针对性措施的实施，以正确态度面对投诉意见，这有利于及时解决

管理和服务问题，保证物业管理服务质量得到全面提升。

11. 构建信息平台

强化和业主间的联系，认真对待每位业主提出的意见，通过信息平台的构建，保证业主可以在最短时间内掌握管理情况，并对业主关心的问题进行及时解答，除了需要获取业主的理解和支持之外，还应以满足业主需求为前提，改善物业服务企业与业主的关系，只有保证两者关系得到明显缓解，才能为提高物业管理服务质量提供保障。

物业管理作为服务型行业，其提供的商品主要以无形服务为主，所谓物业管理服务，主要是向业主提供优质服务。现阶段，在物业管理服务的高速发展下，相关人员只有将提高物业管理服务质量作为重点，落实相关措施，例如个性化管理服务措施、员工培训措施等，才能更好满足市场发展要求。

任务小结

在竞争日益激烈的背景下，只有对物业管理服务进行有效加强，才能促进物业管理服务工作得到更好的发展。本任务主要介绍了两个内容：一是物业管理服务发展的现状；二是提高物业管理服务质量的相关措施。

实践与训练

一、实训内容

1. 了解物业管理服务发展的现状。
2. 掌握提高物业管理服务质量的相关措施。

二、实训步骤

1. 学生分组，结合居住小区，实地走访物业服务企业。
2. 了解走访小区的物业管理服务情况。
3. 根据对物业管理服务工作的理解，结合走访小区的情况，将调查情况做成PPT演示讲解，教师点评。

思考与讨论

1. 业主与物业服务企业之间存在什么矛盾？
2. 简述目前物业管理服务发展的现状。
3. 提高物业管理服务质量有哪些有效措施？
4. 什么是物业管理TCS战略？

模块七　物业投诉和纠纷处理

学习要求

1. 了解物业投诉的概念。
2. 掌握在物业客户服务过程中如何受理投诉。
3. 了解在受理业主投诉后如何处理投诉。
4. 熟悉物业纠纷的类型。
5. 了解物业纠纷的依据。
6. 掌握物业设备设施致人损害纠纷的处理方式。

任务一　物业投诉处理

知识目标

1. 了解投诉的含义、内容和方式。
2. 掌握物业投诉的分类。
3. 熟悉物业投诉处理的程序、原则。
4. 掌握物业投诉处理的方法。
5. 熟知减少物业投诉的策略。
6. 正确理解物业投诉的意义。

能力目标

1. 通过对本任务的学习，具备独立处理一般物业投诉的能力。
2. 能够灵活应对和处理不同类型的物业投诉，采取不同的策略。
3. 通过对物业投诉的处理，能够搭建起物业服务企业与业主之间的良性沟通桥梁，有助于物业服务企业与业主关系的改善和社区的和谐建设。

案例引导

物业服务公司降低水泵噪声案例

在某物业服务公司所管理的一高层住宅楼内，不少业主拒付租金，15楼7号业主张女士在投诉中说：大楼地下室水泵噪声太大，严重干扰了她的正常生活。物业服务公司客服人员接到电话后立即将情况反馈到工程部，设备人员到现场对水泵噪声进行了测试，水泵在供水期间噪声高达60多分贝。

多数高层住宅的供水设备均安置在大楼内，存在着不同程度的噪声污染，目前尚无有效的根治措施，该物业服务公司组成水泵噪声改造小组，配合发展商实施对大楼水泵噪声的改造工程。由于大楼水泵噪声改造目前尚无先例可借鉴，也没有成型的产品代替，水泵噪声改造小组只能"摸着石头过河"。

在这种情况下，水泵噪声改造小组对选定的两家施工单位的改造方案进行实地比试，存优去劣，并进行完善。整个改造工程包括对进水管加装减压孔板、安装静音阀门、安装电气装置、在夜间强迫停泵等一系列措施。虽然大楼供水设备都是安装在大楼地下室内的，但不同的房型，其管路敷设的走向不同，每幢大楼即使用同一种方式改造，所达到的效果也不尽相同，改造工作出现了反复。

在困难面前，物业服务公司会同施工单位多次进行现场会诊，对水泵噪声改造中的难点提出改进方法和要求，经环保部门测试，昼段内水泵噪声已降至43分贝，符合城市区域环境噪声的标准。困扰张女士等业主的噪声问题总算是圆满解决了，物业服务公司也和业主建立了良好的关系，物业费用收取等工作都得到了业主的支持。

问题：1. 该物业服务公司面对业主张女士的投诉所采取的态度怎么样？
2. 你认为该物业服务公司哪些地方做得较好？

知识准备

一、物业投诉概述

（一）物业投诉的含义

业主或物业使用人对物业服务企业的管理服务、开发商的建筑质量或配套设施、其他业主或物业使用人的违规行为和侵犯自身利益的行为、其他相关的社会组织机构的侵权行为提出异议或不满，对上述各方（以下称为物业管理相关各方）提出新的需求建议，并将这些异议或不满、新的需求建议通过各种方式向企业内部或外部有关部门反映的行为，称为物业投诉。

（二）物业投诉的内容和方式

1. 物业投诉的内容

在物业管理服务过程中，引起物业投诉的原因很多，但概括起来主要有物业管理服务、物业服务收费、社区文化活动组织、突发事件处理和毗邻关系处理等。

2. 物业投诉的方式

物业投诉的方式通常有电话、个人亲临、委托他人、信函邮寄、投送意见信箱以及其他方式，如通过保安、清洁等物业操作人传言投诉、传真投诉和网上投诉等。

(三)业主投诉的原因

业主投诉主要源于以下 4 种需求：

(1)被关心：业主需要物业服务企业、客服人员对其表示出关心和重视，而不是不理不睬或者应付。业主希望自己得到重视和善待。他们希望与其接触的人是真正关心他们的要求或能够解决问题的人，他们需要得到理解和设身处地的关心。

(2)被倾听：业主需要公平的待遇，而不是埋怨、否认或者找借口。倾听可以针对问题找出解决之道，并可以训练服务人员不埋怨、不否认、不找借口。

(3)服务人员专业化：业主需要真正肯为其解决问题的人，即不仅指导怎样解决，而且负责解决的人。

(4)迅速反应：业主需要迅速与彻底的反应，而不是拖延或者沉默。业主希望听到"我会优先考虑处理你的问题"或"如果我无法立刻解决你的问题，我会告诉你我处理的步骤和时间"。

(四)业主心理状态分析

(1)发泄心理：业主投诉的动机之一是将不满传递给物业服务企业，把自己的怨气发泄出来，这样业主就会恢复心理上的平衡。

(2)尊重心理：所有业主都希望获得关注和对其所遇到的问题的重视，以达到心理上的被尊重，尤其是一些感情细腻、情感丰富的业主，在投诉过程中，会在意客服人员能否对业主本人给予认真接待，及时表示歉意以及采取有效的措施。

(3)补救心理：业主投诉的目的在于补救，因为业主觉得自己的权益受到损害，值得注意的是业主期望的补救多指精神上的补救。根据我国法律规定，虽然绝大多数情况下业主是无法获取精神赔偿的，而且实际投诉中要求精神赔偿的也不多，但是客服人员通过倾听和道歉的方式，给予业主精神上的抚慰是必需的。

(4)认同心理：业主在投诉过程中，一般都努力向物业服务企业证实其投诉是对的而且是有道理的，希望获得认同，所以客服人员在了解投诉问题时，对业主的感受、情绪要充分的理解和同情，但是要注意不要随便认同业主的处理方案。

(5)表现心理：业主既是在投诉和批评，也是在建议和教导，好为人师的业主随处可见，他们通过这种方式来获得一种成就感。

(6)报复心理：业主投诉时，一般对于投诉的所得、所失有着一个虽然粗略但是理性的经济预期，如果不涉及经济利益，仅是为了发泄不满情绪，恢复心理平衡，业主一般会选择投诉、批评等杀伤力不大的方式，当业主对投诉的得失预期与物业服务企业给予的承诺相差过大，或者业主在情绪宣泄过程中受到了阻碍或者新的伤害，某些业主就会产生报复心理。

二、物业投诉分类

(一)按投诉的问题分类

1. 对设备设施方面的投诉

业主(或物业使用人)使用物业、支付物业服务费，总是希望物业能处于最佳使用状态并感觉方便舒心，但物业在设计开发时，可能未考虑到或未完全按照业主(或物业使用人)的需要，设备的选型和施工质量也存在一些问题，因此给业主造成种种不便。

(1)业主(或物业使用人)对设备设施的设计及质量感到不满，如电梯厅狭窄、楼梯太陡、没有门厅、房屋漏水、墙体裂损、地板起鼓等。

(2)业主(或物业使用人)对设备设施运行质量不满意，如电梯经常停电、停梯维修，供电、供水设备经常出现故障等。产生投诉的原因主要是业主(或物业使用人)所使用的物业与业主(或物业使用人)的期望有差距。

2. 对物业管理服务方面的投诉

通常，业主(或物业使用人)对物业质量的感觉主要来自7个方面：

(1)安全：业主(或物业使用人)的财产和人身安全是否能得到切实保障。

(2)一致：物业服务规范化、标准化，并具有可靠性。

(3)态度：物业管理人员的礼仪礼貌端庄得体，讲话热情和蔼等。

(4)完整：物业服务项目完善齐全，能满足不同层次业主(或物业使用人)的需要。

(5)环境：办公和居住环境安静，人文气氛文明和谐等。

(6)方便：服务时间和服务地点方便，有便利的配套服务项目，如停车场、会所、非机动车车棚、邮局、幼儿园等。

(7)时间：服务及时快捷等。

当业主(或物业使用人)对这些服务质量基本要素的评估低于其期望值时，就会因不满而投诉。业主(或物业使用人)对服务质量的期望值源于业主(或物业使用人)日常得到正常服务的感觉和物业服务企业的服务承诺。

当物业服务企业的某项服务"失常"时，如工作人员态度恶劣、日常运作出现小故障、信报未及时送达、维修人员未能尽快完成作业等，业主(或物业使用人)容易以投诉来倾诉自己的不满；当物业服务企业的服务承诺过高时，业主也易因期望值落差而投诉。

3. 对收费方面的投诉

在物业管理实践中，这里的"收费"主要是指各种分摊费和特约维修费，如供水、供电、清洁、绿化、公共设备抢修等分摊费用及换灯、换锁、换门等特约维修费用。

物业管理服务是某种意义上的商品。业主(或物业使用人)总是希望以最少的价值购买到最多、最好的服务，而物业服务企业希望服务成本最小化，这一矛盾集中反映在缴纳各类费用这一敏感问题上。特别是小区居民虽然入住"商品房"，但认识还停留在"福利房"阶段，对缴纳管理费、支付维修费，总是处于能拖则拖的不情愿状态，即使很不情愿地交纳了费用，也动辄因一点小事而投诉。

4. 对突发事件方面的投诉

停电、停水、电梯困人、溢水及室内被盗、车辆丢失等突发事件会造成偶然性投诉。

这类投诉虽有其偶然性和突发性，但因事件本身很重大，对业主(或物业使用人)的日常工作和生活带来较大麻烦，故其表现很激烈。

(二)按照投诉性质分类

1. A 类投诉

A 类投诉是由于物业服务企业管理或服务不到位而产生的投诉。此类投诉视为有效投诉，有效投诉按程度又分为重大投诉、重要投诉和轻微投诉。

(1)重大投诉：指发生事故，直接影响业主的正常工作、生活秩序，造成经济或人身伤害，引起业主的强烈不满或媒体曝光的投诉。其产生原因如下：

1)企业承诺或合同规定提供的服务没有实施或实施效果有明显差错，经业主多次提出而得不到解决。

2)由于企业责任给业主造成重大经济损失或人身伤害。

3)有效投诉在一个月内得不到合理解决。

4)由政府或上级主管部门反馈、造成了一定社会影响。

(2)重要投诉：指因企业的管理服务工作不到位、有过失造成业主不满而引起的投诉。

(3)轻微投诉：指企业的设备设施和管理水平有限给业主造成的轻微不便，非人为因素造成的影响，或因个别、偶然性因素给业主造成的一般不满所引起的投诉。这类投诉一般比较容易在短时间内得到解决。

2. B 类投诉

B 类投诉是工程遗留问题或房屋质量问题所导致的投诉。

3. C 类投诉

C 类投诉是因外部环境、非管辖区域的问题或其他社会问题而产生的投诉。

A、B、C 类投诉的处理流程如图 7-1 所示。

三、物业投诉处理

(一)物业投诉处理的要求

物业管理工作人员在受理业主投诉时，除了要严格遵守服务规范外，还有以下要求：

(1)对投诉要"谁受理、谁跟进、谁回复"；

(2)尽快处理，暂时无法解决的，除必须向业主说明外，还要约时间处理，时时跟进；

(3)接受和处理业主的投诉要做详细记录，并及时总结经验；

(4)接受与处理业主的投诉，要尽可能满足业主(或物业使用人)的合理要求。

(二)物业投诉处理的一般程序

(1)记录投诉内容。在接受投诉时，应将投诉的内容详细记录，包括时间，地点，投诉人的姓名、联系电话、居住地，被投诉人及部门，投诉内容，业主的要求和接待人或处理人等。

(2)判定投诉性质。首先应确定投诉的类别，然后判定投诉是否合理。如投诉属于不合理的情况，应该迅速答复业主，婉转说明理由或情况，真诚求得业主谅解。

(3)调查分析投诉原因。通过各种渠道与方法调查投诉的具体原因，并及时进行现场分析，

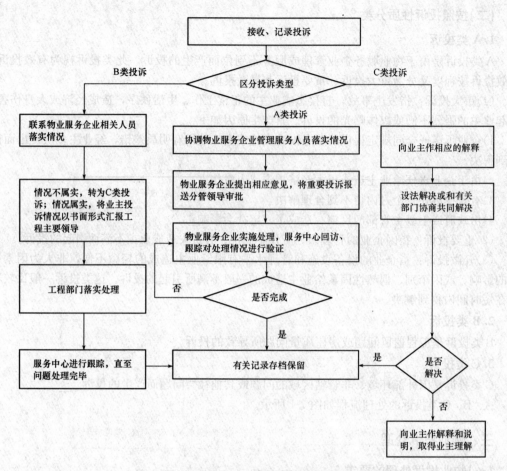

图 7-1　A、B、C 类投诉的处理流程

弄清投诉问题的症结所在。

(4) 确定处理责任人。依据调查与分析后所获得的信息，确定投诉由谁(责任人或责任单位/部门)负责落实与处理。

(5) 提出解决投诉的方案。由处理投诉的负责人或部门/单位根据业主(或物业使用人)的要求，提出解决投诉的具体方案。

(6) 回复业主(或物业使用人)。运用信息载体如信函、电话、传真、电子邮件以及走访等方式及时和业主取得联系，将投诉处理情况告知业主(或物业使用人)，经业主认可后立即按照处理方案付诸实施。

(7) 回访。在投诉事件全部处理完毕后，一般要进行回访，向业主(或物业使用人)征询投诉事件处理的效果，如存在的不足或遗漏、对投诉处理的满意程度等。

(8) 总结评价。物业管理工作人员可以按照每月或每季度将各类投诉记录的文件进行归类存档，同时进行总结、检讨和评价。

物业投诉处理流程如图 7-2 所示。

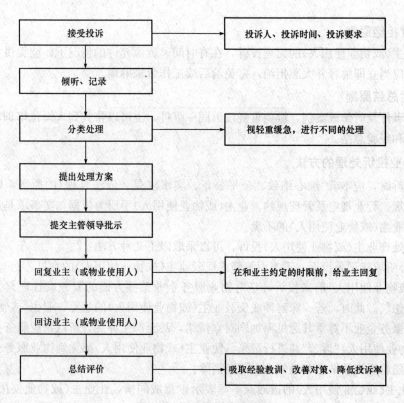

图 7-2　物业投诉处理流程

(三) 物业投诉处理的原则

1. 换位思考原则

通常，物业管理工作人员要清楚，业主（或物业使用人）都是因为有异议或不满才来投诉，所以，当接到投诉时，要先调节好心情，后解决问题。因此，只要进行换位思考，从对方的角度去看待所投诉的问题，就会理解他们。有时业主（或物业使用人）往往会出现情绪失控的情况，这时更应该冷静思考，不能激动。

2. 有法可依原则

有法可依原则要求物业管理工作人员平时要加强学习，熟悉和掌握物业管理相关的法律法规，物业管理区域内相关管理规定、制度等，遇投诉能依法处理，依法解决，让业主心服口服。

3. 快速反应原则

当接到投诉时,要迅速反应,及时受理,消除业主(或物业使用人)的不满情绪。面对重大投诉,一定要做到第一时间向上反映,第一负责人要亲自到现场进行处理,还要把握好与媒体的关系。

4. 适度拒绝原则

对于业主(或物业使用人)的无理投诉,在有时间、资源允许的情况下,能提供帮助的就提供,否则,应当立即解释并大胆拒绝,避免给后续工作带来麻烦。

5. 及时总结原则

将投诉事件及时编成案例,避免重复投诉同一事件,也可以将其列入岗位培训教材,让员工进行学习和经验总结。

(四)物业投诉处理的方法

处理投诉时,应本着"细心细致、公平公正、实事求是、依法合理"的原则,以国家的法律、地方法规、行业规定及管理规约、业主(或物业使用人)手册为依据,实事求是地设法解决问题,消除业主(或物业使用人)的不满。

通常,处理业主(或物业使用人)投诉,可以采取以下几种方法:

(1)耐心听取或记录投诉,不当面解释或反驳业主(或物业使用人)的意见。

业主(或物业使用人)前来投诉,是对物业服务企业某些方面的服务或管理有了不满或意见,心里有怨气。此时,若一味解释或反驳业主(或物业使用人)的意见,业主(或物业使用人)会认为物业服务企业不尊重其意见而加剧对立情绪,甚至产生冲突,所以物业服务企业要耐心听业主(或物业使用人)"诉苦"并进行记录,使业主(或物业使用人)感觉到物业服务企业虚心诚意的态度,随着诉说的结束其怨气也会逐渐消除。

(2)对业主(或物业使用人)的遭遇或不幸表示歉意或同情,让业主(或物业使用人)心理得以平衡。

业主(或物业使用人)投诉的问题无论大小轻重,都要认真对待和重视,要采取"移情换位"思维方式,转换角色,设身处地站在业主(或物业使用人)的立场,感受业主(或物业使用人)所遭遇到的麻烦和不幸,安慰业主(或物业使用人),拉近与业主(或物业使用人)的心理距离,并表示要立即改正已过,一般即会让业主(或物业使用人)感到满意。

(3)对业主(或物业使用人)的投诉提出处理意见,满足业主(或物业使用人)的部分合理要求。

很少有业主(或物业使用人)向物业服务企业投诉是为表示"彻底决裂"的,大多业主(或物业使用人)用投诉来向物业服务企业"谈判",使物业服务企业重视其投诉,并能解决其投诉的问题。

物业服务企业要站在"公平、公正、合理、互谅"的立场上向业主(或物业使用人)提出处理意见,同时,协调解决好业主(或物业使用人)遇到的困难和问题,满足业主(或物业使用人)的部分合理要求。

（4）感谢业主（或物业使用人）的意见和建议，作为改进工作和完善工作的依据。

投诉是业主（或物业使用人）与物业服务企业矛盾的最大屏障。业主（或物业使用人）能向物业服务企业进行投诉，表明业主（或物业使用人）对物业服务企业还持信任态度。物业服务企业要有"闻过则喜"的度量，对业主（或物业使用人）的信任表示感谢，并把业主（或物业使用人）的投诉加以整理分类，以作为改进管理和服务工作的依据，并可以从另外一个角度检讨、反思物业服务企业的各项工作，完善和改进管理及服务工作。

（5）督促相关部门立即处理投诉内容。对投诉处理的实际效果，直接关联到物业服务企业的声誉及整体管理水平。投诉处理的关键是尽快分析投诉内容，查清原因，督促有关部门限时进行处理，达到预计结果，并使业主（或物业使用人）满意；要确保不再发生同样问题，坚决杜绝"二次投诉"的发生。

（6）把投诉处理结果尽快以电话或信函形式反馈给业主（或物业使用人）。尽快处理投诉，并给业主（或物业使用人）以实质性答复，这是物业投诉管理工作中的重要一环。对业主（或物业使用人）的口头投诉可以电话回复，一般应不超过一个工作日；对业主（或物业使用人）的来函投诉则应回函答复，一般不应超过三个工作日。

回复业主（或物业使用人）可以向业主（或物业使用人）表明其投诉已得到重视，并已妥善处理，同时及时的函复可显示物业服务企业的工作时效。

任务小结

本任务主要介绍了物业投诉的含义、内容、方式及其产生的原因，并对业主投诉的心理状态进行了分析，对物业投诉进行了分类，介绍了物业管理处关于投诉的处理要求和一般程序，以及投诉处理的原则和方法。

实践与训练

一、实训内容

1. 熟悉物业投诉处理的程序、原则。
2. 掌握物业投诉处理的方法。
3. 熟知减少物业投诉的策略。

二、实训步骤

1. 学生分组，结合居住小区，实地走访物业服务企业。
2. 了解物业投诉类型和处理方法。
3. 每组将调查结果做成PPT演示讲解，教师点评。

思考与讨论

1. 简述物业投诉的含义。
2. 简述物业投诉的内容和方式。
3. 物业投诉的原因有哪些?
4. 物业投诉是怎样分类的?
5. 物业服务企业关于物业投诉的处理要求是什么?
6. 物业投诉处理的一般程序是什么?
7. 简述物业投诉处理的原则和方法。

任务二 物业纠纷的处理

知识目标

1. 了解物业纠纷的含义及其特征。
2. 熟悉物业纠纷的类型。
3. 了解物业纠纷的依据。
4. 掌握物业纠纷的处理方式。

能力目标

1. 能够掌握物业管理服务过程中各类纠纷的防范措施,尽量减少物业管理活动中物业服务企业与业主或物业使用人之间的矛盾。
2. 掌握物业纠纷的解决方式,帮助日后在实践中遇到物业纠纷时能够有效处理并解决。

案例引导

车库伸缩缝过宽导致业主摔倒骨折

2016年9月,69岁的关阿姨起床后推着婴儿车出门遛弯,没想到还没走出车库,婴儿车前轮就被车库内的伸缩缝紧紧卡住,随即关阿姨连人带车摔倒在地。被送至医院检查后,关阿姨被诊断为右股骨颈骨折。关阿姨认为是物业服务公司没有及时维修伸缩缝,导致伸缩缝变宽,也没有设置警示标志,更未在伸缩缝上设置照明灯具,才导致自己不慎摔伤,故物业服务公司应承担全部责任。

问题:1. 物业服务公司应该如何处理这一事件?
2. 在日常的物业管理中,可采取哪些措施预防此类事件的发生?

📄 知识准备

一、物业纠纷概述

(一)物业纠纷的含义

物业纠纷简单来讲就是物业管理过程中所发生的纠纷,是指在物业管理过程中,物业管理主体之间因对与物业管理服务或具体行政行为有关的权利和义务有相互矛盾的主张和请求,而发生的不同程度的争执。

(二)物业纠纷的特征

物业纠纷具有多发性、复杂性、涉众性和易发性等特点。

1. 多发性

物业管理作为房地产消费环节的主要活动,是房地产开发的延续和完善。随着人们拥有自己住房的比率逐年增加,必然带来产权的多元化,业主对业权的主张在一定情况下必然会引发物业纠纷。

2. 复杂性

物业纠纷已从刚开始产生的业主与物业服务企业之间关于物业服务费的纠纷、一个物业管理区域有多家物业服务企业管理等的纠纷,发展到涉及民事诉讼、行政诉讼等各种类型的纠纷。另外,物业服务企业在履行物业服务合同时对违反物业管理法规的行为,只有管理、制止的权利与及时向有关行政管理部门报告的义务,而没有执法、处置的权利,这给处理各类物业纠纷带来了相当大的难度。

3. 涉众性

在物业管理三大服务中,最基本的公共服务涉及全体业主、物业使用人,物业服务质量的好坏直接关系到物业管理区域内的绝大多数业主、物业使用人的利益。因此,有时发生物业管理问题,往往会引起业主们的集体争执或业主大会、业主委员会的集体诉讼。

4. 易发性

物业管理工作人员的服务态度直接决定了物业管理的服务质量。物业服务标准、物业服务水平的优劣很难量化,这给评价造成了一定困难。另外,物业管理中的供给主体、需求主体从各自的角度出发,很难对服务质量好坏有较为一致的认定,很容易导致在物业管理服务中供求双方对服务质量好坏的争执。

(三)物业纠纷的类型

物业纠纷一般都是物业服务企业未很好地履行物业管理责任而导致的纠纷,主要包括以下几个方面内容:

(1)物业服务企业未按照约定提供服务或所提供服务不符合约定的服务标准,业主要求物业服务企业承担违约责任。

(2)物业服务企业或其聘请的施工人员在维修施工时,违反施工制度,不设置明示标志或未采取安全措施,造成业主人身或财产损害,业主要求物业服务企业承担赔偿责任。

(3)物业服务企业疏于管理,致使物业管理区域内的娱乐、运动器材等公共设施存在不安全因素,导致业主受到人身伤害,业主要求物业服务企业承担相应的赔偿责任。

(4)因物业服务企业怠于行使管理职责,物业管理区域内发生电梯事故、火灾、水灾、物业坍塌事故等,业主要求物业服务企业承担相应的赔偿责任。

二、物业纠纷处理

(一)物业纠纷的处理依据

物业纠纷的处理依据,也就是处理物业纠纷时适用的有关法律法规、行政法规、地方政策法规和自治规范等。物业纠纷的处理依据主要有以下几项。

1. 宪法

《中华人民共和国宪法》是处理物业纠纷最重要的依据,其他法律法规不得与宪法抵触,是制定物业管理及其市场管理运作法律法规的依据和立法基础。

2. 法律

物业纠纷处理的适用法律如下:

(1)民法。《中华人民共和国民法总则》中涉及的有关物权、所有权、不动产相邻权等有关物业管理的内容,可用于规范物业管理活动,作为处理物业纠纷的依据。

(2)合同法。业主与物业服务企业之间的关系是通过物业管理服务合同来实现的,所以物业管理服务合同的订立、履行、变更和解除以及违约责任的承担等都要符合《中华人民共和国合同法》的有关规定。《中华人民共和国合同法》也是处理物业纠纷的重要依据。

3. 行政规范、部门规章

有关物业管理的行政法规和部门规章有《城市绿化条例》《物业管理条例》《普通住宅小区物业管理服务等级标准》《住宅共用部位共用设备设施维修基金管理办法》等,都是处理物业纠纷的依据。

4. 物业管理地方性法规及地方性规章

各省、自治区、直辖市和各省、自治区人民政府所在的市以及国务院批准的较大的市人民代表大会及其常委会和人民政府,可以在法律法规规定的权限内制定在本行政区域有效的地方性法规和规章,如地方物业管理条例、管理办法,收费管理方法等。这些也是处理物业纠纷的依据。

5. 物业管理规范性文件

物业管理规范性文件是无权制定部门规章、地方规章的行政机关在法定职权范围内制定并在一定区域范围内具有约束力的规范性文件。

6. 物业管理服务委托合同

物业管理服务委托合同是决定物业管理的重要文件，物业管理的范围、目标、费用、责任、双方的权利义务等均由该合同进行明确规定。所以，物业管理服务委托合同也是处理物业纠纷的重要依据。

7. 管理规约

管理规约是对本物业管理区域内业主及其物业的受让人、物业使用人、管理人具有自治组织纪律约束力的，是有关共用共管物业的使用、维护、公共事务管理和其他团体自治事务方面的权利义务、违纪责任的行为守则，也是处理物业纠纷的依据之一。

8. 其他

业主大会议事规则、业主大会决议、业主委员会决定以及物业管理制度等都可作为处理物业纠纷的依据。

(二)物业纠纷处理的方式

物业纠纷的复杂性决定了物业纠纷处理方式的多样性，物业纠纷的处理方式主要有协商、调解、仲裁、诉讼等。

1. 协商

协商是由物业纠纷当事人双方或多方本着实事求是的精神，依据有关法规、管理规定和所签订合同中的规定，直接进行磋商，通过事实分析、道理阐述的办法来查明事实、分清是非，在自觉自愿、互相谅解、明确责任的基础上，共同协商达成一致意见，按照各自过错的有无、大小和对方受损害的程度，自觉承担相应的责任，以便及时解决物业纠纷的一种处理方式。

这种方式简便、易行，能够及时解决物业纠纷，不需要经过仲裁和诉讼程序。

2. 调解

调解是指物业纠纷当事人之间发生物业纠纷时，由国家规定的有管辖权的第三人来主持引导当事人进行协商从而平息争端的一种处理方式。

调解是解决民事或经济纠纷的一种基本方式，可分为诉讼调解和诉外调解两种。诉讼调解是指人民法院审理民事、经济案件时进行的调解；诉外调解是指未经诉讼程序，而由有关社会组织、行政管理部门进行的调解。调解达成一致后，即明确了各当事人的权利和义务。

一般而言，调解根据第三方主持人的身份不同，可分为民间调解、行政调解和司法调解3种。

3. 仲裁

仲裁是指发生物业纠纷的当事人按照有关规定，事先或事后达成协议，把他们之间的一定争议提交仲裁机构，由仲裁机构以第三者的身份对争议的事实的权利和义务作出判断以解决争议的一种方式。

物业纠纷的仲裁处理程序与司法审判程序类似，但相对比较灵活、简便，且可选择余地较大。仲裁委员会依据当事人双方认定的仲裁协议来仲裁物业纠纷。一般来说，仲裁协议有两种方式：一种是在订立合同时预先约定条款，说明一旦有争议就提交仲裁，这种仲裁协议也称为仲裁条款；另一种是双方当事人出现纠纷后临时达成提交仲裁庭的书面协议。

4. 诉讼

诉讼是法院在物业纠纷诉讼当事人和其他诉讼参加人参与的前提下，依法审理和解决物业纠纷案件的处理方式，可分为民事诉讼和行政诉讼两大类。

(1)民事诉讼。民事诉讼是指人民法院在双方当事人及其他诉讼参与人的共同参加下，为审理和解决纠纷所进行的活动。民事诉讼由国家审判机关主持，按国家民事诉讼法的规定进行。诉讼与调解和仲裁不同，它不以双方同意为前提条件，只要争议一方的诉讼符合条件，另一方即使是不愿意参加民事诉讼，也得被强制参加。民事诉讼中法院所作的判决具有法律约束力，当事人不执行判决，法院可根据法律规定强制其执行。当事人对一审判决不服时，可在判决书送达之日起 15 日内提起上诉；对一审裁定不服时，可在裁定书送达之日起 10 日内提起上诉。民事诉讼实行两审终审制。

(2)行政诉讼。行政诉讼是指公民、法人或者其他组织认为行政机关或法律法规授权的组织的具体行政行为侵犯其合法权益，依法向法院起诉，法院在当事人以及其他诉讼参与人的参与下，对具体行政行为的合法性进行审查并作出裁决的活动。行政诉讼是解决物业纠纷的一种诉讼活动。

我国行政诉讼制度采取被告负举证责任分配原则，即被告对做出的具体行政行为负有举证责任。当事人对一审法院判决不服时，可自一审判决书送达之日起 15 日内提起上诉或对一审裁决书送达之日起 10 日内提出上诉。行政诉讼实行两审终审制。

物业纠纷诉讼流程如图 7-3 所示。

无论仲裁还是诉讼，均应贯彻合法公正的原则。在实践中应注重民法、房地产法、合同法等一般法律与物业管理专门法规及地方法规规章的衔接，并依据宪法处理好法规的效力认定和冲突的解决；同时，在诉讼或仲裁活动中，对业主、业主大会、业主委员会的代表地位等要有明显的了解和认可，处理好单个业主的意见与小区业主意见的关系，确认业主委员会在物业纠纷中的代表地位，以便及时处理物业纠纷，理顺关系，建立良好的物业管理和权利义务关系。

物业服务企业的物业纠纷处理流程如图 7-4 所示。

(三)避免物业纠纷的措施

(1)把好物业承接验收关，把质量验收作为物业设施设备管理的重要内容，认真、严谨地进行查验工作，把物业项目在建造过程中存在的问题消除在物业使用之前。

(2)抓好物业服务企业制度建设。建立健全并严格执行国家相关规范和物业服务企业各项内部管理岗位责任制，贯彻执行生产安全操作规程，制定各类风险应急预案。

(3)抓好员工素质教育培训以及普及提高全员风险防范意识。

(4)开展风险意识宣传教育，提高物业使用人的风险意识，依靠"业主规约"规范物业使用人的物业使用行为。发现物业使用人违规又无法制止时，应及时向政府相关主管部门报告。

(5)适当引入市场化风险分担机制，如购买共用设施设备保险、财产损失险、公共责任险等。

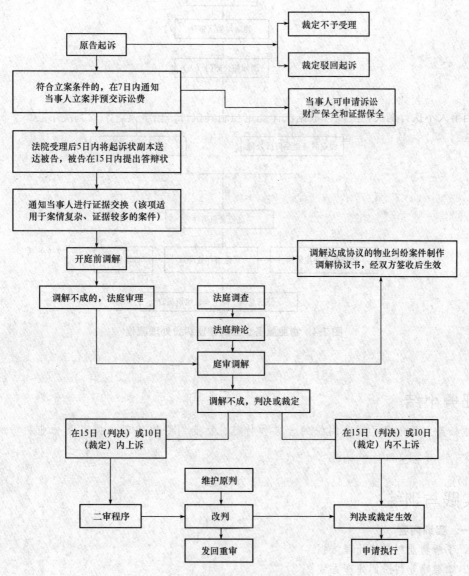

图 7-3 物业纠纷诉讼流程

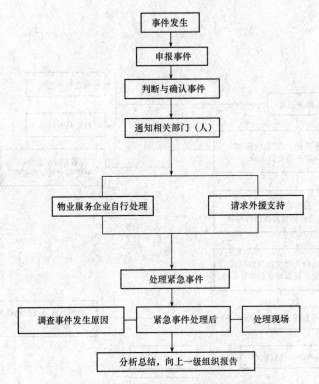

图 7-4 物业服务企业的物业纠纷处理流程

📖 任务小结

本任务主要介绍了物业纠纷的含义和特征、物业纠纷的处理依据以及物业纠纷的处理方式。

📖 实践与训练

一、实训内容

1. 了解物业纠纷的处理依据。
2. 掌握物业纠纷的处理方式。

二、实训步骤

1. 学生分组,结合居住小区,实地走访物业服务企业。
2. 了解物业纠纷的处理方式。
3. 每组将调查结果(利用案例)做成 PPT 演示讲解,教师点评。

思考与讨论

1. 简述物业纠纷的含义。
2. 简述物业纠纷的特征。
3. 物业纠纷的处理依据有哪些?
4. 物业纠纷的处理方式有哪些?
5. 避免物业纠纷的措施有哪些?

参 考 文 献

[1] 张智慧，董岩岩，杨卫国. 物业设备设施管理[M]. 2版. 北京：北京理工大学出版社，2015.
[2] 郭冰，刘绪荒. 物业设备设施维护与管理[M]. 北京：中国财富出版社，2014.
[3] 聂英选，段忠清. 物业设施设备管理[M]. 2版. 武汉：武汉理工大学出版社，2014.
[4] 卜宪华. 物业设备设施维护与管理[M]. 北京：高等教育出版社，2003.
[5] 于孝廷. 物业设备设施与管理[M]. 北京：北京大学出版社，2010.
[6] 刘薇，张喜明，孙萍. 物业设施设备管理与维修[M]. 2版. 北京：清华大学出版社，2010.
[7] 史华. 物业设备设施维修与管理[M]. 大连：大连理工大学出版社，2009.
[8] 刘绪荒. 物业设备设施维护与管理[M]. 北京：化学工业出版社，2008.